MARTINE AZUELOS

L'économie du Royaume-Uni et des Etats-Unis

depuis la fin des années 70

Structures, mutations, aspects terminologiques

Presses Universitaires de France

ISBN 2 13 046061 5
Dépôt légal — 1re édition : 1994, janvier

108, boulevard Saint-Germain, 75006 Paris

AVANT-PROPOS

Ce livre doit beaucoup à l'expérience qu'a acquise son auteur au fil d'années d'enseignement à l'université. Susceptible d'intéresser tous ceux qui, à des titres divers, tournent leur regard vers les pays anglo-saxons, il s'adresse en priorité aux étudiants anglicistes qui désirent se familiariser avec les réalités économiques du monde dont ils ont choisi d'étudier la langue, la littérature et la civilisation.

Destiné plus particulièrement à ceux d'entre eux qui abordent le second cycle, il tente de prendre en compte les connaissances et les méthodes dont ils disposent et vise à faciliter une meilleure compréhension de concepts ou de mécanismes dont l'étude aura déjà pu être ébauchée précédemment, mais aussi à permettre un approfondissement de la réflexion et une initiation à la recherche.

Ces objectifs ont guidé la conception de l'ouvrage et son organisation : aux thèmes traités dans les quatre premières parties répondent en effet les repères que fournit la cinquième. Les domaines sur lesquels porte l'étude sont ceux où les évolutions intervenues au Royaume-Uni et aux Etats-Unis depuis la fin des années 70 ont été les plus sensibles, du fait des choix opérés par les responsables politiques et des mutations qui ont affecté les structures économiques. Chaque chapitre s'ouvre sur une synthèse de données présentées sous une forme nécessairement succincte, qui ne prétend être rien d'autre qu'une introduction à des questions qu'il appartiendra au lecteur d'approfondir par une réflexion personnelle et des lectures complémentaires suggérées en note. Il se prolonge par une série de documents puisés à des sources anglaises ou américaines, qui permettront un travail individuel ou collectif de traduction ou de commentaire.

Les limites auxquelles se heurte nécessairement l'analyse comparée ne sont pas sous-estimées, et si l'organisation générale du livre est thématique, chaque question fait l'objet d'un traitement qui distingue soigneusement le domaine américain du domaine britannique et qui met l'accent, au-delà des convergences évidentes, sur les différences, voire les divergences.

Face à un champ d'étude aussi vaste et aussi complexe, il eût été vain de prétendre à l'exhaustivité. Aussi entend-on avant tout suggérer des pistes, conduire à une ouverture sur d'autres sources d'information : d'où l'attention toute particulière qui a été portée à la précision des références ; d'où aussi la cinquième partie, qui comprend une bibliographie, des annexes statistiques couvrant la période 1950-1992, une chronologie et un glossaire, et pourrait ainsi fournir quelques repères à ceux auxquels cet ouvrage aura donné l'envie d'en savoir plus.

M. A.

Avertissement. — Les termes suivis d'un astérisque font l'objet d'un commentaire dans le glossaire, ou d'une explicitation dans la liste des sigles.

INTRODUCTION

Si la « révolution conservatrice » qui a inspiré le thatchérisme et le reaganisme a profondément marqué le destin de la Grande-Bretagne et des Etats-Unis pendant les années 80, ses effets perdurent aujourd'hui encore et les politiques dans lesquelles elle s'est incarnée influeront durablement sur l'histoire des deux pays. Les médias s'en sont très largement fait l'écho, pour l'encenser ou au contraire la vilipender, et n'ont pas manqué de relever maintes similitudes entre les politiques menées de part et d'autre de l'Atlantique. Force est cependant de constater que l'on ne s'est guère attaché à dépasser la polémique pour approfondir l'analyse et tenter de dresser un bilan du chemin parcouru depuis la fin des années 70.

Sans doute cela tient-il en grande partie à ce que, si l'on veut aller au cœur des problèmes, une étude comparée de l'économie américaine et de l'économie britannique n'est pas chose aisée. A y regarder de près, l'écart entre ce que l'on peut observer des deux côtés de l'Atlantique est parfois si grand que la légitimité de l'approche comparative pourrait même être mise en doute. Certes ces deux pays entretiennent, en raison de leur histoire et de leur appartenance à un même espace linguistique, une « relation spéciale » qui fut particulièrement étroite pendant la période où Margaret Thatcher et Ronald Reagan se trouvèrent aux commandes. Les Etats-Unis sont, ne l'oublions pas, une ancienne colonie britannique et partagent à ce titre avec leur ancienne mère patrie bon nombre de spécificités culturelles « anglo-saxonnes, » parmi lesquelles on peut citer le pragmatisme, la foi en l'individu ou la permanence d'un sentiment religieux qui conditionne une éthique dont on sait, depuis les travaux de Max Weber, combien elle fut favorable à « l'esprit du capitalisme »[1]. Autre fait essentiel, l'anglais américain ne diffère pas suffisamment de l'anglais britannique pour que les idées ne circulent pas presque aussi vite entre Cambridge (Cambs.) et Cambridge (Mass.) qu'entre Londres et Edimbourg : la plupart

Tableau 0.1. *Le Royaume-Uni et les Etats-Unis en quelques chiffres* (1990)

	Royaume-Uni	Etats-Unis
Superficie(en milliers de km^2)	241	9 373
Population (en milliers)	57 411	251 523
PIB (en milliards de $)	975,1	5 392,2
PIB par habitant (en $)	16 985	21 449
FBCF (en % du PIB)	19,2	16,1
Taux d'épargne brute	15,6	14,4
Recettes publiques en % du PIB /PNB[1]	40	32,5
Importations[2] (en millions de $)	144 540	494 842
Exportations[3] (en millions de $)	189 012	393 812
Réserves officielles (en millions de DTS)	25 201	50 791

1. Au Royaume-Uni, recettes ordinaires du secteur public en % du PIB, aux Etats-Unis recettes du gouvernement fédéral, des Etats et des collectivités locales, en % du PNB.
2. Importations de marchandises, caf.
3. Exportations de marchandises, fob.

Source : statistiques rassemblées par l'auteur d'après OCDE, *Etudes économiques*, 1990-1991.

1. Max Weber, *L'éhique protestante et l'esprit du capitalisme*, édition originale en allemand, 1904, traduction française, Paris, Plon, collection « Agora », 1985.

des ouvrages scientifiques sont diffusés en même temps dans les deux pays, les revues spécialisées y sont distribuées, lues et commentées simultanément, et les échanges universitaires bilatéraux beaucoup plus développés qu'avec aucun pays tiers.

Mais il est vrai aussi que, par bien des aspects, les mentalités et les institutions diffèrent, et surtout que les deux économies sont loin de peser du même poids sur la scène internationale[2] : les Etats-Unis occupent une surface presque 39 fois plus vaste que celle du Royaume-Uni, ils sont plus de quatre fois plus peuplés, et si leur PIB, qui représente plus de 25 % de la production mondiale (5 674 milliards de dollars en 1991), les place très nettement en tête de toutes les nations de la planète, le Royaume-Uni n'arrive qu'en septième position, avec seulement 4,5 % (966,7 milliards de dollars en 1991, soit près de six fois moins que les Etats-Unis)[3]. Aussi n'est-il guère surprenant que, parmi les cinquante premières sociétés industrielles du monde, 15 soient américaines, quatre seulement britanniques[4].

Pourtant les relations économiques bilatérales demeurent étroites. Même si chacun des deux pays tend aujourd'hui à développer en priorité ses échanges avec ses voisins immédiats (le Canada et le Mexique pour les Etats-Unis, l'Europe continentale pour le Royaume-Uni), les Etats-Unis restent le deuxième partenaire commercial du Royaume-Uni. Le Royaume-Uni, qui n'est que leur cinquième partenaire, est néanmoins leur premier marché en Europe. Il est aussi le premier exportateur de services et le premier investisseur sur le marché américain[5]. De même les Etats-Unis sont, avec un cinquième du total des investissements étrangers au Royaume-Uni, le premier investisseur étranger dans ce pays.

Qui plus est, on ne peut manquer de remarquer que, depuis une vingtaine d'années, les deux pays ont été semblablement affectés par les turbulences dans lesquelles s'est trouvée engagée l'économie mondiale et qu'ils ont mis en œuvre, pour y répondre, des politiques qui présentent plus

2. Cf. tableau 0.1.

3. Source : *L'état du monde, édition 1993. Annuaire économique et géopolitique mondial*, Paris, La Découverte, 1992.

4. Cf. la liste publiée dans le magazine américain *Fortune*, 27 juillet 1992.

5. Cf. *infra*, tableaux 0.2, 0.3, 04, 0.5.

Tableau 0.2. *Les dix premiers partenaires commerciaux des Etats-Unis en 1992* (exportations et importations américaines en milliards de dollars)

Pays	Solde	Exportations	Importations
1. Canada	-7,9	90,6	98,5
2. Japon	-49,4	47,8	97,2
3. Mexique	-5,4	40,6	35,2
4. Allemagne	-7,6	21,2	28,8
5. Royaume-Uni	2,6	22,8	20,1
6. Taiwan	-9,3	15,2	24,6
7. Corée du Sud	-2,1	14,6	16,7
8. France	-0,2	14,6	14,8
9. Italie	-3,6	8,7	12,3
10. Singapour	-1,7	9,6	11,3
Pour mémoire: total [1]	-84,3	448,2	532,5

1. Solde de la balance commerciale, total des échanges avec l'ensemble des partenaires commerciaux des Etats-Unis.

Source : statistiques rassemblées par l'auteur d'après informations diffusées par le *Department of Commerce*.

Tableau 0.3. *Les dix premiers partenaires commerciaux du Royaume-Uni en 1990* (exportations et importations britanniques en milliards de livres)

Pays	Solde	Exportations	Importations
1. Allemagne	-6,8	13,2	20
2. Etats-Unis	-1,4	13	14,4
3. France	-0,9	10,9	11,8
4. Pays-Bas	-3	7,5	10,5
5. Italie	-1,1	5,6	6,7
6. Belgique et Luxembourg	-0,1	5,6	5,7
7. République irlandaise	0,8	5,3	4,5
8. Japon	-4,5	2,3	6,8
9. Espagne	0,8	3,7	2,9
10. Suisse	-1,8	2,4	4,2
Pour mémoire: total [1]	-22,3	103,9	126,2

1. Solde de la balance commerciale, total des échanges avec l'ensemble des partenaires commerciaux du Royaume-Uni.

Source : statistiques rassemblées par l'auteur d'après *Annual Abstract of Statistics*, 1992.

Tableau 0.4. *Les investissements directs aux Etats-Unis en 1990* (en stock, milliards de dollars)

Total	403,7
dont	
1. Royaume-Uni	108
2. Japon	83,4
3. Pays-Bas	64,3
4. Allemagne	27,8
5. Canada	27,7

Source : statistiques rassemblées par l'auteur d'après *Statistical Abstract of the United States*, 1992.

Tableau 0.5. *Les investissements directs des Etats-Unis à l'étranger en 1990* (en stock, milliards de dollars)

Total	421,5
1. Canada	68,4
2. Royaume-Uni	65
3. Allemagne	27,7
4. Pays-Bas	22,7
5. Japon	21

Source : statistiques rassemblées par l'auteur d'après *Statistical Abstract of the United States*, 1992.

d'un point commun. Ainsi s'explique que, de même que l'alternance politique s'est produite, dans les deux pays, à des dates très voisines jusqu'en 1992[6], les phases du cycle économique aient été étrangement synchrones, comme le fait apparaître le graphique 0.1.

6. Au Royaume-Uni, les conservateurs sont au pouvoir de 1970 à 1974 (gouvernement d'Edward Heath) ; les travaillistes leur succèdent de 1974 à 1979, avant que ne débute, à partir de 1979, une très longue période où les conservateurs sont à nouveau aux affaires, d'abord sous le « règne » de Margaret Thatcher à laquelle succède, en 1990, John Major. Aux Etats-Unis, le scandale du Watergate contraint le républicain Richard Nixon, élu en 1968, à s'effacer en 1974 devant son vice-président Gerald Ford ; celui-ci perd les élections de 1976, à l'issue desquelles le démocrate Jimmy Carter accède à la présidence. En 1980 les républicains reviennent aux affaires pour une période de douze ans qui prend fin avec l'élection de Bill Clinton en novembre 1992 et son investiture en janvier 1993.

Graphique 0.1. *Le cycle économique au Royaume-Uni et aux Etats-Unis depuis 1970*

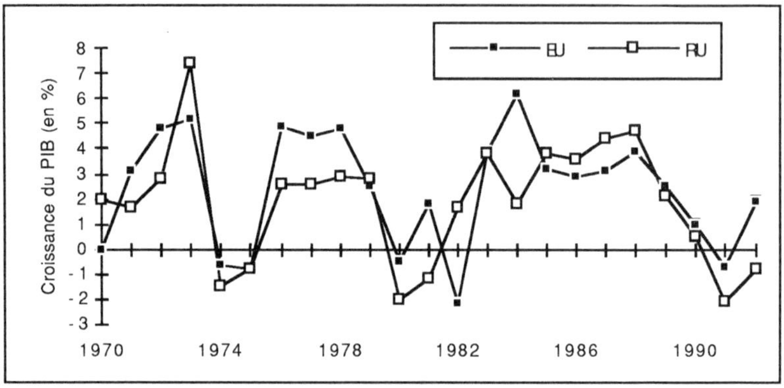

Source : statistiques rassemblées par l'auteur et reproduites en annexe à la fin de l'ouvrage

Les fluctuations du cycle économique reflètent bien les incidences qu'ont pu avoir sur les économies anglo-saxonnes les perturbations auxquelles a été soumise l'économie mondiale depuis les années 70. Le début de la période est marqué tout à la fois par l'effondrement du système monétaire international mis en place à Bretton Woods en 1944, par la flambée des cours des matières premières et par le premier choc pétrolier, qui provoque la récession de 1974-1975. Les Etats-Unis et le Royaume-Uni en émergent affaiblis, en proie à une inflation qui préoccupe de plus en plus les gouvernants, si bien qu'après une embellie de quatre années les politiques de contrôle des revenus et de rigueur monétaire, conjuguées aux effets du second choc pétrolier, entraînent un nouveau retournement de conjoncture entre 1979 et 1982. Suit une très longue période d'expansion, qui perdure pendant le reste d'une décennie qui s'achève par l'effondrement du mur de Berlin et l'écroulement de l'empire soviétique. Les années 90 s'ouvrent au contraire, de part et d'autre de l'Atlantique, dans un climat de forte morosité : la récession qu'ont vécue les Etats-Unis à partir de juillet 1990 s'est achevée au printemps 1991 pour faire place à une reprise qui est restée très hésitante jusqu'au milieu de l'année 1992, et le Royaume-Uni restait encore englué, au premier trimestre 1993, dans la crise économique la plus longue qu'il ait connue depuis les années 30.

Certes, les élections générales d'avril 1992 ont confirmé John Major dans ses fonctions de premier ministre et permis aux conservateurs de conserver un pouvoir qu'ils détiennent depuis 1979, alors que l'élection du démocrate Bill Clinton à la présidence des Etats-Unis en novembre de la même année mettait au contraire un terme à douze années de gestion républicaine et ouvrait une ère nouvelle. La parenté entre l'évolution politico-économique des deux pays pourrait donc être désormais moins nette qu'elle ne le fut depuis le début des années 80. Pourtant il ne semble pas que l'on doive s'attendre à voir fondamentalement diverger leurs destins.

En effet, au-delà du parallélisme que permet de relever l'évolution conjoncturelle, certains aspects de la structure des deux économies autorisent un rapprochement. Dans un contexte de libéralisation des échanges et d'interdépendance accrue des économies, le Royaume-Uni et les Etats-Unis ont dû faire face, depuis vingt ans, à une concurrence étrangère de plus en plus vive, notamment de la part du Japon et des nouveaux pays industriels. Ainsi, alors que le PIB du Japon ne représentait guère plus du cinquième du PIB américain en 1970, il en représente aujourd'hui les trois cinquièmes ; ses exportations, qui équivalaient à peine aux exportations britanniques en 1970, leur étaient plus d'une fois et demi supérieures en 1991. Par ailleurs si, en valeur nominale, les exportations britanniques et américaines ont crû sensiblement au même rythme pendant la période considérée, cette croissance a été deux fois moins rapide que celle des exportations japonaises et dix fois moins rapide que celle des exportations coréennes[7].

C'est dire que le Royaume-Uni et les Etats-Unis ont moins bénéficié de l'internationalisation des échanges que n'ont pu le faire d'autres pays et qu'il était inévitable, dans ces conditions, que leurs économies apparaissent en déclin relatif. Il est vrai que cette situation n'est pas nouvelle pour le Royaume-Uni qui dès la fin du XIXe siècle voyait sa suprématie contestée, et bientôt ravie, par son rival américain : l'histoire du Royaume-Uni est depuis lors l'histoire d'un long déclin auquel les Britanniques

7. Entre 1970 et 1991, la valeur des exportations américaines a été multipliée par 9,7. Le chiffre est de 9,5 pour le Royaume-Uni, de 16,3 pour le Japon et de 89,8 pour la Corée du Sud. Chiffres en valeur nominale, exprimée en dollars. Source : *L'état du monde, op. cit.*

se résignent difficilement, au point que la réflexion sur les causes du phénomène constitue depuis une trentaine d'années l'un des thèmes favoris de leurs chercheurs en histoire économique. En revanche l'hégémonie américaine semblait si solidement assise jusqu'à la fin des années 60 que les défis qui lui furent lancés au cours des deux décennies suivantes conduisirent d'aucuns à s'interroger sur l'origine du processus et à voir dans le passé récent du Royaume-Uni l'avenir auquel les Etats-Unis risquaient d'être condamnés, à moins qu'ils ne réagissent vigoureusement pour inverser le cours des choses[8].

Le point de départ du présent ouvrage a donc été l'existence de cette parenté entre l'expérience économique récente des deux pays : c'est pourquoi il s'attache à mettre en lumière ce qui, depuis la fin des années 70, a pu les rapprocher, qu'il s'agisse des difficultés auxquelles ils ont pu se trouver confrontés et des politiques qu'ils ont mis en œuvre pour tenter de les résoudre, des succès remportés sur certains fronts, ou encore des mutations qu'ils ont pu subir, sous l'effet combiné de l'action des gouvernements et de la conjoncture internationale. Mais tout cela ne doit cependant pas aveugler l'observateur au point de lui faire opérer des simplifications hâtives ou des rapprochements incongrus : l'analyse comparée devrait au contraire permettre de prendre toute la mesure des spécificités nationales.

8. Cf. le succès de librairie de l'ouvrage de Paul Kennedy, *The Rise and Fall of Great Powers : Economic Change and Military Conflict from 1500 to 2000*, Random, 1989.

PREMIÈRE PARTIE

La « révolution libérale », réponse à la crise des années 70

Lorsque Margaret Thatcher et Ronald Reagan accèdent au pouvoir, les économies de leurs pays semblent dans une situation critique, et s'il ne paraît pas possible aujourd'hui d'imputer à James Callaghan et à Jimmy Carter la seule responsabilité de tous les maux dont souffrent le Royaume-Uni et les Etats-Unis à la fin des années 70, il n'empêche que c'est une donnée qui pèse lourd dans l'issue des élections de mai 1979 (au Royaume-Uni) et de novembre 1980 (aux États-Unis) : voter conservateur ou républicain, c'est alors avant tout voter contre les pouvoirs travailliste et démocrate en place, qui n'ont pas su — ou pas pu — éviter la stagflation, l'augmentation du chômage et le déclin relatif de la puissance britannique ou américaine.

Tirant argument du bilan médiocre de leurs prédécesseurs, Margaret Thatcher et Ronald Reagan promettent de mettre en œuvre des politiques qui permettront à leur pays d'en finir avec les erreurs du passé et de prendre un nouvel élan, afin de renouer avec la croissance et la prospérité et de retrouver le rang qui était jadis le leur sur la scène internationale.

CHAPITRE I

La situation à la fin des années 70

Si Margaret Thatcher et Ronald Reagan peuvent ainsi se poser en sauveurs, c'est que les chocs des années 70 ont affaibli les économies de leurs pays, dont les performances ont été loin d'égaler, au cours de cette décennie, celles des années 60. Qui plus est, dans un contexte de crise internationale, le Royaume-Uni et les Etats-Unis semblent avoir moins bien réagi que d'autres pays industrialisés, comme l'Allemagne et le Japon : la dégradation apparaît nettement si l'on se réfère à quelques indicateurs simples (cf. tableaux I.1, I.2, I.3 et I.4)[1].

Replacée dans le contexte plus général des décennies dont 1969 et 1979 marquent l'achèvement, la tendance se dessine clairement : le taux de croissance moyen s'infléchit, alors qu'inflation et chômage sont orientés à la hausse, ce qui semble démentir la validité de la courbe de Phillips qui établit une relation inverse entre chômage et inflation, relation à laquelle croyaient la plupart des économistes depuis les années 50. Ce sont là les trois éléments caractéristiques de la stagflation contre laquelle les pou-

1. L'année 1979 a été retenue ici parce qu'elle correspond non seulement à la fin de la décennie mais aussi à l'arrivée au pouvoir du premier gouvernement Thatcher. Elle précède d'un an l'élection de R. Reagan. Pour des séries plus détaillées, se reporter aux annexes figurant en fin de volume.

Tableau I.1. *La part du Royaume-Uni et des Etats-Unis dans l'économie mondiale (1950-1979)*

Pays	Part des exportations mondiales de biens manufacturés (en %)			Solde commercial (en milliards de £ ou de $)[1]	
	1950	1969	1979	1969	1979
Royaume-Uni	25,5	10,8	9,7	-£143	-£3458
Etats-Unis	27,3	18,5	15,9	+$0,6	-$27,3

1. $ et £ courants.

Source : statistiques rassemblées par l'auteur d'après *Economic Report of the President*, 1981 et S. Pollard, *The Development of the British Economy*.

Tableau I.2. *Performances intérieures, 1969 et 1979*

Pays	Taux de croissance du PNB/PIB [1]		Taux d'inflation [2]		Taux de chômage [3]	
	1969	1979	1969	1979	1969	1979
Royaume-Uni	2,5	2,8	5,4	13,4	2,4	4,1
Etats-Unis	2,4	2,5	5,5	11,3	3,5	5,8

1. PIB pour le RU, PNB pour les EU, sur la base des taux de change de 1982.
2. Prix à la consommation, en glissement annuel.
3. Définitions nationales.

Source : statistiques rassemblées par l'auteur d'après D. Smith, *From Boom to Bust, Economic Report of the President.*, 1981, et OCDE, *Etudes économiques,* différentes années.

Tableau I.3. *Performances intérieures, 1960-1979*

Pays	Taux de croissance moyen du PIB réel		Taux moyen d'inflation[1]		Taux moyen de chômage [2]	
	1960-1969	1970-1979	1960-1969	1970-1979	1960-1969	1970-1979
Royaume-Uni	2,9	1,9	3,5	12,6	1,7	2,8
Etats-Unis	4,3	3,0	2,3	7,1	4,8	6,2

1. Prix à la consommation, en glissement annuel.
2. Données nationales.

Source : statistiques rassemblées par l'auteur d'après D. Smith, *From Boom to Bust,* et *Economic of the President,* 1981.

Tableau I.4. *Les performances des économies anglo-saxonnes (1960-1981) comparées à celles des autres grands pays industrialisés*

Taux de croissance annuel moyen	PIB volume		Prix PIB		Productivité		Emploi		Investissement productif privé		Taux de chômage		
	1960-1973	1973-1981	1960-1973	1973-1981	1960-1973	1973-1981	1960-1973	1973-1981	1960-1973	1973-1981	1967	1973	1981
Etats-Unis	4,1	2,3	3,4	7,9	2,1	0,2	2,0	2,1	4,6	1,6	3,7	4,7	7,5
France	5,6	2,5	4,9	10,8	4,7	2,4	0,9	0,1	7,6	1,2	1,9	2,6	7,6
République fédérale d'Allemagne	4,5	2,0	4,2	4,6	4,4	2,6	0,1	−0,6	4,4	2,2	1,3	0,9	4,3
Royaume Uni	3,1	0,5	5,1	15,8	2,8	1,2	0,3	−0,7	4,5	1,7	3,2	3,2	4,3
Japon	9,9	3,6	5,8	6,6	8,6	2,9	1,3	0,7	14,1	2,0	1,3	1,3	2,2

D'après D. Auvers, *L'économie mondiale.*

voirs en place dans les années 70 ne parviennent pas véritablement à lutter : les instruments traditionnels de la politique fiscale, budgétaire et monétaire se révèlent inefficaces, tout autant que les politiques des revenus (encadrement ou blocage des prix et des salaires) auxquelles on a pu croire pendant un temps des deux côtés de l'Atlantique. Au terme de la décennie, il apparaît que les moyens mis en œuvre n'ont eu que des effets limités, et cette relative impuissance dans la sphère économique entame la crédibilité des gouvernants, par ailleurs disqualifiés aux yeux de l'opinion publique par un certain nombre d'événements politiques ou sociaux, qu'il s'agisse des « affaires » américaines (affaire du *Watergate* sous la présidence de Richard Nixon, affaire des otages en Iran sous celle de Jimmy Carter), ou de la multiplication des grèves britanniques, qui vont jusqu'à frapper le pays de paralysie au cours de l'hiver 1978-1979 (*the winter of discontent*)[2].

Pour comprendre cette situation, sans doute n'est-il pas inutile de rappeler quelles sont les origines des difficultés auxquelles doivent alors faire face les économies anglo-saxonnes.

2. Cf. document I.1, *infra*.

1. LE MAL BRITANNIQUE

Depuis 1880, le poids de l'économie britannique dans l'économie mondiale n'a cessé de décroître puisque la croissance de son PIB a été moins rapide que celle enregistrée dans d'autres pays[3] : au premier rang mondial en termes de production par tête en 1850, le Royaume-Uni est dépassé par les Etats-Unis en 1880, puis par la Suède (entre les deux guerres), par la France et l'Allemagne fédérale (dans les années 60), et enfin par l'Italie et le Japon dans les années 70. Pendant ce qu'il est convenu d'appeler, après Jean Fourastié, les « Trente Glorieuses », l'économie britannique ne connaît pas l'accélération de la croissance, de l'investissement et de la productivité dont ont alors bénéficié les autres grandes puissances occidentales, et la crise des années 70 ne fait qu'accentuer une tendance observable depuis près d'un siècle. Signe de ce déclin (et du recul de la Grande-Bretagne sur la scène internationale), la livre sterling, dévaluée en 1967, flotte à partir de juillet 1972 ; en dix ans, de 1967 à 1977, elle perd environ 50 % de sa valeur. Ainsi l'analyse faite par Margaret Thatcher au printemps 1979 rejoint-elle à bien des égards celle que faisait en 1931 le Français André Siegfried : « l'économie britannique [...] repose toujours sur une structure et des pratiques qui datent parfois de beaucoup plus de cinquante ans [...] Si le pays veut persister comme grande puissance, ou même simplement vivre, une révision totale s'impose. »[4]

Plusieurs facteurs, à la fois endogènes et exogènes, peuvent expliquer ce « mal anglais » sur lesquels tant d'experts se sont penchés[5]. Les facteurs exogènes viennent bien sûr immédiatement à l'esprit : ainsi en 1973-1974, le premier choc pétrolier, qui se traduit par un quadruplement des prix du brut, grève lourdement la balance commerciale du Royaume-Uni, qui est alors importateur net de pétrole, en même temps qu'il accroît les charges des entreprises et des ménages, alourdit les coûts de production, et alimente ainsi l'inflation. La flambée des cours mondiaux des matières premières qui se produit au début des années 70 a des effets similaires :

3. Cf. le graphique reproduit en annexe à la fin de l'ouvrage.

4. A. Siegfried, *La crise britannique au XXe siècle*, Paris, A. Colin, 1931, réédition 1975.

5. Les ouvrages consacrés à l'analyse des causes du déclin de l'économie britannique sont légion. On se reportera, par exemple, aux titres recensés dans la bibliographie.

elle se traduit notamment par une hausse du prix de bon nombre de produits alimentaires (beurre, lait, viande, céréales) pour lesquels la dépendance du Royaume-Uni à l'égard des importations est alors beaucoup plus forte qu'elle ne l'est aujourd'hui. Par ailleurs la concurrence étrangère, en particulier dans le domaine des produits manufacturés, se fait de plus en plus sentir, entraînant tout à la fois une baisse des exportations et une augmentation des importations. Mais il est vrai que cette exacerbation de la concurrence étrangère résulte pour une large part de la baisse de la compétitivité de l'industrie britannique, qui tient elle-même à des raisons d'ordre intérieur.

Certains de ces facteurs endogènes sont de nature économique, d'autres de nature sociale ou politique, d'autres enfin ont trait à ce que l'on peut appeler la mentalité britannique. Au premier rang des facteurs économiques, il faut citer la faiblesse de l'investissement productif intérieur, qui conduit au vieillissement de l'appareil de production et, par le biais du ralentissement des gains de productivité, à l'érosion de l'avantage comparatif britannique. Berceau de la révolution industrielle, atelier du monde pendant la plus grande partie du XIXe siècle, le Royaume-Uni n'a pas su moderniser ou reconvertir des secteurs comme la sidérurgie, la construction mécanique, l'automobile ou le textile au moment où ils commençaient à être exposés à la concurrence étrangère. Il n'a pas su non plus développer suffisamment tôt des secteurs à haute valeur ajoutée comme la chimie, l'électronique ou l'aéronautique. Ainsi, à la veille du second choc pétrolier, le taux d'investissement britannique reste, comme au début des années 60, le plus faible de tous les grands pays développés[6], et ce sous-investissement est d'autant plus net dans l'industrie que la rentabilité des investissements y est médiocre[7] : dans ces conditions, il s'avère bien plus lucratif de placer des fonds dans l'immobilier ou à l'étranger, ce dont ne se privent pas les investisseurs britanniques[8]. Conséquence logique de ce phénomène, la productivité croît beaucoup plus lentement au Royaume-Uni que dans les autres grands pays développés, et peu à

6. Voir J.-J. Santini (51), tableau 2, p. 5.

7. *Ibid.*, tableau 3.

8. Cf. R. Farnetti, *Le déclin de l'économie britannique de Victoria à Thatcher*, Paris, Editions de l'Espace européen, 1991.

peu l'avantage comparatif dont avait pu jouir Albion s'émousse au bénéfice de ses concurrents américain, européens, voire asiatiques[9].

La lourdeur de la pression fiscale qui s'exerce sur les agents économiques est souvent évoquée pour expliquer ce phénomène de sous-investissement. Celle-ci est, en 1979, parmi les plus fortes du monde, puisque le taux marginal d'imposition (*marginal tax rate*) atteint 83 % pour les revenus du travail et 98 % pour les revenus du capital, alors qu'il est de 52 % pour les sociétés dont les bénéfices sont supérieurs à 100 000 £. Dissuasif, le système fiscal en vigueur crée en outre des distorsions qui faussent les choix des ménages lorsqu'ils doivent arbitrer entre travail et loisir ou épargne et consommation, tout en incitant les entreprises à utiliser le capital moins efficacement que cela n'est fait dans les autres pays développés, ce qui explique l'écart négatif de productivité et de rendement du capital fixe dont souffre le Royaume-Uni par rapport à ces autres pays.

La puissance des syndicats est également l'un des facteurs qui détournent les investisseurs de l'industrie britannique. Avec un taux de syndicalisation de la population active atteignant 53 % en 1979 (ce qui correspond à 13,3 millions de syndiqués), la Grande-Bretagne dépasse en effet largement les taux enregistrés en France (25 %), aux Etats-Unis (23 %), ou même en RFA (40 %). De plus les pratiques auxquelles ont recours les syndicats affectent en profondeur le fonctionnement des entreprises et réduisent considérablement la marge de manœuvre du patronat. Principale de ces pratiques « restrictives », le monopole syndical de l'embauche (*closed shop system*) est développé dans des secteurs comme les mines, la marine marchande, les ports, l'imprimerie, la métallurgie, ou les entreprises publiques. Il concerne environ un salarié sur quatre, soit six millions d'individus en 1979, pour lesquels les employeurs ont dû renoncer à toute compétence effective en matière de gestion du personnel. Les chefs d'entreprise doivent également compter avec d'autres pratiques qui entretiennent elles aussi une confusion des responsabilités dans la gestion du personnel et l'organisation des tâches : c'est ainsi qu'il n'est pas rare de voir les syndicats fixer le nombre de jeunes admis en apprentissage chaque année, contrôler le déroulement de carrière de leurs adhérents, s'engager dans la défense des intérêts catégoriels, s'opposer à la polyvalence fonc-

9. Voir J.-J. Santini (51), tableaux 4 et 1, p. 5-6.

tionnelle, ou résister à l'adaptation des méthodes de travail, surtout si celle-ci doit occasionner des licenciements. Ce sont là autant de contraintes qui pèsent lourdement sur l'économie britannique, en particulier dans les industries en déclin dont les charges sont accrues par le maintien de personnels en sureffectif (*overmanning*), ce qui rend difficile l'effort financier nécessaire à leur redressement.

Les hausses de salaires supérieures aux augmentations de productivité alimentent par ailleurs la spirale inflationniste dans laquelle le pays est engagé pendant la première moitié des années 70, et si, sous le gouvernement Callaghan, les syndicats acceptent un temps l'austérité du « contrat social » (1976-1978), ce n'est que pour mieux rompre le pacte et paralyser le pays par des grèves au cours de l'hiver 1978-1979 [10].

Dans ce contexte, la politique mise en œuvre par les différents gouvernements, qu'ils soient conservateur (1970-1974) ou travaillistes (1974-1976 et 1976-1979), se révèle au pire déstabilisatrice, au mieux insuffisante à régler les problèmes de fond : privilégiant le court terme et la manipulation des instruments budgétaires et fiscaux à tout moment du cycle économique, elle se traduit par une succession de phases de stabilisation et de relance (*stop and go*) qui n'empêche pas les prix d'augmenter, le chômage de s'étendre, le déficit de la balance des opérations courantes de se creuser, alors que le besoin d'emprunt du secteur public (*PSBR, Public Sector Borrowing Requirement*) ne cesse de croître [11]. Au cours du second semestre de 1976, la dégradation de la situation économique est telle que les pouvoirs publics sont contraints de solliciter un crédit de 3,9 milliards de dollars auprès du FMI, qu'ils n'obtiennent qu'en s'engageant à mettre en œuvre une politique de rigueur. Celle-ci porte quelques fruits et il est vrai que l'économie britannique commence alors aussi à bénéficier de la manne que constitue la mise en exploitation des champs pétrolifères de la mer du Nord. A la fin de l'année 1978, l'inflation est ramenée à un niveau correspondant à la moyenne des pays de l'OCDE, l'équilibre de la balance des paiements plus ou moins rétabli, les finances de l'Etat sont quelque peu assainies et la valeur de la livre sterling sur

10. Cf. document I.1, *infra*.

11. Cf. le tableau « Performances économiques du Royaume-Uni, 1950-1992, » en particulier les chiffres concernant la période 1970-1976, joint en annexe.

les marchés des changes recommence à s'apprécier. Mais tout cela n'est gagné qu'au prix d'une austérité qui provoque l'explosion sociale qui conduit à la défaite des travaillistes aux élections générales de 1979. Ainsi lorsque Margaret Thatcher accède aux commandes, aucun des problèmes de fond n'est réglé.

S'ajoutant à cet ensemble de données économiques, sociales et politiques, sans doute convient-il d'évoquer, pour expliquer le « mal anglais », ce que Martin J. Wiener appelle « le déclin de l'esprit d'entreprise »[12]. Celui-ci tiendrait essentiellement au rejet progressif par la bourgeoisie d'affaires, qui constitue l'élite économique de la nation et l'un des piliers du parti conservateur, des valeurs associées à l'esprit capitaliste (esprit d'initiative, goût pour le travail et pour la vie urbaine, dynamisme tout entier tendu vers la réalisation du progrès matériel) au fur et à mesure que, s'élevant socialement, elle assimilait les valeurs traditionnelles de l'aristocratie modelées par l'hédonisme, le culte du loisir et de la vie à la campagne, accompagnés d'un mépris sans bornes pour tout ce qui peut être lié au monde de la cité industrielle et au progrès technique. A la lumière de l'analyse de Martin J. Wiener, on perçoit bien que le thatchérisme, qui entendait faire rompre la classe moyenne avec cette mentalité confortablement installée dans son repli sur le passé et la tradition, se présentait comme une révolution économique qui ne pourrait être mise en œuvre qu'au prix d'une véritable révolution culturelle.

2. LE MALAISE AMÉRICAIN

Si, à la fin des années 70, l'économie des Etats-Unis reste, par sa taille et par sa puissance, la principale économie du monde, cette prépondérance apparaît néanmoins elle aussi sur le déclin, situation qui n'est pas sans créer un sentiment de malaise au sein de la société américaine. La décennie qui s'achève a en effet sonné le glas d'une domination sans partage et conduit à une mise en question de bon nombre de certitudes :

12. M. J. Wiener (57). Cf. document I.2, *infra*.

certes le PIB américain représente toujours le quart de la production mondiale, mais son rythme moyen de croissance annuelle, qui avait atteint 4 % de 1950 à 1969, tombe à 2,8 % de 1970 à 1979 ; l'inflation progresse (7,4 % contre à peine 2,6 %) alors que le chômage s'élève (6,1 % contre 4,5 %), en dépit des quelque 9 millions d'emplois créés en 10 ans ; le solde de la balance commerciale, qui enregistrait des excédents depuis le début du siècle, connaît un déficit quasi chronique à partir de 1971. On comprend, dans ces conditions, que le niveau de vie moyen de l'Américain régresse[13] et que les problèmes liés à l'accélération de l'inflation et à la dépendance énergétique soient suffisamment ressentis au quotidien pour occuper le devant de la scène politique. C'est sans doute ce qui explique que les questions économiques prennent une place de plus en plus importante dans les débats préélectoraux, notamment à l'occasion des deux campagnes présidentielles de 1976 et de 1980, même s'il serait faux de dire que c'est aux mauvaises performances de l'économie qu'il convient d'imputer l'échec des présidents Ford et Carter[14].

Il est alors tentant, pour certains responsables politiques comme pour l'homme de la rue, de faire porter à l'étranger la responsabilité des maux dont souffre l'Amérique : sont ainsi mis en cause tour à tour l'OPEP, qui a provoqué le premier choc pétrolier, l'Iran, puisque la révolution déclenchée à Téhéran et le début des hostilités avec l'Irak provoquent le second choc de 1979, et le Japon, qui est accusé de recourir à des pratiques commerciales déloyales (*unfair trading practices*), au *dumping* en particulier, pour conquérir le marché américain de l'acier, de la hi-fi ou de l'automobile. Les observateurs sérieux et les hommes politiques responsables, au nombre desquels Jimmy Carter, font cependant remarquer que point n'est besoin de chercher ailleurs l'origine de difficultés dont les causes sont principalement d'ordre interne. Ainsi la dépendance énergétique (le pétrole importé couvrait 36 % des besoins en 1973, il en couvre 50 % en 1979) résulte en grande partie de la politique des pouvoirs publics qui, en régle-

13. Cf. « The Shrinking Standard of Living », *Business Week*, 28 février 1980, p. 72-78.
14. Sur l'importance croissante des problèmes économiques aux yeux des Américains, cf. le graphique établi par Jean Pisani-Ferry (III), p. 62, qui montre que la proportion d'Américains citant les problèmes économiques comme les plus importants du pays passe de 15 % en 1970 à 70 % en 1975 et 75 % en 1980, taux inégalés depuis 1945-1946.

mentant les prix intérieurs, ont tout à la fois encouragé la consommation et incité les compagnies pétrolières à développer leurs activités de prospection à l'étranger, notamment au Moyen-Orient où les coûts de production sont sensiblement inférieurs aux coûts domestiques. L'inflation, quant à elle, s'est bien sûr accélérée du fait de l'augmentation du prix des matières premières, mais les politiques des revenus par lesquelles les administrations successives, de Nixon à Carter, ont tenté de la maîtriser, se sont révélées inefficaces. Par ailleurs, depuis la suspension de la convertibilité du dollar en or, décrétée par Richard Nixon le 15 août 1971, la dévaluation de décembre 1971 (*Smithsonian Agreement*) et la généralisation du système des taux de change flottants à partir du printemps 1973, le billet vert est orienté à la baisse. Cette baisse, entretenue jusqu'à l'automne 1979 pour tenter de limiter le gonflement du déficit commercial, ne tarde pas à révéler ses effets pervers : elle alimente l'inflation en renchérissant le prix des produits importés, dont le volume ne cesse de croître en raison de la dépendance dont souffrent les Etats-Unis à leur égard, qu'il s'agisse de matières premières que les Etats-Unis ne produisent pas en quantité suffisante (c'est le cas du pétrole, mais aussi du fer, du cuivre, de la bauxite ou du plomb, par exemple) ou de produits manufacturés pour lesquels les fabricants américains parviennent de plus en plus difficilement à rivaliser avec la concurrence étrangère, que ce soit en matière de prix ou de qualité du produit.

Il est vrai aussi que si l'économie américaine a longtemps été la plus productive du monde, cela n'est plus le cas à la fin des années 70, époque à laquelle elle se trouve devancée par l'Allemagne et le Canada. Les gains de productivité sont en effet alors beaucoup plus lents aux Etats-Unis que dans la plupart des autres pays développés, en particulier dans le secteur manufacturier où ils atteignent 1,3 % pour la période 1973-1978 contre 5,9 % au Japon, 3,9 % en Allemagne fédérale, 3,7 % en France[15]. Seul le Royaume-Uni fait moins bien, avec seulement 0,3 %. Or cette médiocre performance de la productivité tient essentiellement à la faiblesse relative de l'investissement productif : ainsi en 1979 la formation brute

15. Cf. J.-J. Santini (51), tableau 4, p. 6. Cf. aussi « Productivity: Like Motherhood, but Less Healthy », *The Economist*, 24 novembre 1979, p. 49-51.

de capital fixe (FBCF, *Gross fixed capital formation*) ne représente que 19,8 % du PIB aux Etats-Unis, contre 32,1 % au Japon [16], et encore faut-il noter qu'une très large part de cet investissement (7 % du PIB) est affecté aux dépenses militaires, qui ont certes un effet d'entraînement sur l'ensemble de l'économie, mais dont les retombées en matière de recherche et développement n'apparaissent plus aussi certaines qu'on pouvait le penser dans les années 50 ou 60.

Plusieurs raisons sont avancées pour expliquer la faiblesse relative de l'investissement productif : la baisse du taux d'épargne des ménages, qui n'est que de 7,2 % en 1979, contre 12 % au Royaume-Uni, 12,7 % en Allemagne, et 18,2 % au Japon [17] ; mais aussi l'importance des flux d'investissements directs vers l'étranger, qui sont largement le fait des grandes firmes multinationales américaines, et que ne compensent que très partiellement les investissements étrangers aux Etats-Unis ; ou encore le niveau élevé des salaires horaires américains, qui pèsent lourdement sur les coûts de production, ainsi que la puissance des syndicats, encore forte dans les industries traditionnelles malgré le reflux observé depuis le milieu des années 50. Le taux de syndicalisation, qui atteignait 32,7 % en 1953 n'est plus que de 22,8 % en 1980, mais il demeure suffisamment élevé dans certains secteurs (mines, automobile, sidérurgie notamment) pour entraver la liberté de manœuvre des entreprises : le contrat pluriannuel, fruit de la négociation collective entre représentants du syndicat et représentants du patronat, définit les règles applicables pendant une période donnée (en général deux ou trois ans) en matière de conditions de travail, de rémunérations, de congés, de protection sociale des syndiqués. Une fois signé, il ne saurait être mis en cause par aucune des deux parties. Cette pratique, qui constitue indéniablement un acquis social et une garantie pour les salariés, peut néanmoins se révéler néfaste d'un point de vue strictement économique dans la mesure où elle limite considérablement la capacité d'adaptation de l'entreprise aux évolutions du marché.

Le rôle grandissant joué par l'Etat dans la vie économique est enfin souvent évoqué, dans les années 70, pour expliquer le ralentissement

16. Cf. J.-J. Santini (51), tableau 2, p. 5.
17. Cf. « How Americans Turned into Spendthrifts », *Fortune*, 7 avril 1980, p. 60-62.

de la croissance et la perte de dynamisme dont souffre l'économie américaine[18]. Il est vrai que la part des dépenses publiques dans le PNB n'a cessé de croître depuis les années 30, passant de 9 % en 1932 à 40 % en 1980, ce qui a eu pour contrepartie une pression de plus en plus forte de la fiscalité sur les ménages et les entreprises. Certains y voient l'origine de la baisse du taux d'épargne des ménages et de la progression insuffisante des investissements des entreprises : le taux marginal d'imposition sur les revenus les plus élevés est de 70 % en 1979, alors que l'impôt sur les sociétés atteint 46 % pour la tranche de bénéfices supérieurs à 100 000 $. Même si la législation prévoit toute une série de déductions, d'exonérations et de crédits d'impôt grâce auxquels le taux marginal moyen d'imposition sur les personnes physiques se situe à 31,2 % en 1980, il est indéniable que le poids de la fiscalité s'est notablement accru depuis le début des années 60[19]. Et pourtant les recettes fiscales demeurent insuffisantes pour couvrir l'ensemble des dépenses budgétaires, notamment celles de l'Etat fédéral, qui accumule déficit sur déficit (pour l'année fiscale 1980, le montant s'élève à plus de 59 milliards de $, soit 2,2 % du PNB), et dont la dette dépasse 914 milliards de $, soit près de 35 % du PNB, au début des années 80. Prenant ainsi l'habitude de vivre à crédit, l'Etat fédéral alimente l'inflation en gonflant artificiellement la demande globale même lorsque le cycle économique est dans sa phase ascendante. De plus les émissions massives de bons du Trésor qui servent à financer les déficits budgétaires lorsque ceux-ci ne sont pas monétisés exercent un effet d'éviction (*crowding out effect*) sur les marchés financiers, détournant au profit de l'Etat fédéral une épargne qui ne peut plus, dès lors, être mise à la disposition des entreprises pour y être investie.

L'Etat intervient également puissamment par le biais de la réglementation de l'activité économique. Depuis 1887 et la création de l'*Interstate Commerce Commission*, instituée par le Congrès pour réglementer le transport des marchandises et arbitrer les conflits entre les compagnies de chemin de fer et les agriculteurs, les agences de réglementation (*regulatory*

18. Cf. Martin Feldstein (87), en particulier chapitre 9, « The Role of Government : Taxes, Transfers and Spending ».

19. Cf. *Economic Report of the President*, 1982, chapitre 5 : « Tax policy and Economic Growth ».

agencies ou *regulators*) n'ont cessé d'étendre leur emprise sur l'ensemble de la vie économique, au point qu'elles sont souvent qualifiées de « quatrième pouvoir ». Il est vrai que les règles qu'elles édictent affectent bon nombre des aspects de la vie quotidienne des individus et des entreprises : la qualité de la nourriture ou des médicaments qu'ils consomment, la conception des automobiles qu'ils conduisent, des logements ou des bureaux qu'ils occupent, les conditions de sécurité sur les lieux de travail, la nature des investissements que l'on peut effectuer, la qualité de l'eau ou de l'air, tout est soumis à réglementation.

L'obligation dans laquelle se trouvent les ménages et les entreprises de se plier à ces règles entraîne bien évidemment des surcoûts tout en allongeant le délai entre le moment où une décision de nature économique est prise (acheter un terrain pour y construire une maison par exemple) et celui où le projet peut être mené à bien, ce qui a pour effet de ralentir l'activité. Généralement bien acceptées au départ en raison des circonstances particulières qui avaient conduit à leur mise en place (que l'on songe par exemple aux agences de réglementation opérant dans le secteur financier et bancaire, créées dans les années 30, alors que le spectre de la crise de 1929 hantait encore toutes les mémoires), ces agences voient leur existence de plus en plus souvent contestée dans les années 70 : au pays de la libre entreprise, cet empire de l'administration et de sa « paperasserie » (*redtape, paperwork*) apparaît alors, aux yeux d'une grande partie de la population et de beaucoup d'économistes, non plus tant comme un ensemble de garde-fous nécessaires au fonctionnement harmonieux du système, que comme une source de contraintes qui nuisent à l'efficacité économique.

Pourtant les potentialités du géant américain restent énormes : il conserve la première place dans la production mondiale de charbon, d'électricité, de gaz naturel, d'aluminium, de véhicules automobiles, de coton brut, de fibres synthétiques, et se place au second rang pour le pétrole et l'acier ; 13 des 20 plus grandes firmes mondiales sont américaines ; et surtout, parce que le dollar demeure une monnaie de réserve dans laquelle s'effectuent les deux tiers des transactions commerciales internationales, les autorités américaines disposent d'un puissant levier par le biais duquel elles peuvent, en faisant varier la valeur du billet vert, influer sur l'ensemble de la conjoncture internationale. Il n'est donc pas étonnant que, malgré un désenchantement passager, l'Amérique de 1980 reste animée par un formidable sentiment de puissance et soit prête à accorder sa confiance à celui qui promet de lui faire retrouver sa grandeur passée [20].

20. *Make America Great Again* était le slogan électoral de R. Reagan au cours de la campagne de 1980. Symptomatique de l'état d'esprit qui régnait à cette époque est la série d'articles parue dans le numéro du 23 février 1981 de *Time*, sous le titre « American Renewal » (p. 24-48).

DOCUMENT I.1. RETREAT FROM SIEGE

Britain has stayed blockaded this week, with its ports, many factories and warehouses strangled under the rule of lorry drivers' pickets. The government has spent the week teetering on whether to call a state of emergency, while admitting in advance that its troops could not carry anything much. The cabinet's real decision has been to retreat from the siege into further inflation, which may now feed on itself and thus eventually cause strikes to accelerate.
The prime minister has rejected advice to impose a wage freeze* (''politically impossible'') and he does not want to call an early election (which he thinks he would lose). The lorry drivers will be bought off for somewhere between the 15% they have rejected and the 22 1/2% they are demanding. Ministers have this week trundled up surrender mechanisms (special dispensations for the low paid, comparability studies, relaxations of cash limits) to buy off next week's batch of public service workers' strikes, at what they desperately hope will be less than 15%. [...]
Strikes and inflation are engulfing Britain at a time when the Labour government is following the Conservatives' incomes policy* (tightish control of the money supply and free collective bargaining) — after having tried to enforce Labour's own incomes policy (a 5% ceiling by non-legalised ministerial order) and finding that, even before parliament forbade private-sector sanctions, it did not really work.
Today's soaring wage inflation is not due to overheated demand,* unemployment is well above its 30-year average and will now go much higher. It does not stem from a sudden sense of desperately unfair deprivation among ordinary British workers; their real disposable income* in the third quarter of 1978, at the beginning of this wage round*, was an unmaintainable 8 1/2% higher than a year before, because they have already pinched more than all of the recovery money that should have gone to revive profits and investment. Militancy has spread equally in the industries like newspapers where bankrupt firms have been closing and in lame duck aviaries where they have been preserved, in town halls where employment has long been uneconomically expanded and on the railways where it has been economically restrained, in coal where miners have had a real income gain of around a fifth since a year ago and in worthy public-sector rollneck-sweater jobs where workers believe that their real incomes have dropped. [...]
The strikes have a single main cause. They are being called because they are succeeding. Every British worker, shirker, clerk and professional man knows that he will move further forward in the leapfrog game if he threatens a stoppage. Having done so, he often says that he thinks that all subsequent strikers are disgusting. He also becomes a citizen of a more inflationary and impoverished

country. These catastrophes will recur until it becomes more difficult to win leapfrog strikes in Britain. Since the government's policy this week has been to make it easier to win leapfrog strikes, a solution does not seem to be near.
The Tories are right to say that there now needs to be some new balance against trade union power, but all British politicians are still frightened to call for the most obvious legislative change. In every civilised country except Britain the ordinary law of contract applies to trade union contracts. In other countries anybody who conspires to induce a breach of a signed contract is liable to pay damages, and unions keep a careful watch on their members' activities lest the claims for damages fall on the unions themselves. [...]
This week's mess does not spring from any especial original sin among British trade unions or employers. It springs from this post-1974 abdication by politicians. It will be glum if Lancastrians during a water strike have to get appalling diseases, if Merseyside children during the social workers' strike have to continue to be battered, if housewives in an island blockaded by lorry drivers have to go hungry, if patients deprived of ambulances and other emergency transport have to die, if many more small firms have to go bust*, many more workers to become unemployed, more of Britain's exports and imports have to stay stuck at the docks, if sewage has to run in the streets, hyperinflation has to escalate, before Britain's politicians recognise that fact.

The Economist, 20 janvier 1979.

DOCUMENT I.2. THE DECLINE OF THE INDUSTRIAL SPIRIT

The leading problem of modern British history is the explanation of economic decline. It has not always been thus. Until the later 1960s the generally accepted frame for the history of Britain over the previous century was that of a series of success stories: the bloodless establishment of democracy, the evolution of the welfare state, triumph in two world wars, and the enlightened relinquishment of empire. Such a happy frame, however, became increasingly hard to maintain as, having steered clear of the rocks of political turmoil or military defeat, the British found themselves becalmed in an economic Sargasso Sea. As successive governments, Labour and Tory, saw their varying panaceas for lifting the economy to the level of growth of Britain's neighbours and competitors yield only frustrating failure (despite even the unforeseen windfalls of North Sea gas and oil), the realisation began to sink in that the problem had a long history. [...] The intractability of the problem made it ever clearer that it was rooted deep in the nation's social structure and mental climate. The more closely Britain's twentieth-century economic decline is examined, the more social and psychological elements are to be found intertwined with economic factors. [...]

All manner of historical explanations for British economic decline have been put forward, ranging from the exclusively economic to those involving political, social and psychological components, and spanning the ideological spectrum from Marxist to Keynesian to free-market standpoints. It is without doubt a complex problem, and lacks any simple or generally accepted solution. Although it is true that, as E. J. Hobsbawm has sternly enjoined, 'economic explanations of economic phenomena are to be preferred if they are available', such explanations as have been put forward, by their inadequacies, have only made clearer the problem's character. Strictly economic explanations either have been based on questionable assumptions or have left large space for 'residual' factors, which would appear to be social and psychological. [...]
At the time of the Great Exhibition of 1851, Britain was the home of the industrial revolution, a symbol of material progress to the world. It was also the home of an apparently triumphant bourgeoisie. Observers like Carlyle and Marx agreed in pointing to the industrialist as the new aristocrat, a figure that was ushering in a radically new order and a new culture. Yet they were misled. From the time of their assertions, social and psychological currents in Britain began to flow in a different direction.
By the 1970s, falling levels of capital investment raised the spectre of outright 'deindustrialisation'* — a decline in industrial production outpacing any corresponding growth in the 'production' of services. Whether or not such a spectre had substance, it is true that this period of recognised economic crisis in Britain was preceded by a century of psychological and intellectual deindustrialisation. The emerging culture of industrialism, which in the mid-Victorian years had appeared, for good or ill, to be the wave of the future, irresistibly washing over and sweeping away the features of an older Britain, was itself transformed. The thrust of new values borne along by the revolution in industry was contained in the later nineteenth century; the social and intellectual revolution implicit in industrialism was muted, perhaps even aborted. Instead, a compromise was effected, accommodating new groups, new interests and new needs within a social and cultural matrix that preserved the forms and even many of the values of tradition. Potentially disruptive forces of change were harnessed and channelled into supporting a new social order, a synthesis of old and new. This containment of the cultural revolution of industrialism lies at the heart of both the achievements and the failures of modern British history.
The new society created by the later Victorians rested on a domestication of the wilder traits of earlier British behaviour; the riotous populace, the aggressive and acquisitive capitalists, and the hedonistic aristocrats of the Georgian world became endangered, if not extinct, species of Englishmen. [...]
In particular, the later nineteenth century saw the consolidation of a national élite that, by virtue of its power and prestige, played a central role both in Brit-

ain's modern achievements and its failures. It administered the most extensive empire in human history with reasonable effectiveness and humanity, and it maintained a remarkable degree of political and social stability at home while presiding over a redistribution of power and an expansion of equality and security. It also presided over the steady and continued erosion of the nation's economic position in the world. The standards of value of this new élite of civil servants, professionals, financiers and landed proprietors, inculcated by a common education in public schools and ancient universities and reflected in the literary culture it patronised, permeated by their prestige much of British society beyond the élite itself. These standards did little to support, and much to discourage, economic dynamism. They threw earlier enthusiasms for technology into disrepute, emphasised the social evils brought by the industrial revolution, directed attention to issues of the 'quality of life' in preference to the quantitative concerns of production and expansion, and disparaged the restlessness and acquisitiveness of industrial capitalism. Hand in hand with this disparagement went the growth of an alternative set of social values, embodied in a new vision of the nation.

The dominant collective self-image in English culture became less and less that of the world's workshop. Instead, this image was challenged by the counter-image of an ancient, little-disturbed 'green and pleasant land'. [...]. The past, and the countryside — seen as inseparable — were invested with an almost irresistible aura. These standards and images supported a very attractive way of life, geared to maintenance of a *status quo* rather than innovation, comfort rather than attainment, the civilised enjoyment, rather than the creation, of wealth. [...]

Industrialists* themselves were far from immune to this anti-industrial culture; like others, they breathed it in ever more deeply the higher they rose in social position. The new British élite was open to industrialists, if they adapted to its standards. With few exceptions, they were ready to do so, although such adaptation required a degree of disavowal of their own former selves and their very function in society. By modelling themselves — in varying proportions — upon civil servants, professional men, and men of landed leisure, industrialists found acceptance at the upper reaches of British society. Thus, the famed ''Establishment'' and its consensus was created. Social integration and stability were ensured, but at a price — the waning of the industrial spirit.

Martin J. Weiner, *English Culture and the Decline of the Industrial Spirit 1850-1980,* p. 3-10, 157-159.

DOCUMENT I.3. B FOR THE ECONOMY

Every few years when I buckle down to revise my introductory textbook in economics, I undergo a crash course in the basic facts of American economic life. It's a record worth reviewing, since the real picture tends to get lost in the crush of headlines — either good or bad. This time, I have been rather pleasantly surprised by the amount of genuine progress recorded since the tenth edition of the book was prepared in the mid-1970s.

The story, of course, is not all good. So let me mention at the beginning the bad news about inflation. Although the worldwide recession of 1973-75 did finally bring down the double-digit* price rises of 1974, one discerns as we move toward the 1980s no significant progress toward a satisfactory solution of America's stagflation problem. Living with inflation of 5 to 10 per cent per year has become the hard reality of modern life.

Shouldn't the decline in the exchange rate of the dollar also be put in the column of debits? I believe that would be an oversimplification. Given the improvement in world harvests and what that implies for US agricultural exports, and given the disappointing development of nuclear and alternative* unconventional energy sources, it is a good and not a bad thing that exchange depreciation brings down American costs enough to make our goods competitive in world trade.

I am also happy to report that the Club of Rome problem has not worsened in recent years: we aren't being overwhelmed by sheer numbers of people relative to natural resources. Discovery and development of new geological resources seem to have about kept up with a somewhat reduced trend rate of exploitation. Worldwide drops in the birthrate offer hope that global population might level off in the next century. Actuaries record that life is generally now a bit less short, nasty and brutish.

Since 1975 America has been in a vigorous recovery, the envy of Europe and Japan. Much of this antedates Jimmy Carter's Inauguration, going back to the Ford Administration. New records for longevity of peacetime expansion are in sight. The prosperity shows itself in expanded employment. Female participation in the paid labor force* is swelling. New entrants onto the job market, attributable to the last baby boom, by and large find the jobs they're looking for. By contrast with rising unemployment rates in Germany, Britain and France, ours dropped from 9 per cent to the neighborhood of 6 per cent, a stubborn floor. More jobholders per family means higher real disposable incomes, as department-store cash registers have been attesting.

One disease associated with affluence is a disappointing trend in productivity growth. There is a mystery here inasmuch as the rate of productivity growth in manufacturing seems not nearly so bad as in services.

Aggregate corporation* profits, even after we correct them properly for inflationary revaluations, have been quite buoyant in recent years. Indeed, foreign enterprises now envy the American performance.
But common-stock* prices* continue to wobble in the doldrums. Our middle classes complain that their savings* have not been able to keep up with inflation. Their only substantial capital appreciation has come in connection with home ownership, not a gain that very many can cash in on.
Mere growth in economic aggregates wouldn't do much good if it came, as it did in the 1920s' 'new era' of Calvin Coolidge, against the background of increasing economic inequality. How have the unskilled fared, black Americans and other minority groups, those who live on farms?
It is reassuring to see that black Americans have been maintaining the improvements in their relative income attained in the Kennedy-Johnson years. While they still earn only about 60 per cent of what whites do, this is perceptible progress from the 50 per cent levels of the Truman and Eisenhower years. Fortunately, the gains do not represent mere tokenism because they occur more at the bottom of the income scale than they do at the top. Despite the parade of tractors in Washington, average farm incomes came close in 1978 to urban incomes.
But as always, there is a caveat to much of this economic progress: the gains can still be jeopardized by a serious future recession or a prolonged period of slow growth.

Paul A. Samuelson, *Newsweek*, 26 février 1979.

DOCUMENT I.4. WHAT CARTER SHOULD DO

As I was daydreaming the other day, I fancied that I heard President Carter give the following talk:
''For many years, your government has been trying to finetune* monetary and fiscal policy* in order to avoid both unemployment and inflation. A growing number of people — inside government and outside — have concluded that such fine-tuning* has not worked. It has not prevented repeated recessions. It has not prevented worse and worse inflation.
''Our government's failure in this important area inevitably raises questions about its performance in other respects.
''That troublesome question has prompted me to reappraise what government can and should do. I speak to you to report my conclusions and to recommend a major change in government policy.''
''The role of the Federal government has been expanding ever since the Inauguration of President Franklin D. Roosevelt. What have been the results?

"One of the first New Deal objectives was to cure the problems of agriculture. The tractors that crowded the streets of Washington some months ago, as well as the explosive rise in food costs, are ample evidence that these problems remained. Government programs have not preserved the family farm. They certainly have not assured food to the public at reasonable cost. But they have cost the taxpayer many tens of billions of dollars. [...]

"Regulation* of industry has neither protected the consumer from high costs nor promoted healthy and innovative enterprise. Deregulation* of airlines — the first real break in a ninety-year trend — has been a boon to both airline companies and their passengers.

"What of energy — our nation's No. 2 problem after inflation? The United States, I discovered, never had a problem of energy shortages and crises, except during World War II, until government interfered on a large scale — first, in 1954, when ceiling prices on natural gas encouraged excessive use and discouraged production; then in 1971, when President Nixon imposed his ill-advised freeze on all prices and wages; then in 1973 and 1974, when price controls were removed from all products except petroleum products; then in 1975, when President Ford continued the Federal Energy Administration instead of letting it expire and signed a bill continuing controls on the prices of domestically produced crude oil*. [...]

"OPEC is a convenient excuse for the energy crisis. But OPEC itself was created largely by our own foreign and economic policies — and it could never have reached its present level of influence and power without the unintended and unwitting support of our mistaken domestic policy.

"We must learn from experience. We must not repeat past mistakes. Accordingly, I am today initiating a major change in government policy.

"On economic policy, I have requested the Council of Economic Advisers and the Office of Management and Budget to prepare a series of budgets for coming years that will cut government spending as a fraction of national income, eliminate deficits, and reduce taxes. I shall recommend that Congress adopt such a budget policy. In addition, I am recommending to Congress that it limit the discretion of the Federal Reserve System, and instruct it to reduce the rate of monetary growth over the next few years to a level that is commensurate with the real growth of the economy.

"On energy, I recommend that the Department of Energy be abolished. Effective the earliest possible date, I am removing all controls on the prices of crude oil, natural gas, and other petroleum products, confident that the market will promptly bring the energy crisis to an end.

"These changes will start the process of replacing short-term improvisations by long-term planning and of reducing government intervention in your lives. [...]

"These recommendations do not take us into uncharted seas. On the contrary, they return us to the basic principle that produced the miracle of America: reliance on individual initiative and voluntary co-operation. We must have compassion for the less fortunate among us. We must see to it that no resident of the United States is without assistance in time of real need. But that compassion must be joined with realism. It must be expressed in ways that take account of the experience of the past fifty years.

''If you, the citizens of the United States, will join with me in this task, we can, in Abraham Lincoln's words, 'have a new birth of freedom'.''

This talk will never be given. Yet, is it only a daydream that the policy it outlines would not only be good for the country but might also prove a political triumph for President Carter? He might ask Margaret Thatcher.

Milton Friedman, *Newsweek*, 18 juin 1979.

CHAPITRE II

Les options libérales

Rétrospectivement, les propos de Richard Nixon qui déclarait, au début des années 70, « nous sommes tous keynésiens à présent » ne manquent pas d'ironie puisque la décennie qui allait suivre devait précisément être le théâtre d'une remise en cause radicale de ce qu'il est convenu d'appeler le « consensus keynésien ». Sous la pression conjuguée des événements (la stagflation) et d'un retour en force des thèses libérales, ce consensus est alors en effet battu en brèche des deux côtés de l'Atlantique, d'abord sous les mandats de Jimmy Carter et de James Callaghan puis, fait mieux connu et qui a donné naissance au concept de « révolution conservatrice », pendant les administrations Reagan et Thatcher, du moins jusqu'au milieu des années 80. A partir de 1985, le succès mitigé des mesures mises en œuvre conduit en effet les gouvernements britannique et américain à infléchir leur politique dans un sens moins franchement libéral, et si Ronald Reagan et Margaret Thatcher restent eux-mêmes fidèles, dans leurs propos du moins, au credo qu'ils avaient affiché lors de leur accession au pouvoir, il en va tout autrement de George Bush et de John Major, dont la politique n'est pas loin d'apparaître, aux yeux de certains, comme une véritable trahison[1].

1. Cf. Margaret Thatcher, « Don't Undo my Work », *Newsweek*, 27 avril 1992, p. 14-15. En ce qui concerne les Etats-Unis, se référer par exemple aux chroniques de

1. LA RUPTURE DU CONSENSUS KEYNÉSIEN

Si la politique économique mise en œuvre à partir de 1979 au Royaume-Uni et de 1981 aux Etats-Unis a été à tel point perçue comme une rupture, c'est qu'elle-même a pris soin de se présenter comme une véritable « contre-révolution ». Que l'on se réfère, par exemple, au *Manifeste* conservateur de 1979 ou au discours d'investiture du Président Reagan [2] : l'ambition clairement affichée est soit d'en finir avec trente-cinq années d'un *Welfare State* qui, en faisant de la nation britannique une nation d'assistés, a enlevé aux individus tout esprit d'initiative, soit d'opérer un *New Deal* à l'envers, de désengager l'Etat fédéral de la vie économique de façon à rendre aux citoyens et aux entreprises un rôle qui leur revient de droit en économie de marché. Malgré tout ce qui peut les distinguer, tant sur le plan doctrinal que dans les voies qui seront empruntées pour atteindre les objectifs recherchés [3], le thatchérisme partage avec

(Suite de la note 1, page 35.)
Paul Craig Roberts dans *Business Week*, dans lesquelles il revient sans arrêt sur l'idée que les difficultés que rencontre l'économie américaine depuis la fin des années 80 sont dues à un renoncement progressif aux principes qui avaient animé la politique reaganienne, en particulier de 1980 à 1985, et non, comme le prétendent certains, aux conséquences désastreuses qu'a eues l'application de ces principes. Cf. « Reaganomics : Bad Press or No, it Works », 26 janvier 1987 ; « The Indisputable Victory of Supply-Side Economics », 28 décembre 1987 ; « While Critics Carp, the Supply-Side Revolution Sweeps on », 25 avril 1988 ; « Who's Doing Voodoo Economics Now? », 30 juillet 1990 ; « Voodoo Statistics can't Erase the Triumph of Reaganomics », 21 janvier 1991 ; « Oh, for the Reagan Years — When Growth was Growth », 23 décembre 1991.

2. Pour le Royaume-Uni, F. W. S. Craig (ed.), *British General Election Manifestos 1959-1987*, Dartmouth, Parliamentary Research Services, 1990 ; pour les Etats-Unis, *Public Papers of the Presidents of the United States, Ronald Reagan, 1981*, Washington, USGPO, 1982. Un extrait du discours de R. Reagan est reproduit dans le document II.3, ainsi qu'un discours de M. Thatcher (document II.2) qui, pour avoir été prononcé en 1968, n'en contient pas moins tous les thèmes autours desquels s'organisera la politique économique menée par son gouvernement à partir de 1979.

3. Jean Pisani-Ferry résume bien, dans un passage de la première partie de *L'épreuve américaine* (111), p. 21-29, tout ce qui distingue le reaganisme du thatchérisme. Pour une autre analyse, plus développée, se reporter à John N. Smithin, *Macroeconomics after Thatcher and Reagan : The Conservative Policy Revolution in Retrospect*, Aldershot, Edward Elgar, 1990, ou encore à la contribution de Patrick Minford « Reaganomics and Thatcherism », *in* James M. Buchanan *et al.* (80), p. 63-78.

le reaganisme cette volonté de prendre un grand tournant, de marquer l'aube d'une ère nouvelle, non pas en innovant radicalement, mais bien au contraire en renouant avec des valeurs et des principes sur lesquels la prospérité d'autrefois était fondée : foi en l'individu, goût du travail et de l'effort, volonté de limiter la puissance de l'Etat de façon à ne pas entraver l'initiative individuelle et la concurrence, tout cela s'enracine dans la tradition du rêve américain, qui transparaît en filigrane dans la rhétorique de Ronald Reagan, ou, chez Margaret Thatcher, dans une référence explicite à l'utilitarisme et aux valeurs victoriennes[4].

Ce faisant, l'Etat est transformé en grand Satan et rendu responsable de la plupart des maux dont souffrent les économies anglo-saxonnes : « Dans la crise que nous traversons, l'Etat n'est pas la solution à notre problème, l'Etat est le problème », affirme sans ambages le président nouvellement élu, faisant écho aux propos tout aussi peu équivoques de celle qui ne tarderait pas à être surnommée la « Dame de fer » : « Je crois que la grande erreur commise au cours de ces dernières années a été de laisser l'Etat légiférer dans presque tous les domaines. » On mesure tout le chemin parcouru, lorsque ceux qui tiennent ce discours accèdent aux commandes de l'Etat, depuis l'époque où Richard Nixon se déclarait keynésien et où Edward Heath ne voyait d'autre solution, pour résoudre les problèmes auxquels était confrontée l'économie britannique de 1972 à 1974, que de renier les principes libéraux proclamés par son parti quelques années plus tôt[5] pour mettre en œuvre une politique des revenus et nationaliser Rolls Royce ou les chantiers navals de la haute Clyde. Il est vrai que si Ronald Reagan et Margaret Thatcher sont en mesure de proposer une autre politique, c'est qu'ils se fondent sur le regain de popularité dont bénéficient les idées libérales à la fin des années 70 du fait du renouvellement qu'a connu la pensée économique au cours de la décennie. Le caractère doctrinal de la politique qu'ils mettent en œuvre est très marqué parce qu'eux-mêmes sont très fortement influencés par les théories d'auteurs comme Friedman et Hayek, ou de ceux que l'on appelle les « nouveaux classiques » qui, bien que participant d'approches fort différentes, partagent un même jugement négatif sur les effets des politiques d'inspiration

4. Cf. documents II.2 et II.3, *infra*.
5. Cf. le *Manifeste* conservateur de 1970, reproduit dans Craig, *op. cit.*

keynésienne et un même désir de remonter aux sources de la tradition libérale.

Plus encore que pour tout autre science peut-être, il est en effet difficile de dissocier l'évolution de la science économique du contexte dans lequel cette évolution se produit. Les concepts ne naissent pas *in abstracto*, mais bien plutôt en réponse à certains problèmes qui se posent dans le monde dans lequel vivent les économistes, et sur lesquels ceux-ci sont donc amenés à réfléchir. Ainsi J. M. Keynes s'attache-t-il tout à la fois, dans sa *Théorie générale* (1936), à démontrer pourquoi l'application des thèses classiques et néoclassiques s'avère incapable de résoudre les problèmes qui se posent aux économies occidentales dans les années 30, et à proposer un nouveau modèle de fonctionnement de l'économie, assorti de principes d'action qui permettraient aux gouvernements de sortir leurs pays de la crise[6]. Mais les idées tardent parfois à être mises en pratique, et ce qui vaut pour les pères de l'école classique vaut aussi pour Keynes : certes il existe un lien évident entre la crise des années 30 et l'émergence des idées keynésiennes, mais ce n'est qu'à la fin de la seconde guerre mondiale que les pouvoirs politiques, au Royaume-Uni comme aux Etats-Unis, franchirent un pas décisif dans la reconnaissance de leur validité. La publication par le gouvernement britannique du Livre blanc sur l'emploi de mai 1944 et le vote par le Congrès américain de la loi sur l'emploi de 1946 constituent des étapes importantes car ces deux textes affirment explicitement qu'il est du devoir de l'Etat de maintenir l'emploi à un niveau « stable et élevé », justifiant par là même un interventionnisme croissant de la puissance publique, qui devra avoir recours à des politiques de stimulation de la demande globale dans le but d'étouffer dans l'œuf tout risque d'augmentation du chômage.

Le consensus keynésien, qui sous-tend la politique économique menée dans les deux pays de la fin de la seconde guerre mondiale au milieu des années 70, repose en fait sur deux principes essentiels : le chômage est le mal absolu qu'il faut éviter à tout prix ; la meilleure façon d'y parvenir est de promouvoir une politique de croissance régulière qui passe nécessairement par une intervention active de l'Etat[7]. Celle-ci prend une double forme :

6. Cf. l'analyse des thèses keynésiennes proposée par J. K. Galbraith dans le document I.1, *infra*.

7. *Ibid.*

politique monétaire d'une part, surtout fondée sur la manipulation des taux d'intérêt, et d'autre part dosage prudent des instruments fiscaux et budgétaires. Ainsi, loin de compter sur le libre jeu des forces du marché pour promouvoir une croissance équilibrée, les gouvernements successifs, qu'ils soient conservateurs, républicains, travaillistes ou démocrates, s'éloignent dès lors progressivement du modèle libéral et transforment les économies de leurs pays en économies mixtes dans lesquelles les dépenses publiques représentent une part grandissante du PNB : cette part atteint, en 1970, 40 % au Royaume-Uni et 35 % aux Etats-Unis.

L'incapacité de ce type de politique à promouvoir la croissance et le plein emploi à partir de la fin des années 60 conduit cependant, par une sorte d'effet de balancier, à une remise en cause du consensus et au retour en force d'idées auxquelles seule une petite minorité d'économistes avait continué à adhérer depuis les années 40. Le monétarisme, la théorie des anticipations rationnelles et l'économie de l'offre connaissent alors leur heure de gloire.

2. LES THÈSES MONÉTARISTES

Le monétarisme est généralement associé au nom de Milton Friedman, chef de file de l'école de Chicago et prix Nobel d'économie en 1976[8], mais, en fait, ses origines remontent aux fondateurs de l'école classique et, plus près de nous, à Irving Fisher, qui fut le premier à formuler la théorie quantitative de la monnaie au début du XXe siècle[9]. Sa thèse centrale est qu'il existe une liaison stable entre le PIB nominal et la masse monétaire et que les variations de la masse monétaire jouent un rôle déterminant dans les fluctuations économiques : en effet, selon l'équation de Fisher, $MV = PT$[10], et le lien de causalité s'établit de la gauche de l'équation vers la droite, c'est-à-dire que c'est l'évolution de la masse monétaire

8. Les principaux textes de Friedman sont recensés dans la bibliographie.

9. Cf. document II.4, *infra*.

10. Dans cette équation, M représente la masse monétaire, V la vélocité ou vitesse de circulation de la monnaie, P le niveau général des prix et T le volume total des transactions.

et de la vélocité qui entraîne celle des prix et du volume des transactions. En outre si, comme le suppose Fisher, T et V sont constants, lorsque la quantité de monnaie augmente, les prix augmentent aussi : l'inflation est donc essentiellement un phénomène monétaire.

Reprenant les hypothèses de Fisher, Friedman cherche à leur apporter une confirmation empirique en étudiant la relation qui s'est établie aux Etats-Unis, sur près d'un siècle, entre l'évolution de l'offre de monnaie et celle du PIB nominal. Dans l'ouvrage intitulé *A Monetary History of the United States, 1867-60*, qu'il publie en 1963, il établit l'existence d'une corrélation entre les deux variables et en tire la conclusion que les variations du PIB nominal résultent de celles de l'offre de monnaie. Par ailleurs, distinguant entre valeur nominale et valeur réelle, il avance que, sur le long terme, les variations du taux de croissance de la masse monétaire sont sans effet sur le produit réel et l'emploi et n'affectent que le taux d'inflation. Toutefois ce qui est vrai à long terme ne l'est pas à court terme : ainsi une politique monétaire restrictive, avant de provoquer une baisse du taux de l'inflation, provoquera une récession ; de même une politique d'expansion monétaire aura pour premier effet de susciter une phase éphémère de croissance avant de déclencher une hausse des prix. C'est ainsi que Friedman explique à la fois la crise des années 30 et celle des années 70 : pour les années 30, il met en cause la politique déflationniste appliquée par le *Fed* de 1929 à 1933, période au cours de laquelle la masse monétaire, dans sa définition la plus étroite, diminua d'un tiers ; au contraire, l'inflation des années 70 résulterait de la politique d'expansion monétaire beaucoup trop rapide appliquée dans les années 60, à une époque où les pouvoirs publics ont préféré financer la guerre du Viêt-nam en monétisant le déficit budgétaire plutôt qu'en augmentant les impôts.

On le voit, Friedman opère une distinction très nette entre le court terme, pour lequel une relance peut avoir des effets positifs sur l'emploi et sur le niveau d'activité économique, et le long terme, où toute création monétaire se traduit nécessairement par une hausse des prix sans contrepartie dans la sphère réelle. La différence provient des effets des anticipations adaptatives des salariés, qui ajustent leur offre de travail en fonction du salaire réel et non du salaire nominal : au départ, ils anticipent mal les effets inflationnistes des mesures de relance, et donc ils travaillent davantage dans l'espoir de gagner plus. Puis, lorsque qu'ils se rendent compte que les augmentations de salaire nominales sont « grignotées » par l'inflation, ils modifient leur comportement, arbitrent en faveur du loisir, ce qui provoque une diminution de l'offre de travail. C'est ainsi que les monétaristes expliquent la stagflation des années 70 : l'inflation et le chômage qui sévissent en même temps, et qui désorientent ceux qui sont habitués à raisonner en se référant aux courbes de Phillips, ne sont pour Friedman et ceux qui partagent ses vues que le résultat du laxisme monétaire pratiqué dans les années 60. De même, s'il y a bien, à court terme, une relation inverse entre inflation et chômage, à long terme la courbe de Phillips est une droite parallèle à l'axe des abscisses représentant le taux naturel de chômage. A long terme, il n'existe pas de dilemme entre inflation et chômage et par conséquent il est tout à la fois inutile et dangereux d'essayer de soutenir l'emploi par une politique monétaire active.

Cette analyse débouche bien entendu sur une mise en cause radicale de l'efficacité du réglage conjoncturel en matière de politique monétaire. Pour éviter les effets déstabilisateurs des phases successives de *stop and go* et assurer la stabilité des prix à long terme, qui seule peut créer les conditions d'une croissance économique régulière, les autorités monétaires doivent adopter une règle monétaire stable, fondée sur un objectif de quantité de monnaie et non sur une référence aux taux d'intérêt qui constituent, pour les monétaristes, un indicateur ambivalent dans la mesure où ils sont une fonction croissante de la masse monétaire (alors que pour les keynésiens ils varient inversement à l'offre de monnaie). Les gouvernements doivent donc se garder de toute réaction discrétionnaire aux évolutions à court terme de la conjoncture.

On voit bien pourquoi, dans cette perspective, la lutte contre l'inflation devient une priorité absolue et comment elle passe par une modification fondamentale de la conduite de la politique monétaire. C'est parce qu'il affirme adhérer aux thèses développées par les monétaristes que Paul Volcker, nommé par Jimmy Carter au poste de président du conseil des gouverneurs du *Fed* en juillet 1979, décide deux mois après son entrée en fonctions de transformer radicalement les modalités d'intervention de la Banque centrale des Etats-Unis : cessant d'être préoccupée par l'évolution des taux d'intérêt, celle-ci se met à concentrer toute son action sur la réalisation d'un seul objectif, le contrôle de l'expansion de la masse monétaire, auquel on doit parvenir en agissant sur les réserves des banques. Un objectif quantitatif (*target*) est fixé pour l'expansion monétaire, et le *Fed* intervient sur le marché monétaire pour ajuster le volume de monnaie de la banque centrale mise à la disposition des banques. Cette politique restrictive porte ses fruits puisque le taux d'inflation est ramené de près de 14 % en rythme annuel pour le mois de septembre 1979 à 3,9 % à la fin de l'année 1982. Mais cette décélération spectaculaire est obtenue au prix d'une volatilité extrême des taux d'intérêt, qui perturbe grandement les agents économiques, et de la récession la plus sévère qu'aient connue les Etats-Unis depuis les années 30. De même, en Grande-Bretagne, la rigueur budgétaire et monétaire qui s'exprime dans la Stratégie financière à moyen terme lancée au printemps 1980 par le chancelier de l'Echiquier Geoffrey Howe permet certes un reflux spectaculaire de l'inflation (qui passe de 18 % en 1980 à 4,5 % en 1983) mais plonge le pays dans une récession d'une extrême sévérité[11]. Or l'ampleur de ces deux récessions n'avait véritablement été prévue ni par les gouvernants ni, *a fortiori*, par leurs électeurs, ni surtout par certains des économistes proches des cercles du pouvoir. Ces derniers trouvaient en effet matière à ne pas s'alarmer dans une théorie alors fort en vogue, selon laquelle, en raison de la rationalité des anticipations des agents économiques, la décélération de l'inflation pourrait s'opérer en douceur, sans progression du chômage ni chute du niveau de l'activité.

3. LA THÉORIE DES ANTICIPATIONS RATIONNELLES

On a vu que, pour Friedman, les anticipations des agents économiques jouent un rôle fondamental dans l'analyse des effets d'une politique discrétionnaire. Celle-ci ne peut en effet avoir d'incidence positive dans le court terme que si les agents se trompent provisoirement dans la façon dont ils anticipent la hausse des prix. La théorie des anticipations ration-

11. Le chapitre 4 analyse plus en détail les politiques monétaires mises en œuvre depuis 1979.

nelles se fonde sur des hypothèses exactement inverses, puisqu'elle affirme que les agents ne peuvent pas être surpris par des événements répétés ou par des mesures auxquelles ont systématiquement recours les politiques [12]. Le point de départ en est un article de John Muth paru en 1961 [13] qui passa presque inaperçu à l'époque et ne fut redécouvert qu'à la fin des années 60 par une nouvelle génération d'économistes dont les plus connus sont Robert Lucas, Thomas Sargent et Robert Barro. Cherchant à déterminer les raisons pour lesquelles les politiques de réglage conjoncturel ne produisent pas les effets escomptés, ceux-ci mettent en évidence que le fonctionnement des marchés est largement déterminé par les anticipations d'agents « moteurs » parmi lesquels les pouvoirs publics, mais aussi les syndicats, les grandes entreprises, les banques, qui réagissent en fonction de prévisions réfléchies en ce sens qu'elles sont fondées sur les informations dont ils disposent, sur leur connaissance des effets passés des politiques mises en œuvre, et sur les enseignements qu'ils peuvent en tirer. Ainsi les syndicats savent très bien qu'une politique de création monétaire alimentera l'inflation et ils anticipent donc celle-ci en réclamant une hausse des revenus de façon à défendre le pouvoir d'achat de ceux qu'ils représentent. De même les entreprises augmentent leurs prix pour maintenir leurs marges réelles. Ainsi l'accroissement de la masse monétaire ne sert qu'à assurer la liquidité nécessaire à la hausse des prix, au lieu d'exercer une action positive sur la production et l'emploi. « Si l'on anticipe les effets d'une politique, celle-ci n'a plus que des effets nominaux et aucun effet réel. » [14] En d'autres termes, la prise en compte de « comportements d'apprentissage [...] permet d'expliquer des phénomènes économiques qui restent déroutants lorsqu'on essaie de les analyser avec les outils théoriques traditionnels » [15].

Le problème qui se pose dès lors est de savoir si, face à ces anticipations rationnelles des agents économiques, les politiques des pouvoirs publics

12. Sur cette théorie, cf. Walter Guzzardi Jr, « The New Down-to-Earth Economics », *Fortune*, 31 décembre 1978, p. 72-79. L'ouvrage d'Henri Lepage, *Demain le libéralisme* (Paris, Le livre de poche, collection « Pluriel », 1980) en donne une bonne analyse en français (p. 91-99).

13. « Rational Expectations and the Theory of Price Movements », *Econometrica*, 29 juillet 1961.

14. Jacqueline Brémond, *Les économistes néo-classiques*, Paris, Hatier, 1989, p. 218.

15. Lepage, *op. cit.*, p. 93.

doivent obéir à des règles, ou au contraire être discrétionnaires. En fait les adeptes de la théorie des anticipations rationnelles plaident en faveur des règles[16] parce que, comme nous l'avons vu, toute politique discrétionnaire est immédiatement court-circuitée du fait que ses effets sont anticipés par les agents économiques dont elle est censée influencer le comportement. Pour citer Lucas et Sargent.

> When expansionary monetary policy is used repeatedly over time, it no longer accomplishes its purposes. The kick is lost. There is no stimulus effect on output. Expected expansions come out as inflation and nothing else [...] People recognize the truth and stop making the same mistakes. When they do, they eliminate the planned effects of policy[17].

Cela rend donc caduc tout activisme, qu'il soit monétaire, budgétaire ou fiscal. Ainsi alors que, chez Friedman, les phénomènes monétaires n'étaient neutres qu'à long terme, ils le sont ici aussi à court terme puisque, étant donné que les effets de la variation de la masse monétaire sur l'inflation sont immédiatement anticipés par les agents économiques, la politique monétaire ne saurait modifier le niveau d'activité. Elle peut néanmoins parvenir à lutter contre l'inflation en fixant une règle de croissance de la masse monétaire et en la respectant quelles que soient les circonstances, de façon à influer sur les anticipations rationnelles des agents et à les conduire à ne plus intégrer une hausse des prix futurs dans leurs calculs économiques. Cette désinflation se fera sans souffrances pourvu que chacun veuille bien se convaincre de la résolution des autorités, et cela d'autant plus facilement que la réduction de la pression fiscale aura pour effet de stimuler l'activité économique.

16. Cf. R.E. Lucas et T.J. Sargent, *Rational Expectations and Econometric Practice*, Londres, George Allen and Unwin, 1981.

17. Cité dans l'article de *Fortune* mentionné ci-dessus.

4. L'ÉCONOMIE DE L'OFFRE ET LA THÈSE DU FREIN FISCAL [18]

Popularisée au moment de l'accession au pouvoir de R. Reagan, dont elle a fortement influencé le premier programme économique, contenu dans le document intitulé *America's New Beginning : A Program for Economic Recovery*, transmis au Congrès dès le 18 février 1981, l'économie de l'offre appartient elle aussi à la nouvelle économie classique puisque c'est dans la loi des débouchés (*law of markets*) de Jean-Baptiste Say qu'elle trouve son origine. En vertu de cette loi, l'offre crée sa propre demande, ce qui implique que l'économie de marché est capable de s'autoréguler et qu'il ne saurait s'y produire ni sous-emploi des ressources ni insuffisance de la demande globale [19]. Fortement remise en cause par Keynes, qui avait montré que le circuit peut se gripper lorsqu'il s'y produit des fuites (dont la thésaurisation de l'épargne est le meilleur exemple), et que dans ce cas seule une politique active de stimulation de la demande (*demand management*) par les pouvoirs publics peut permettre à un pays de sortir d'une situation d'équilibre de sous-emploi, c'est précisément au moment où le keynésianisme est battu en brèche que cette loi est remise au goût du jour. La primauté qu'elle accorde à l'offre, et non pas à la demande, en tant que moteur de l'activité économique, explique le qualificatif d'« économistes de l'offre » (*supply-siders*) qui est apposé dans les années 70 à ceux qui, autour d'Arthur Laffer, de Robert Mundell et de Paul Craig Roberts, orientent leur recherches vers la mise en évidence des moyens par lesquels l'offre pourrait être durablement stimulée aux Etats-Unis, de façon à induire un renouveau de l'activité productive.

18. Cf. le document II.5, *infra*. On pourra également se référer à Henri Lepage, *op. cit.*, p. 100-112.

19. Voici les termes dans lesquelles la loi est formulée par Say dans son *Traité d'économie politique* (1817) : « Il est bon de remarquer qu'un produit terminé offre, dès cet instant, un débouché à d'autres produits pour le montant de sa valeur. En effet, lorsque le premier producteur a terminé un produit, son plus grand désir est de le vendre, pour que la valeur de ce produit ne chôme pas entre ses mains. Mais il n'est pas moins empressé de se défaire de l'argent que lui procure sa vente, pour que la valeur de l'argent ne chôme pas non plus. Or, on ne peut se défaire de son argent qu'en demandant à acheter un produit quelconque. On voit donc que le fait seul de la formation d'un produit ouvre, dès l'instant même, un débouché à d'autres produits. »

Alors qu'en Grande-Bretagne l'essentiel du débat porte sur le développement de la concurrence, le processus de privatisation des entreprises nationalisées, la limitation du pouvoir syndical et la déréglementation de l'activité économique[20], l'accent est mis outre-Atlantique sur les incidences négatives qu'a eues l'augmentation de la fiscalité sur les motivations des individus en matière de travail et d'épargne. Ces incidences apparaissent clairement à la lecture de la courbe de Laffer (figure II.1) : passé un

Figure II.1. *La courbe de Laffer*

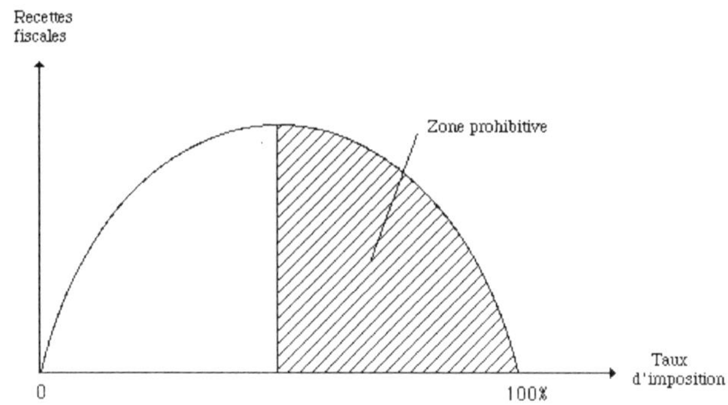

certain seuil d'imposition de leurs revenus ou de leur épargne, les individus sont dissuadés de travailler davantage et arbitrent en faveur de la consommation et du loisir (ou du travail au noir, ou du bricolage à domicile, qui ne sont pas comptabilisés dans le PIB), ce qui a pour effet de réduire les recettes fiscales de l'Etat tout comme l'offre de travail et la quantité d'épargne dont peuvent disposer les entreprises pour financer leurs investissements productifs. Une pression fiscale excessive est donc génératrice de chômage volontaire en même temps qu'elle induit un ralentissement des gains de productivité.

Les Etats-Unis ayant déjà pénétré dans cette « zone prohibitive », il importe de réduire les taux marginaux d'imposition de façon à inverser

20. Cf. Alan Walters, (57). A. Walters fut l'un des conseillers de Mrs Thatcher.

la tendance et à inciter les individus à travailler et à épargner plus. C'est sur cette thèse que se fondent ceux qui, en Californie, font campagne pour l'adoption de la Proposition 13 et dont la victoire, en 1978, conduira à une réduction spectaculaire des impôts fonciers dans cet Etat. C'est bien aussi ce que prévoyait le projet de loi Kemp-Roth, approuvé par le Congrès en 1978 mais qui ne fut jamais voté en raison de la menace de veto brandie par Jimmy Carter. Trois ans plus tard, au cours de l'été qui suit son entrée en fonctions, Ronald Reagan fait adopter l'*Economic Recovery Tax Act* qui reprend les dispositions du *Kemp-Roth bill*, à peu de choses près : les taux marginaux d'imposition sur le revenu des personnes physiques sont abaissés de 5 % en 1981 et de 10 % au cours de chacune des deux années suivantes, alors que les entreprises bénéficient d'un raccourcissement de la durée d'amortissement de leurs investissements et d'un relèvement du crédit d'impôt pour achat d'équipements [21].

Dans l'esprit des responsables politiques de cette époque, cette mesure devait se traduire par une augmentation de l'épargne et de l'investissement et relancer la machine économique par l'offre. En fait, comme on le verra, elle eut surtout pour effet de provoquer un gonflement du déficit budgétaire et un accroissement spectaculaire de la demande, en particulier de biens de consommation. Celle-ci, du fait de la faible compétitivité de l'industrie américaine, se porta principalement sur des produits étrangers et contribua à aggraver le déficit commercial des Etats-Unis. C'est alors que l'influence de ceux que l'on se mit à qualifier d'économistes du vaudou (*voodoo economists*) commença à refluer.

On le voit, la rupture du consensus keynésien place donc au cœur du débat théorique et idéologique une série de thèses qui, lorsqu'elles recueillent l'adhésion de personnalités politiques de premier plan comme Ronald Reagan ou Margaret Thatcher, conduisent à une inflexion majeure des principes sur lesquels a reposé la politique économique entre la fin de la seconde guerre mondiale et le milieu des années 70. Ces thèses convergent en effet vers une idée centrale : l'Etat doit cesser d'intervenir puissamment dans la vie économique pour que celle-ci puisse gagner en dynamisme et assurer une croissance soutenue. Les politiques de gestion de la demande doivent donc céder la place à des mesures destinées à stimuler

21. Sur les effets de ces mesures, se reporter au chapitre 3, infra.

l'offre grâce à la réduction de la pression fiscale, à l'amélioration de la flexibilité des marchés et à la stimulation de la concurrence.

Dès 1979 au Royaume-Uni, dès 1981 aux Etats-Unis, le virage est pris : les options libérales des gouvernements que le choix des urnes vient de porter au pouvoir se concrétisent dans des mesures qui transforment radicalement le paysage économique et dont le recul du temps permet aujourd'hui de tenter de jauger les effets.

On relèvera cependant qu'il y a quelque paradoxe à ce que le processus de désengagement de la puissance publique n'ait pu être entamé que grâce à une politique très volontariste des gouvernants. Paradoxe aussi à ce que la volonté de faire reculer l'Etat soit restée liée aux noms de deux personnalités de stature imposante, qui marquèrent leurs pays d'une empreinte profonde, firent école dans bon nombre de pays étrangers, et dont les noms restent aujourd'hui encore associés à une manière de philosophie de l'action politique.

DOCUMENT II.1. J.K. GALBRAITH ON KEYNESIAN ECONOMICS

The General Theory [*of Employment, Interest and Money*] owed much of its acceptance to the Great Depression and to the failure of classical economics to contend with that pervasively unsettling event [... It] is a complex, ill-organised and sometimes obscure work [...]. Yet the central ideas are [...] relatively untroublesome. The decisive problem of economics is not how the price of goods is established. Nor is it how the resulting income is distributed. The important question is how the level of output and employment is determined. As output, employment and income increase, consumption from the additional increments of income decreases — in Keynes's historic formulation, the marginal propensity* to consume declines. This is to say that savings* increase. There is no assurance, as the classical economists held, that, because of lowered interest rates, these savings will be invested, which is to say spent. They may be held unspent for a variety of precautionary reasons that reflect the individual's or firm's need or wish for liquid assets — again, in Keynes's term, his, her or its liquidity preference*. If revenue is saved and unspent, the effect is to reduce the total of the demand for goods and services — effective aggregate demand* — and therewith output and employment. And the reduction will continue until savings are reduced. This happens as an increasing marginal propensity to consume is pressed, even forced, by lessening income. The reduced savings are then absorbed by the less rapidly falling level of investment expenditure.

As in the classical view, savings and investment must be equal; savings must be offset by investment. The difference is that they are no longer necessarily or even normally equal at full employment. To make savings equal to investment and so ensure that savings are spent may require diminishing incomes and deprivation*. The equilibrium situation in the economy, it follows, is not at obligatory full employment; it can be at different and even severe levels of unemployment. This became known, as we have seen, as the underemployment equilibrium*. It was something that could be observed with the naked and untrained eye in 1936.

There was another jarring Keynesian note. When unemployment occurred in the classical context, apart from those workers in the process of changing jobs or out of work because skills and requirements were in bad fit, the accepted cause was wages that were too high or too rigid. Unions and their demands were an obvious cause. The return from adding workers, the marginal revenue from increasing the work force*, simply did not pay the required wages. Lower the wages over whatever resistance, and the idle* workers would be back on the job. With Keynes, this, most significantly, was no longer so; what was true for the individual employer was not true for all. This, to remind, is what economists speaking of the tendency to proceed from the simple to the complex, as from family finances to those of the state, call the fallacy of composition. Were employers generally to lower wages in a time of unemployment, the flow of purchasing power* — the aggregate of effective demand — would diminish, *pari passu*, with the diminished wages. The reduced effective demand would then increase unemployment. Unemployment could not be blamed on high wages — or on trade unions. Herbert Hoover and Franklin D. Roosevelt, the latter through the NRA, had agreed on at least this one policy: both had opposed wage reductions. Economists, in keeping with their classical faith, had strongly criticized both Presidents, but Keynes made them both right.

With the diagnosis came the cure. No longer could governments wait for self-correcting forces to provide a remedy; the underemployment equilibrium could be stable and persistent. No longer could they wait for unemployment to bring down wages; that could lead to equilibrium at a lower level of output and employment. Low interest rates could not be counted on to increase investment and investment spending*; perhaps they only reinforced liquidity preference. Why give up the various advantages of holding cash for a nominal return? Even more plausibly, there was the all too evident fact of the current economic scene; even the admirably low interest rates then obtaining did not stimulate investment in the presence of great excess capacity and the absence of a plausible return.

There remained one — just one — course. That was government intervention to raise the level of investment spending — government borrowing and spending for public purposes. A deliberate deficit. This alone would break the underemployment equilibrium by, in effect, spending — wilfully spending — the unspent savings of the private sector. It was a powerful affirmation of the wisdom of what was already being done under the force of circumstance.

J.K. Galbraith, *A History of Economics*, Penguin, p. 227-234.

DOCUMENT II.2. WHAT HAS GONE WRONG

Let us try to analyse what has gone wrong.

I believe that the great mistake of the last few years has been for the government to provide or to legislate for almost everything. Part of this policy has its roots in the plans for reconstruction in the post-war period when governments assumed all kinds of new obligations. The policies may have been warranted at the time but they have gone far further than was intended or is advisable. During our own early and middle period of government we were concerned to set the framework in which people could achieve their own standards for themselves, subject always to a basic standard. But it has often seemed to me that from the early 1960s the emphasis in politics shifted. At about that time 'growth' became the key political word. If resources grew by x per cent per annum this would provide the extra money needed for the government to make further provision. The doctrine found favour at the time and we had a bit of a contest between the parties about the highest possible growth rate: 4 per cent or more. But the result was that for the time being the emphasis in political debate ceased to be about people and became about economics. Plans were made to achieve a 4 per cent growth rate. Then came the present government with a bigger plan and socialist ideas about its implementation, that is to say if people didn't conform to the plan, they had to be compelled to. Hence compulsion on prices and incomes policy* and with it the totally unacceptable notion that the government shall have the power to fix which wages and salaries should increase.

We started off with a wish on the part of the people for more government intervention in certain spheres. This was met. But there came a time when the amount of intervention got so great that it could no longer be exercised in practice by government but only by more and more officials or bureaucrats. Now it is difficult if not impossible for people to get at the official making the decision and so paradoxically although the degree of intervention is greater, the government has become more and more *remote* from the people. The present result of the democratic process has therefore been an increasing authoritarianism.

During July [1968] the *Daily Telegraph* published a rather interesting poll which showed how people were reacting against this rule of impersonal authority. The question was

> In your opinion or not do people like yourselves have enough say or not in the way the government runs the country [68 per cent not enough] the services provided by the nationalised industries [67 per cent not enough], the way local authorities handle things [64 per cent not enough — note this rather high figure; people don't like remote local authorities any more than they like remote governments]?

[Since then] more and more feature articles have been written and speeches made about involving people more closely with decisions of the government and enabling them to participate in some of those decisions.

But the way to get personal involvement and participation is not for people to take part in more and more government decisions but to make the government reduce the area of decision over which it presides and consequently leave the private citizen to 'participate', if that be the fashionable word, by making more of his own decisions. What we need now is a far greater degree of personal responsibility and decision, far more independence from the government, and a comparative reduction in the role of government.

These beliefs have important implications for policy [...] If we accept the need for increasing responsibility for self and family it means that we must stop approaching things in an atmosphere of restriction. There is nothing wrong in people wanting larger incomes. It would seem a worthy objective for men and women to wish to raise the standard of living for their families and to give them greater opportunities than they themselves had. I wish more people would do it. We should then have fewer saying 'the state must do it.' What is *wrong* is that people should want more without giving anything in return. The condition precedent to high wages and high salaries is hard work. This is a quite different and much more stimulating approach than one of keeping down incomes.

Doubtless there will be accusers that we are only interested in more money. This just is not so. Money is not an end in itself. It enables one to live the kind of life of one's own choosing. Some will prefer to put a large amount to raising material standards, others will pursue music, the arts, the cultures, others will use their money to help those here and overseas about whose need they feel strongly and do not let us underestimate the amount of hard earned cash that this nation gives voluntarily to worthy causes. The point is that even the Good Samaritan had to have the money to help, otherwise he too would have had to pass on the other side.

In choice of way of life J.S. Mill's views are as relevant as ever.

> The only freedom which deserves the name is that of pursuing our own good in our own way so long as we do not deprive others of theirs, or impede their efforts to obtain it [...] Mankind are greater gainers by suffering each other to live as seems good to themselves than by compelling each to live as seems good to the rest.

These policies have one further important implication. Together they succeed at the same time in giving people a measure of *independence from the state* — and who wants a people dependent on the state and turning to the state for their every need? — also they succeed in drawing power away from governments and diffusing it more widely among people and non-governmental institutions.

Margaret Thatcher, Discours au *Conservative Political Centre*, 10 octobre 1968 (extraits). Reproduit dans D. Coates et J. Hillard, *The Economic Decline of Britain*, p. 64-66.

DOCUMENT II.3. RONALD REAGAN'S INAUGURAL ADDRESS

The business of our nation goes forward. These United States are confronted with an economic affliction of great proportions. We suffer from the longest and one of the worst sustained inflations in our national history. It distorts our economic decisions, penalizes thrift*, and crushes the struggling young and the fixed-income elderly alike. It threatens to shatter the lives of millions of our people.

Idle* industries have cast workers into unemployment, human misery, and personal indignity. Those who do work are denied a fair return for their labor by a tax system which penalizes successful achievement and keeps us from maintaining full productivity.
But great as our tax burden* is, it has not kept pace with public spending*. For decades we have piled deficit upon deficit, mortgaging* our future and our children's future for the temporary convenience of the present. To continue this long trend is to guarantee tremendous social, cultural, political, and economic upheavals. You and I, as individuals, can, by borrowing, live beyond our means, but for only a limited period of time. Why, then, should we think that collectively, as a nation, we're not bound by that same limitation? We must act today in order to preserve tomorrow. And let there be no misunderstanding: We are going to begin to act, beginning today.
The economic ills we suffer have come upon us over several decades. They will not go away in days, weeks, or months, but they will go away. They will go away because we as Americans have the capacity now, as we've had in the past, to do whatever needs to be done to preserve this last and greatest bastion of freedom.
In this present crisis, government is not the solution to our problem; government is the problem. From time to time we've been tempted to believe that society has become too complex to be managed by self-rule, that government by an élite group is superior to government for, by, and of the people. Well, if no one among us is capable of governing himself, then who among us has the capacity to govern someone else? All of us together, in and out of government, must bear the burden. The solutions we seek must be equitable, with no one group singled out to pay a higher price. [...]
Well, this administration's objective will be a healthy, vigorous, growing economy that provides equal opportunities for all Americans, with no barriers born of bigotry or discrimination. Putting America back to work means putting all Americans back to work. Ending inflation means freeing all Americans from the terror of runaway living costs*. All must share in the productive work of this ''new beginning'' — and all must share in the bounty of a revived economy. With the idealism and fair play which are the core of our system and our strength, we can have a strong and prosperous America, at peace with itself and the world.
So, as we begin, let us take inventory*. We are a nation that has a government — not the other way around. And this makes us special among the nations of the Earth. Our government has no power except that granted it by the people. It is time to check and reverse the growth of government, which shows signs of having grown beyond the consent of the governed.
It is my intention to curb the size and influence of the Federal establishment and to demand recognition of the distinction between the powers granted to

the Federal Government and those reserved to the States or to the people. All of us need to be reminded that the Federal Government did not create the States; the States created the Federal Government.
Now, so there will be no misunderstanding, it's not my intention to do away with government. It is rather to make it work — work with us, not over us, to stand by our side, not ride on our back. Government can and must provide opportunity, not smother it; foster productivity, not stifle it.
If we look to the answer as to why for so many years we achieved so much, prospered as no other people on Earth, it was because here in this land we unleashed the energy and individual genius of man to a greater extent than has ever been done before. Freedom and the dignity of the individual have been more available and assured here than in any other place on Earth. The price for this freedom at times has been high, but we have never been unwilling to pay that price.
It is no coincidence that our present troubles parallel and are proportionate to the intervention and intrusion in our lives that result from unnecessary and excessive growth of government. It is time for us to realize that we're too great a nation to limit ourselves to small dreams. We're not, as some would have us believe, doomed to an inevitable decline. I do not believe in a fate that will fall on us no matter what we do. I do believe in a fate that will fall on us if we do nothing. So, with all the creative energy at our command, let us begin an era of national renewal. Let us renew our determination, our courage, and our strength. And let us renew our faith and our hope.

Ronald Reagan, Discours d'investiture, 20 janvier 1981 (extraits). Reproduit dans *Public Papers of the Presidents of the United States, Ronald Reagan, 1981, January to December 31*, p. 1-3.

DOCUMENT II.4. MONETARISM*

It is generally agreed that the father of modern economics was Adam Smith, in the second half of the eighteenth century. But a Scots near-contemporary of Smith, the philosopher David Hume, is usually credited with the birth of monetarism, although some would cite earlier writers such as John Locke, at the end of the seventeenth century. [...] The message from Friedman, writing in the 1960s, is the same: 'The central fact is that inflation is always and everywhere a monetary phenomenon. Historically, substantial changes in prices have always occurred together with substantial changes in the quantity of money relative to output. I know of no exception to this generalization ...'
These two statements, two centuries apart, give the flavour of monetarism. Monetarists believe that money is the driving force in the economy. There are,

they say, well-defined relationships between changes in the stock of money* and other economic variables. And these relationships are not just theoretical claims. According to Friedman and his co-workers, they have stood the test of time and have lasted throughout measurable economic history.

The central concept is that of the quantity theory of money*. The terms 'monetarist'* and 'quantity theorist'* are usually, but not always, interchangeable. The quantity theory of money postulates a stable and predictable relationship between changes in the stock of money and changes in national output and prices. [...]

It was an American economist, the Yale professor Irving Fisher, who first formalized the quantity theory in 1911. Fisher set down in equation form the fact that the total money value of transactions in the economy must equal the money value of goods sold. If M is the quantity of money in circulation and V the number of times it changes hands, this multiplied together must equal the product of the price level P and the number of transactions T. Or, more neatly, $MV = PT$. [...]

The Keynesian revolution in economic thought dealt two body blows to the quantity theorists, one specific, the other more general. The general attack launched by Keynes was his demolition of the classical idea that full employment was the equilibrium condition for economies. With this assumption no longer tenable, the quantity theory ideas about links between money and prices could and did break down. An expansion of the money stock could as well be reflected in higher employment and output as in higher prices.

But Keynes, with a more specific attack on the quantity theory, was able to show that monetary policy* was not the appropriate weapon to use in conditions of high unemployment. In Keynes's scheme there existed, as well as the traditional transactions and precautionary demands* for money, a speculative demand for money, which was related to the rate of interest.

Money could be substituted for bonds*. Keynes postulated a liquidity preference* schedule upon which each individual would base his or her relative holdings of money and bonds. When interest rates were low and bond prices high (the two are inversely related), the demand for money would be strong because most people expected a fall in bond prices and a rise in interest rates. Conversely, when interest rates were high, the demand for money would be low. [...]

The central question that Friedman sought to answer was: What determines the demand for money? Keynes, it will be recalled, said that the demand for money depended both on income and the rate of interest, because money can be held idly or used to buy bonds. Friedman agreed with Keynes, that money should properly be regarded as an asset which can be substituted for other assets, but argued that Keynes's formulation was much too restrictive in defining only financial assets — bonds — as substitutes for money. 'The most fruitful

approach is to regard money as one of a sequence of assets, on a par with* bonds, equities, houses, consumer durables*', he wrote. In this wider approach, money is only one way in which wealth can be held, along with a large number of other assets. [...]
In a more familiar form, Friedman's quantity theory boils down to the statement that the demand for money, *M*, depends on the price level, *P*, wealth as defined by permanent income, *Y*, and the whole host of other factors described above, which we can denote *1/V*. Thus the quantity theory becomes $M = 1/V(PY)$, or, in rather neater form, $MV = PY$.
It all fitted into place, providing the transmission mechanism from changes in the money stock to income and prices. An increase in the money supply leads to individuals having more money in their portfolio of assets than they wish to hold. The response would be to shift this money into the rest of the portfolio, including bonds and equities*, but also — and this is the key point — washing-machines and other goods. The shifts occur until the rates of return to the individual on the different assets are equalized.
The process continues until money is restored to its equilibrium share of total assets. And the sum of these purchasing decisions is a higher level of money income than we started with. Changes in the money stock produce changes in money national income.
David Smith, *The Rise and Fall of Monetarism*, p. 166-172.

DOCUMENT II.5. A GUIDE TO UNDERSTANDING THE SUPPLY-SIDERS*

The basis of the pure supply-side approach is a rejection of Keynesian demand-management and a resurrection of Say's Law of Markets,* the famous notion of the classical 18th century French economist Jean-Baptiste Say that ''supply creates its own demand'' This theory holds that there can never be a serious and continuing shortage of purchasing power in an economy because production automatically returns to producers the wherewithal to buy the goods that are produced. If goods are left unsold, the classical economists argued, prices would fall to the level where all the items would eventually be sold. Moreover, the presence of unsold goods means that consumption is falling and savings are rising. The increase in savings, in turn, will force interest rates down and push investment up. Thus, any slack* in consumption is automatically offset by investment. In classical theory, therefore, the cyclical ups and downs of an economy are phases in the process of adjustment that always tends toward full employment. Serious economic crises can result only from governmental or private interference with the free market.

As Keynes saw it, the Depression of the 1930s demonstrated the falseness of Say's law. Because prices did not fall very rapidly and savings failed to generate offsetting investment, Keynes argued that a shortage of purchasing power* could grow progressively worse as consumers cut back expenditures and business responded by curtailing production and investment. Indeed, the economy could settle at exceedingly depressed levels of economic activity and high unemployment. Keynes's solution: use of government spending to stimulate demand. In short, Keynes's reply to Say was that ''demand creates its own supply''.
The classical supply-siders are convinced that Keynes was wrong. They argue that it was not the inherent instability of the economy that caused the Depression but rather as [Norman] Ture explains, ''an ill-conceived series of government actions both precipitated the downturn* and impeded the recovery: the tariff wars of the 1930s, a series of punitive tax hikes,* a huge drop in the money supply, and anti supply measures such as the deliberate destruction of agricultural products.''
Say's law, says [Arthur] Laffer, is important not only because it encapsulates classical theory but also because it asserts the primacy of supply as the only sustainable source of real demand — ''the idea that people produce in order to consume.'' Insists Ture: ''Higher government spending or a tax cut cannot directly increase total demand and output. If the government borrows money to finance its increased spending or replace its lost revenues, it merely shifts the use of disposable income from those who buy its bonds to those benefiting from spending programs or tax cuts, but total spending and income remain the same. Similarly, if it monetizes its added debt by simply printing money, prices will rise but not total output.'' [...]
Changes in tax rates lie at the heart of the supply-side story. ''The essence of supply-side economics,'' says [Paul Craig] Roberts, ''is to regard tax-rate changes as relative price changes affecting the supply and form of labor, savings, investment, and visible economic activity. Until recently, this aspect of fiscal policy was totally ignored by macroeconomic models.''
Roberts and his supply-side colleagues argue that cutting marginal tax rates — that is, the additional tax a person pays, often as high as 70% on unearned income, when income increases — will have a number of positive effects on the economy. They claim it will boost net wages and encourage work through such means as increased overtime*, less absenteeism, more part-time work*, later retirement, and shorter periods of unemployment. It will also leave more money to be spent and — more critically — to be saved, they say, and the availability of more savings and the incentive of higher returns will encourage investment. ''We think these effects are pervasive,'' says Laffer.
[Robert] Mundell further argues that rising taxes have had so large an inflationary impact on the cost of many goods and services that they have led many

people to forgo purchases and perform services themselves that could be more efficiently handled by others. ''This hurts productivity and reduces the level of economic activity,'' he says.

Tax avoidance* itself has become a thriving industry, misallocating vast amounts of capital and effort into unproductive tax shelters* and ''subterranean'' activities. According to some estimates, underground economic activity makes as much as 20% of true gross national product. ''Such activity,'' says Laffer, ''not only reduces investment but, by failing to shoulder its share of the tax burden, results in higher taxes and lower incentives for the visible economy.'' [...]

Most economists, however — from liberal-leaning Nobel Laureate Paul Samuelson to arch-conservative Nobelist Freidrich von Hayek — remain highly sceptical. While acknowledging that the incentive effects of tax policy have received too little attention in the past, they believe that the impact of such policies is being grossly exaggerated by the supply-siders. More important, they see little evidence that large tax cuts combined with monetary restraint* can produce a rapid increase in real output and productivity. Rather, they see big tax cuts as a risky program that could lead to still higher interest rates, accelerate measured inflation, abort capital spending, and ultimately put irresistible pressure on the Fed to monetize the exploding federal deficit.

Still, there is no denying that the Keynesian prescriptions of the past are inapplicable to the present. And the idea of a virtually painless therapy that would simultaneously put more money in everyone's pockets, vanquish inflation, and accelerate real growth is a compelling political vision. Given the degree of public frustration over the economy and the President-elect's own supply-side predilections, the theory may well receive a testing.

Business Week, 22 décembre 1980, p. 76-78, (extraits).

DEUXIÈME PARTIE

La politique macro-économique : le budget et la monnaie

"The essential conditions for Britain's economic success are low inflation, low taxes, free trade and freedom from excessive government interference. I am happy to reaffirm those principles today."

John Major, 24 septembre 1992.

L'intervention de la puissance publique[1] dans la vie économique peut revêtir diverses formes : ce sont principalement la politique budgétaire et fiscale, la politique monétaire, la politique des revenus, la réglementation de l'activité économique, ou encore la prise en charge de certains types d'activités productives par le biais de la nationalisation. Ce faisant, l'Etat prélève, dépense, produit, emploie, réglemente, et son rôle dans l'activité économique peut être quantifié, mesuré par un certain nombre d'indicateurs comme par exemple la part des dépenses publiques dans le PIB ou le nombre de salariés du secteur public. L'importance de ce rôle s'est accru depuis le début du siècle dans tous les pays occidentaux et ni les Etats-Unis ni le Royaume-Uni ne font exception à la règle. Ainsi, en 1979, les dépenses publiques (*General Government Expenditure*) et la production des entreprises nationalisées représentaient respectivement 42 % et 11 % du PIB britannique, alors que la cinquantaine d'entreprises détenues par l'Etat employaient à elles seules un million et demi de salariés,

1. Par puissance publique il faut entendre l'administration centrale des différents départements ministériels, les autorités monétaires, mais aussi les collectivités locales et, aux Etats-Unis, les cinquante Etats de l'Union. En matière économique l'autorité centrale détient cependant l'essentiel des pouvoirs.

ce qui correspondait à 8,2 % de l'emploi total. Si l'on ajoute à ce dernier chiffre celui des salariés du gouvernement central et des collectivités locales, c'est 29 % des emplois civils qui revenaient au secteur public. Aux Etats-Unis, les dépenses cumulées de l'Etat fédéral, des Etats et des collectivités locales s'élevaient à 35,1 % du PIB en 1980, année où la puissance publique employait plus de 16 millions d'individus, soit environ 16 % de la population active.

Le poids de la puissance publique était, on le voit, sensiblement plus important au Royaume-Uni qu'aux Etats-Unis, où la tradition libérale est restée plus forte. De plus ses modalités d'intervention diffèrent considérablement de part et d'autre de l'Atlantique. Ces différences, qui sont fondamentales pour comprendre le fonctionnement de la vie économique dans chacun des deux pays, tiennent tout à la fois à la géographie, à des traditions culturelles forgées par l'histoire, et aux institutions : ainsi, alors qu'en Grande-Bretagne le pouvoir politique est fortement centralisé, les rênes étant entre les mains du premier ministre et de son cabinet qui sont généralement assurés du soutien du Parlement, l'organisation fédérale des Etats-Unis joue dans le sens de la décentralisation, tandis que le principe de la séparation des pouvoirs inscrit dans la Constitution entraîne une répartition des rôles, et souvent même une opposition, entre l'exécutif et le législatif. Par commodité, on s'attachera d'abord à analyser le rôle de l'Etat dans la sphère macro-économique, son rôle dans la sphère micro-économique faisant l'objet de la troisième partie. Le chapitre qui suit, plus particulièrement consacré à la politique fiscale et budgétaire, tentera d'en dégager les finalités et d'en étudier les instruments, avant de définir quelles furent les grandes lignes de l'action gouvernementale dans ce domaine depuis la fin des années 70.

CHAPITRE III

La politique budgétaire et fiscale

1. LA POLITIQUE BUDGÉTAIRE ET FISCALE : FINALITÉS ET INSTRUMENTS

Le terme de politique budgétaire (*budget or fiscal policy*) concerne l'action gouvernementale en matière de dépenses publiques. Chaque année, à une date qui varie d'un pays à l'autre, le gouvernement soumet un projet de loi de finances au parlement, dans lequel il indique tout à la fois le montant total des dépenses envisagées (*spending, expenditures, outlays*) et surtout leur répartition (*breakdown*) entre différents postes de dépenses. L'importance relative accordée à tel ou tel poste, le fait par exemple que son budget soit en augmentation plus ou moins forte par rapport aux années antérieures, traduisent bien évidemment des choix politiques, même si la marge de manœuvre de tout gouvernement est, dans ce domaine, nécessairement réduite.

En effet, d'une part la décision de privilégier tel type de dépenses au détriment de tel autre ne peut être mise en application que progressivement, avec des objectifs à moyen terme, pour ne pas provoquer de perturbation brutale du paysage économique. D'autre part, toute une série de dépenses obligatoires (*mandatory*) échappent très largement au contrôle des gouvernements en place. C'est notamment le cas des dépenses de transfert (*transfer payments*) au profit de catégories d'individus (*recipients*) qui, en vertu d'une loi votée antérieurement par le parlement, bénéficient de certains programmes sociaux : il en va ainsi des programmes d'aide à la famille, aux chômeurs ou à certaines catégories d'individus particulièrement démunis ; dans ce cas, seul un changement de la loi ayant institué ces programmes, ou une modification du plafond de revenus à partir duquel l'aide n'est plus accordée, peut permettre de moduler les dépenses. Mais on doit également inclure dans ces dépenses obligatoires l'intérêt de la dette publique, résultat de l'accumulation de déficits antérieurs qui constituent toujours, en quelque sorte, une bombe à retardement. Aux Etats-Unis, l'ensemble de ces dépenses obligatoires (*entitlements*) représentait plus de 65 % du total en 1992, ce qui donne une idée des possibilités d'action des responsables politiques, ou plutôt des contraintes auxquelles ils doivent faire face. Cela dit, étant donné l'importance des sommes concernées, l'effet de toute variation, même apparemment modeste en pourcentage, d'un poste de dépense sera fortement ressenti par les agents économiques.

Bien entendu, le montant des dépenses que peut envisager le gouvernement dépend aussi des recettes fiscales (*tax receipts*) sur lesquelles il peut compter, et qui sont elles-mêmes déterminées à la fois par la législation fiscale (*tax law*) en vigueur et par le niveau de l'activité économique. En effet, de même qu'un ralentissement de l'activité tend à augmenter les dépenses budgétaires dans la mesure où il accroît le nombre de ceux qui peuvent bénéficier de l'aide publique (les chômeurs en particulier), il tend à faire baisser les recettes fiscales, qui sont elles-mêmes fonction du revenu des ménages et des bénéfices des entreprises (pour les impôts directs) et de leur niveau de consommation (pour les impôts indirects). A l'inverse, toute reprise de l'activité induira une augmentation des recettes et une réduction des dépenses. C'est dire que si la politique fiscale (*tax policy*) reflète bien des choix gouvernementaux, elle reste soumise à de puissantes contraintes institutionnelles et économiques. Il existe bien entendu différentes catégories d'impôts, qui sont recensées dans les documents joints en annexe au présent chapitre[1]. Les deux principales sont l'impôt sur le

1. Se reporter aux documents III.1 et III.6, *infra*.

revenu des personnes physiques (*individual income tax*) et l'impôt sur les sociétés (*corporation tax*), auxquelles viennent s'ajouter, au Royaume-Uni, les impôts indirects et les contributions au système d'assurance nationale et, aux Etats-Unis, les prélèvements alimentant le fonds pour les retraites (*Social Security*).

Comme on va le voir, si la politique fiscale et budgétaire mise en œuvre au Royaume-Uni et aux Etats-Unis sous les administrations républicaine et conservatrice répondait à un objectif commun, qui était de diminuer le poids des interventions macro-économiques de l'Etat et de réduire l'importance de la dette publique, les mesures prises furent sensiblement différentes et se soldèrent pendant un temps par des effets presque diamétralement opposés : le gonflement spectaculaire du déficit budgétaire américain est ainsi à mettre en regard avec la réduction du besoin de financement du secteur public (*PSBR*) enregistré au Royaume-Uni à partir de 1981 et de l'excédent dégagé pendant les trois derniers exercices des années 80, avant que les finances publiques britanniques ne renouent avec un déficit dont certains estiment qu'il est devenu en grande partie structurel[2].

2. LA POLITIQUE BUDGÉTAIRE ET FISCALE AU ROYAUME-UNI

2.1. Le cadre constitutionnel

Au Royaume-Uni, c'est le chancelier de l'Echiquier qui, en tant que chef du Département du Trésor, est responsable de l'élaboration de la politique budgétaire et fiscale. Celle-ci s'exprime à travers le budget qui est présenté chaque année au Parlement en mars ou avril[3], et le discours (*Budget Statement*) prononcé par le chancelier à cette occasion constitue l'un des temps forts de la vie économique britannique puisqu'il expose les principales dispositions contenues dans le projet de loi de finances

2. Cf. document III.5, *infra*.

3. L'année budgétaire (*financial year*) commence en effet le 1er avril, alors que l'année fiscale (*income tax year*) ne commence que le 6 avril.

(*Financial Statement and Budget Report*) tout en passant en revue les grandes orientations de la politique économique du gouvernement pour l'année à venir. Jusqu'à la fin de l'année 1993 le calendrier britannique avait cependant cette particularité que les projets concernant les dépenses publiques étaient annoncés au début du mois de novembre précédant le début de l'année budgétaire, au moment de la Déclaration d'automne du chancelier au Parlement (*Autumn Statement*), les propositions concernant les modifications de la fiscalité étant ensuite élaborées par les services du Trésor, en collaboration avec l'administration fiscale (*Inland Revenue Service*) et celle des douanes et des droits indirects (*Customs and Excise*), de façon à correspondre aux dépenses prévues et n'étant annoncées qu'au printemps suivant, au moment de la présentation du budget[4]. Le débat qui s'ouvrait alors au Parlement, et qui portait sur une série de résolutions sur les voies et les moyens (*Ways and Means resolutions*), pouvait durer jusqu'en juillet, époque à laquelle la loi de finances (*Finance Bill*) était généralement adoptée.

2.2. *La politique mise en œuvre depuis 1979*

2.2.1. *L'évolution des dépenses publiques*

Conformément aux principes qui ont été exposés dans le chapitre II, l'accession au pouvoir des conservateurs en 1979 se traduisit par la mise en œuvre d'une politique économique dans laquelle la politique budgétaire n'était plus censée jouer le rôle de régulation de la demande qui lui avait été jusque-là dévolu : au lieu de constituer le cœur de l'action gouvernementale, elle se trouvait subordonnée à la politique monétaire dans le cadre de la Stratégie financière à moyen terme[5], l'objectif recherché étant avant tout la réduction du déficit budgétaire (4,5 % du PIB en 1979) et de la dette publique (60 % du PIB en 1979) grâce à une diminution des dépenses, elle-même indispensable à l'allégement du poids de l'Etat dans l'économie. Aussi la *MTFS* reposait-elle sur la fixation annuelle pour une durée de cinq ans d'objectifs simultanés de ralentissement de la

4. Depuis la fin de l'année 1993, les projets de recettes et de dépenses sont rendus publics en même temps, en novembre ou en décembre.

5. Cf. *infra*, chapitre IV, notamment document IV.1.

croissance monétaire et de réduction des déficits publics. Par ailleurs la politique fiscale visait, dans la logique du raisonnement des économistes de l'offre, tout à la fois à diminuer les prélèvements obligatoires et à éliminer les distorsions qu'introduit la fiscalité dans les choix des agents économiques de façon à stimuler le travail, l'épargne et l'investissement[6].

Alors que la part des dépenses des administrations publiques dans le PIB s'était fortement accrue jusqu'en 1975 (passant de 32,41 % en 1960 à 44,97 en 1975), l'austérité imposée par le FMI au gouvernement Callaghan avait permis un net reflux entre 1976 et 1979 (41,9 %). Accédant au pouvoir, les conservateurs entendent poursuivre dans cette voie, en cherchant à réduire non seulement les dépenses de l'Etat, mais aussi celles des collectivités locales (qui représentent plus du quart des dépenses publiques) et les dotations aux entreprises publiques[7]. C'est ainsi que sont votées trois lois, le *Local Government Act* de 1980, le *Grants Act* de 1981 et le *Rate Act* de 1984, qui aboutissent à modifier l'équilibre des pouvoirs existant traditionnellement au sein des institutions britanniques en renforçant considérablement le rôle du pouvoir central aux dépens des collectivités locales : celles-ci sont progressivement placées sous la tutelle financière de l'Etat qui, souhaitant mieux encadrer leurs dépenses[8], les oblige en fait à réduire leurs investissements en capital, ce qui aboutit à une dégradation des équipements publics[9]. Les projets de réforme de la fiscalité locale aboutissent par ailleurs à la mise en place en 1990 d'un impôt par capitation (la *Poll Tax*) dont le montant particulièrement élevé (320 livres en moyenne par personne de plus de 18 ans) et le caractère inégalitaire (puisque le montant doit être le même pour tous les habitants de la même localité) suscitent une série de troubles et de manifestations qui font plonger l'indice de popularité des conservateurs et pèseront lour-

6. Pour une analyse plus détaillée de la politique budgétaire et fiscale mise en œuvre au Royaume-Uni depuis 1979, cf. Robert Rowthorn, « Government Spending and Taxation in the Thatcher Era », *in* J. Michie (ed.), *1979-1991: The Economic Legacy*, Londres, Academic Press, 1992.

7. Sur l'évolution des dépenses publiques, cf. Christopher Johnson (36), chapitre 3.

8. Les dépenses des collectivités locales ne progressent que de 1 % par an en termes réels de 1980 à 1989, contre 3,2 % au cours de la décennie antérieure.

9. Les dépenses en capital n'augmentent que de 0,5 % par an en termes réels dans les années 1980.

dement dans le processus qui conduira Margaret Thatcher à quitter ses fonctions en novembre 1990.

Les dépenses de l'Etat progressent quant à elles très modérément, à un rythme inférieur à la croissance du PIB (12,9 % contre 23,3 % pour l'ensemble de la période 1979-1990). Certes, entre 1979 et 1982, les dépenses courantes connaissent une augmentation rapide, sous l'effet conjugué du fort relèvement des traitements des fonctionnaires consenti en 1980 et 1981, de l'augmentation des dépenses de transfert entraînée par la récession, et de l'augmentation du poids des intérêts de la dette que provoque la hausse des taux d'intérêt. Mais si, de 1979 à 1983-1984, la part des dépenses dans le PIB augmente, la tendance s'inverse à partir de 1985, grâce à la réduction du nombre des fonctionnaires des administrations publiques (150 000 emplois supprimés entre 1979 et 1989) et à la compression des dépenses en capital, dont les postes les plus touchés sont le logement (− 67 %), le commerce et l'industrie (− 38 %) ou encore les transports (− 5,8 %). Enfin, si le programme de privatisations d'une ampleur sans précédent lancé pendant les années Thatcher grève pendant un temps les finances publiques, puisqu'il faut souvent consentir de lourds investissements pour remettre en état les entreprises que l'on souhaite privatiser, les recettes réalisées lors de la vente d'actifs (29 milliards de livres entre 1979 et 1989) contribueront de façon significative au retour à l'excédent budgétaire constaté entre 1988 et 1990. Au total donc, si la part des dépenses publiques dans le PIB passe de 41,9 % en 1979 à 44 % en 1985, elle reflue ensuite, jusqu'en 1990, atteignant alors 39,4 %.

2.2.2. La politique fiscale

Dans le même temps, les recettes fiscales progressent elles aussi jusqu'au milieu des années 80 avant de retrouver en 1990 un niveau sensiblement équivalent, en pourcentage du PIB, à celui qu'elles avaient atteint à la fin des années 70 (40 %)[10]. Cette stabilité apparente masque cependant les profonds changements intervenus dans le système fiscal britannique

10. La Déclaration d'automne de 1992 fait état de recettes fiscales représentant 44,75 % du PIB en 1991-1992, et prévoit les chiffres de 45,5 % en 1993-1994, 45 % en 1994-1995 et 44,25 % en 1995-1996.

depuis l'arrivée au pouvoir de Margaret Thatcher [11]. Les impôts directs ont vu leur part se réduire dans le total des recettes fiscales (de 72,9 % en 1979 à 68,9 % en 1989), le poids de la fiscalité indirecte s'étant au contraire alourdi (passant de 27,1 % à 30,3 % du total).

Ces réformes sont introduites très progressivement, en réponse aux évolutions de la conjoncture, de façon à éviter tout dérapage du déficit budgétaire : dès son premier budget, Geoffrey Howe abaisse de 33 % à 30 % le taux de base de l'impôt sur le revenu, qui sera à nouveau réduit d'un point en 1986, de deux points en 1987 et en 1988 (ce qui le porte à 25 %), le taux supérieur étant abaissé de 83 % à 60 % en 1979, puis à 40 % en 1988. Si les tranches d'imposition, au nombre de 11 en 1979, sont réduites à 7, puis à 2 (en 1988), les seuils d'imposition sont par ailleurs relevés par le biais d'une augmentation sensible des abattements personnels : ainsi, dès 1979, 1,3 million de contribuables sont exonérés d'impôt ; leur nombre atteint 5,5 millions en 1986. Le régime d'imposition des personnes mariées est en outre profondément révisé en 1988, puisque les conjoints peuvent, à partir de 1990-1991, demander l'imposition séparée, ce qui allège la charge fiscale de nombreuses familles. Les cotisations sociales (*National Insurance contributions*) des salariés les moins bien rémunérés sont abaissées en 1985, ce qui revient à élever le salaire net des emplois peu qualifiés. Des mesures sont également prises pour stimuler l'épargne et l'investissement : réforme de l'impôt sur les plus-values (*capital gains tax*) introduite en 1982 et remaniée en 1988 , abolition de la surtaxe sur le revenu des investissements en 1984 ; instauration, en 1986, d'un plan d'épargne en actions (*Personal Equity Plan*) assorti d'avantages fiscaux, et de comptes d'épargne spéciaux exonérés d'impôt (*Tax Exempt Special Savings Accounts*) introduits à compter de janvier 1991 ; mise en place, en 1981, du *Business Start-Up Scheme*, qui sera relayé en 1983 par le *Business Expansion Scheme*, les deux programmes étant destinés à favoriser la création d'entreprises par le développement du capital-risque (*venture capital*) ; réduction du taux des droits de timbre sur les transactions mobilières, en 1984 et en 1986. Cet allégement substantiel de la fiscalité directe est toutefois compensé par l'augmentation du taux de la TVA, qui passe de 8 % à 15 % en 1979,

11. Sur ce point, voir l'analyse de J.-J. Santini (51), deuxième partie, chapitre 1, p. 53-72 ; C. Johnson (36), chapitre 4.

puis à 17,5 % en 1991 : la part de la TVA dans l'ensemble des recettes fiscales qui s'élevait à 9,1 % en 1978 s'établissait à 17,8 % treize ans plus tard.

Par ailleurs si les allégements fiscaux sont importants (980 livres en moyenne par individu entre 1978-1979 et 1990-1991), ils ne profitent pas à tous de la même façon : les 110 livres gagnées par chacun des 2,9 millions de Britanniques dont le revenu est inférieur à 5 000 livres par an, ou même les 320 livres qu'ont économisées les 8,6 millions de contribuables dont le revenu annuel se situe entre 5 000 et 10 000 livres doivent ainsi être mises en regard des 36 000 livres épargnées par les quelque 200 000 personnes dont les revenus dépassent 70 000 livres[12]. De surcroît, malgré la réduction des taux d'imposition sur le revenu et l'exonération dont bénéficient de nombreux individus, la charge des contribuables les moins fortunés s'est sensiblement accrue du fait de l'alourdissement considérable de la fiscalité indirecte. Ainsi, alors que le système de redistribution en vigueur avant 1979 tendait à réduire les écarts de revenus bruts, les mesures mises en œuvre depuis ont incontestablement eu pour effet de rendre la société britannique plus inégalitaire. C'est sans doute ce qui explique le vent de révolte qu'a fait souffler dans les milieux populaires l'affaire de la *Poll Tax* abolie au printemps 1991.

Les entreprises bénéficient quant à elles, à partir de 1982, d'un abaissement du taux de l'impôt sur les sociétés : celui-ci passe, en cinq ans, de 52 % à 35 % pour les grosses entreprises et de 38 % à 30 % pour les PME[13] avant d'être à nouveau réduit en 1991 (à 33 % pour les grosses entreprises et 25 % pour les PME). Elles bénéficient aussi de la réduction puis de l'abolition (en 1984) de la *National Insurance Surcharge* (taxe de financement des régimes sociaux) et d'une réforme des cotisations sociales abaissant les taux s'appliquant aux salaires les plus faibles, la tranche supérieure de cotisation étant, elle, déplafonnée. Mais ces avantages sont compensés par des dispositions moins favorables en matière d'amortissement des investissements en machines et en bâtiments industriels, ainsi que par l'augmentation de l'impôt sur les profits réalisés par les compagnies

12. Chiffres cités par Christopher Johnson (36), tableau 27, p. 294. Ces chiffres prennent en compte les réductions de l'impôt sur le revenu et des cotisations sociales versées par les salariés, mais non les effets négatifs de l'augmentation de la TVA.

13. En 1991 sont considérées comme « small companies » au regard de la loi fiscale les entreprises dont les bénéfices ne dépassent pas 250 000 livres.

exploitant le pétrole de la mer du Nord (*Petroleum Revenue Tax*) qui est relevé à trois reprises et passe de 45 % en 1978 à 75 % en 1982. Au total, contrairement aux options initiales, la part des prélèvements frappant les entreprises s'est alourdie depuis 1978 : ceux-ci représentaient 27,6 % de l'ensemble des recettes fiscales en 1990 contre 26,8 % douze ans auparavant.

A partir de 1988, la politique menée en matière fiscale et budgétaire atteint l'objectif fixé par Margaret Thatcher au début de son mandat : les dépenses réelles diminuent enfln, alors que les recettes progressent, sous l'effet de la croissance du PIB qui stimule l'emploi, les hausses de salaires et la consommation. Le besoin d'emprunt du secteur public (*Public Sector Borrowing Requirement, PSBR*), qui s'élevait à 5 % du PIB en 1979-1980 et à 5,7 % l'année suivante, se réduit ensuite progressivement pour faire place à un excédent (*Public Sector Debt Repayment, PSDR*) qui atteint 3 % du PIB en 1988-1989 et sert à alléger le poids de la dette publique entre 1988 et 1990 : de 53 % du PIB en 1985, celle-ci tombe à 27 % en 1990. Mais l'embellie est de courte durée puisque, au cours de l'été 1990, le pays plonge dans ce qui va s'avérer être la plus grave crise économique qu'il ait connue depuis les années 1930. Aussi renoue-t-on avec un déficit budgétaire qui atteint 14 milliards de livres en 1991-1992 alors que les prévisions de Norman Lamont dans la Déclaration d'automne de novembre 1992 font état d'un chiffre de 37 milliards pour 1992-1993 et de 44 milliards pour 1993-1994, soit 7 % du PIB. A 44, 75 % en 1992-1993, la part des dépenses publiques dans le PIB se situe à un niveau sensiblement plus élevé qu'au moment de l'entrée en fonctions de Margaret Thatcher. Force est donc de constater que, dans ce domaine non plus, les résultats n'ont pas été à la mesure des ambitions initiales.

3. LA POLITIQUE BUDGÉTAIRE ET FISCALE DES ÉTATS-UNIS

3.1. Le cadre institutionnel

L'article premier de la Constitution américaine précise, dans sa section 8, que le Congrès a le droit de lever des impôts pour pourvoir à la défense commune des Etats et au bien-être général de la nation, conférant ainsi au pouvoir législatif toute autorité en matière fiscale et budgétaire[14]. De fait, ce n'est qu'en 1921 que le Congrès vota une loi autorisant le Président à lui soumettre des propositions dans ce domaine[15], tout en se gardant la liberté d'amender ces propositions avant de voter le budget. L'année fiscale commençant le 1er octobre, le projet de budget présidentiel, qui a été élaboré sous la direction du responsable de l'*Office of Management of the Budget* (*OMB*) sur la base des informations communiquées par les différents services de l'administration, est transmis au Congrès au début du mois de février. Commence alors un processus long et complexe impliquant à la fois le Congrès, où le projet fait l'objet de discussions, et l'exécutif : le budget devant, pour être adopté, être voté par le Congrès et signé par le Président, il fait nécessairement l'objet de tractations entre le Capitole et la Maison Blanche, le Président ne se privant pas d'user de la pression que lui permet d'exercer son doit de veto pour obtenir gain de cause auprès des parlementaires. Le projet est ainsi débattu au sein des différentes commissions de la Chambre et du Sénat, en particulier au sein des deux commissions budgétaires instituées par une loi de 1974[16] (*Finance Committee* au Sénat, *Ways and Means Committee* à la Chambre), tandis que le *Congressional Budget Office* (*CBO*), dont l'existence remonte également à 1974, est chargé de chiffrer les conséquences des propositions présidentielles et de mettre au point ses propres prévisions économiques, qui diffèrent généralement des scénarios sur lesquels sont fondés les calculs de l'*OMB*. Les deux commissions budgétaires doivent se mettre d'accord sur le plafond des dépenses pour le 15 avril (*Budget resolution*), mais parallèlement différentes sous-commissions élaborent des projets détaillés concernant chaque grande catégorie de dépenses (*appropriations bills*) qui devront, pour prendre effet, être votés par les deux chambres puis signés par le Président. Enfin il faut s'assurer que l'ensemble de ces dépenses correspond bien au plafond fixé par la *budget resolution* : c'est l'objet de la *reconciliation bill*, censée devoir être votée avant la fin juin, mais qui l'a rarement été dans les années récentes, étant donné l'importance des

14. « The Congress shall have power to lay and collect taxes, duties, imposts, and excises, to pay the debts and provide for the common defense and general welfare of the United States. »

15. *1921 Budget and Accounting Act.*

16. *1974 Congressional Budget and Impoundment Act.*

désaccords entre l'exécutif et le législatif et l'ampleur prise par le problème du déficit budgétaire à partir des années 80.

3.2. La politique mise en œuvre depuis 1981

Il convient en effet de souligner d'emblée que si la « reaganomie » entendait essentiellement réduire les dépenses et le déficit de l'Etat fédéral et, de ce fait, le poids de celui-ci dans la vie économique, les mesures mises en œuvre auront eu l'effet exactement inverse, au point que l'ampleur du déficit budgétaire et de la dette fédérale constituent aujourd'hui des contraintes qui handicapent fortement l'économie américaine[17]. Pourtant le programme de redressement économique publié par Ronald Reagan dès le début de son mandat faisait de la politique budgétaire et fiscale l'élément moteur de la reprise : il s'agissait de mettre en application les thèses des économistes de l'offre (cf. *supra*, chapitre II), l'abaissement des taux marginaux des impôts fédéraux et la réduction des dépenses fédérales devant exercer un effet doublement positif sur l'activité en encourageant les individus à travailler et les entreprises à investir davantage tout en diminuant le poids de l'Etat dans l'économie. De plus, alors que le déficit du budget fédéral s'élevait à 73,8 milliards de dollars pour l'année fiscale 1980 (soit 2,7 % du PNB), on prévoyait un retour progressif à l'équilibre budgétaire, le nouvel essor pris par la croissance devant permettre d'accroître les recettes fiscales alors que les dépenses allaient être contenues.

3.2.1. La politique fiscale

Votée au cours de l'été 1981, la loi sur le redressement économique (*Economic Recovery Tax Act*) constituait la pierre angulaire de ce programme : outre les allégements fiscaux qu'elle consentait aux ménages (abaissement des taux d'imposition étalés sur trois ans[18], réduction de l'impôt sur les

17. Le document III.6, *infra*, permettra de suivre dans le détail les évolutions des recettes et des dépenses de l'Etat fédéral depuis 1981.

18. Ces taux sont abaissés de 5 % en 1981, de 10 % en 1982 et à nouveau de 10 % en 1983. En conséquence, le taux minimum passe de 14 % à 10 % et le taux maximum passe de 70 % à 50 %.

plus-values, les donations et les successions), elle accordait aux entreprises de nombreuses déductions en faveur de l'investissement et un raccourcissement de la durée des amortissements (*Accelerated Cost Recovery System*). Mais Ronald Reagan s'attachait parallèlement à réarmer l'Amérique (c'est l'époque où fut lancé le programme « Guerre des Etoiles »), d'où une progression des dépenses militaires beaucoup plus rapide que celle des autres postes du budget : leur part dans le total s'élevait ainsi à 26,7 % en 1985 contre 23,2 % en 1981. Comme il s'avéra impossible de comprimer fortement l'ensemble des autres postes de dépenses, le déficit budgétaire ne pouvait que se creuser, d'autant plus que la récession économique extrêmement sévère que traversèrent les Etats-Unis de juillet 1981 à la fin 1982 augmentait le nombre des bénéficiaires des programmes sociaux : quelques économies furent bien réalisées sur les programmes d'investissement en infrastructures (routes, ponts, etc.), sur l'éducation et la formation, sur le financement de la recherche-développement. L'Etat fédéral tenta aussi, en se fondant sur un « nouveau fédéralisme, » de se décharger d'une partie de ses responsabilités sur les Etats et les collectivités locales ; les aides aux défavorisés furent certes accordées avec plus de parcimonie, sans pourtant pouvoir être fondamentalement remises en cause. Au total, les dépenses fédérales passèrent de 22,7 % à 23,9 % du PNB entre 1981 et 1985 alors que les recettes diminuèrent, dans le même temps, de 20,1 % à 18,6 % du PNB. Le déficit, quant à lui, atteignait le sommet historique de 221,2 milliards de dollars (5,3 % du PNB) en 1986.

Au vu de ces chiffres, on comprend que, dès le milieu des années 80, la crédibilité des économistes de l'offre se soit trouvée très largement entamée et que leurs thèses, qualifiées d'économie du vaudou (*voodoo economics*), n'aient dès lors plus guère été évoquées que pour être tournées en dérision. Pourtant l'idée de recourir à une augmentation des impôts pour résorber le déficit demeurait une idée tabou : aussi George Bush faisait-il sien le slogan « Read My Lips: No New Taxes », pendant la campagne présidentielle de 1988. Le fait qu'il se soit vu obligé de faillir à sa promesse en 1990 lui coûta cher auprès de l'opinion publique, au point d'expliquer en partie son échec aux élections de novembre 1992.

Ce refus d'envisager toute augmentation des impôts explique que la réforme fiscale mise en chantier dès 1984 et votée en 1986 (*Tax Reform Act*) se soit résolument présentée comme neutre du point de vue des recettes (*revenue neutral*), puisqu'elle avait principalement pour objet de simplifier le code des impôts et de le rendre plus juste en supprimant les dispositions ponctuelles favorisant certains types d'activités. Ses principales dispositions concernaient le nombre de tranches de l'impôt sur le revenu des particuliers, qui passa de 14 à 2, le taux minimum étant relevé de 11 % à 15 % alors que le taux maximum tombait de 50 % à 28 % ; l'exonération totale dont bénéficièrent les six millions de contribuables les plus modestes ; et la suppression de nombreux abattements et déductions, en particulier ceux dont pouvaient bénéficier les contribuables les plus aisés. Mais cette loi introduisit aussi des modifications concernant l'impôt sur les bénéfices des sociétés : parallèlement à l'abaissement des taux (la fourchette passait de 15 à 34 % au lieu de 15 à 46 %), l'assiette fut élargie, le régime de l'amortissement devenant en particulier moins favorable qu'il ne l'avait été depuis 1981, alors que les crédits d'impôt pour investissement (*Investment Tax Credit, ITC*), pour dépenses de recherche et pour réhabilitation d'immeubles anciens était supprimé. Par définition, cette loi devait être sans incidence sur le déficit budgétaire, les tentatives destinées à endiguer celui-ci restant centrées sur le volet dépenses du budget.

3.2.2. L'explosion du déficit budgétaire et de la dette publique

Etant donné que toute augmentation d'impôt était exclue et que la croissance économique ne parvenait pas à induire une augmentation des recettes fiscales suffisante pour équilibrer les dépenses, la réduction du déficit devait nécessairement passer par une compression des dépenses, mesure forcément impopulaire auprès de l'électorat. L'on comprend dès lors les réticences du Congrès à agir significativement dans ce domaine, tout comme les raisons qui le poussèrent à imaginer le mécanisme prévu par la loi Gramm-Rudman-Hollings (*Balanced Budget and Emergency Deficit Control Act*), votée en décembre 1985 : le dispositif mis en place par cette loi avait essentiellement pour objet de permettre aux parlementaires de réduire les dépenses sans avoir à prendre la responsabilité de voter les coupes s'appliquant à tel ou tel programme puisque celles-ci devaient intervenir automatiquement lorsque le projet de budget prévoyait un déficit supérieur au plafond autorisé. Dans sa version initiale[19], la loi prévoyait une réduction progressive du déficit permettant un retour à l'équilibre pour 1991. La deuxième version recula de deux ans la réalisation de cet objectif, mais bien qu'une amélioration ait été enregistrée entre 1987 et 1989 (l'impasse budgétaire ne s'élevait plus qu'à 153,4 milliards en 1989, soit à peine 3 % du PNB), dès 1990 il devint clair que celui-ci ne serait pas atteint : le déficit effectif atteignant alors 220,4 milliards de dollars, le plafond de 100 milliards autorisé par la loi était très largement dépassé.

La principale raison de ce dépassement résidait dans l'impossibilité, une fois le projet voté et l'année fiscale commencée, de modifier en quoi que ce soit le niveau des dépenses ou celui des recettes de façon à limiter les dérapages. La seule solution consistait dès lors à prendre acte de ces insuffisances et à voter un nouveau texte susceptible d'y remédier, ce qui fut fait avec l'adoption, en novembre 1990, du *Budget Reconciliation Act* qui visait à réduire le déficit d'une part en limitant la progression des programmes de dépenses obligatoires (l'augmentation des dépenses concernant l'un de ces programmes devant être financée soit par la compression d'autres *entitlements* soit par des relèvements d'impôts) et d'autre part en plafonnant l'augmentation des dépenses discrétionnaires en termes réels[20]. La grande innovation de cette loi tenait à ce qu'elle mettait en place un mécanisme de plafonds (*caps*) par catégories de dépenses et de réduction automatique (*sequestration*) de ces dépenses pendant l'exercice en cours, ce qui n'était pas possible aux termes de la loi Gramm-Rudman, et à ce qu'elle permettait aux stabilisateurs automatiques de jouer, dans la mesure où le niveau admis de déficit était ajusté aux variations de la conjoncture : ainsi lorsque l'économie entrait en récession, le seuil de déficit à partir duquel les réductions automatiques devaient être mises en œuvre

19. La loi fut en effet déclarée inconstitutionnelle par la Cour suprême en 1986, en raison du rôle qu'elle faisait jouer au *General Accounting Office* : cet organe, qui dépend du Congrès, se voyait en effet accorder le droit d'imposer au Président la mise en œuvre des coupes requises pour respecter le plafond, ce qui était contraire au principe de la séparation des pouvoirs. Une nouvelle version de la loi, supprimant cette disposition, fut votée l'année suivante, qui prévoyait une réduction progressive du déficit selon le calendrier suivant : 144 milliards de $ en 1988, 136 milliards en 1989, 100 milliards en 1990, 64 milliards en 1991, 28 millards en 1992, l'équilibre budgétaire étant atteint en 1993.

20. Cf. l'analyse de cette loi faite par l'OCDE dans son étude (108) de 1991 sur les Etats-Unis, chapitre II, p. 41-48.

était relevé pour tenir compte de la hausse des dépenses et de la baisse des recettes induite par le ralentissement de l'activité ; ce seuil était en revanche abaissé lorsque l'économie renouait avec l'expansion.

En dépit de ces dispositions, la situation demeurait très préoccupante au moment de l'entrée en fonctions de Bill Clinton : le déficit, qui avait atteint 268,7 milliards en 1991, s'élevait à 290,3 milliards en 1992 et l'OMB chiffrait son montant probable à 327 milliards pour l'année 1993. En effet, malgré les effets bénéfiques de la reprise qui se confirmait au début de l'année 1993, le poids des déficits accumulés depuis le début des années 80 continuerait nécessairement à peser lourdement sur les budgets à venir : la dette fédérale, qui atteignait à peine mille milliards de dollars en 1980, s'élevait à 4 000 milliards de dollars à la fin 1992, soit près de 65 % du PNB, alors que les intérêts versés sur cette dette représentaient 15 % des dépenses annuelles de l'Etat fédéral (14,7 % en 1991) contre 8,8 % douze ans plus tôt.

Cela rendait d'autant plus étroite la marge de manœuvre de l'administration Clinton et devait conduire le nouveau président à faillir à la promesse électorale qu'il avait faite aux classes moyennes « oubliées » de réduire leurs impôts et à demander au Congrès de consentir à réduire les dépenses fédérales et à augmenter les impôts. Annoncés dans son discours d'investiture (le 20 janvier 1993), dans lequel il évoquait les « sacrifices » qu'allaient devoir accepter ses concitoyens, détaillés dans le discours sur l'état de l'Union (le 17 février 1993), ces projets étaient présentés comme ouvrant la voie à un « renouveau américain » (*American renewal*), qui passait nécessairement par la réduction du déficit budgétaire et de la dette publique[21]. La boucle était ainsi bouclée : face à des problèmes auxquels étaient déjà confrontés les Etats-Unis en 1980, mais qui s'étaient considérablement aggravés douze ans plus tard, Bill Clinton annonçait des mesures qui rompaient radicalement avec l'action de ses prédécesseurs. Il lui restait à convaincre le Congrès et l'opinion publique de leur opportunité.

21. « ... we pledge that the era of deadlock and drift is over — a new season of American renewal has begun. To renew America we must be bold. We must do what no generation has had to do before. We must invest more in our own people and in our own future, and at the same time cut our massive debt. And we must do so in a world in which we must compete for every opportunity. It will not be easy; it will require sacrifice. But it can be one, and done fairly, not choosing sacrifice for its own sake, but for our own sake. » Discours d'investiture, reproduit par exemple dans le *Financial Times* du 21 janvier 1993. On remarquera que les termes utilisés par le président faisaient écho, pour mieux en prendre le contre-pied semble-t-il, au programme de « reprise économique » lancé douze années auparavant par Ronald Reagan.

DOCUMENT III.1. 1992 UK BUDGET FORECAST OF GOVERNMENT REVENUE IN 1992-93

	£ billion
Inland Revenue:	
Income taxe	59.6
Corporation tax	16.8
Petroleum revenue tax	0.1
Capital gains tax	1.1
Inheritance tax	1.3
Stamp duties	1.5
Total Inland Revenue	80.4
Customs and Excise:	
Value Added Tax	40.0
Petrol, derv duties, etc.	11.8
Tobacco duties	6.6
Alcohol duties	5.3
Betting and gaming duties	1.1
Car tax	0.7
Customs duties	1.9
Agricultural levies	0.0
Total Customs and Excise	67.4
Vehicle excice duties	3.2
Oil royalties	0.5
Rates (including business rates)	14.1
Other taxes and royalties	4.1
Total tax and royalty receipts	169.8
Social Security receipts	38.7
Community Charge receipts	8.0
Interest and dividends	5.5
Gross trading surpluses and rent	3.7
Other receipts	4.0
General government receipts	229.8

Source : *Financial Statement and Budget Report 1992-93.*

DOCUMENT III.2. CHANGING PRIORITIES IN UK PUBLIC EXPENDITURE

	Shares of total (%)			'Real-terms' changes (%)		
	1979–80	1984–85	1989–90	1979–80/1984–85	1984–85/1989–90	1979–80/1989–90
Social security	25.9	30.3	30.3	29.7(30.0)	1.6(3.9)	31.8(35.0)
Defence	12.0	13.0	11.6	21.3(15.7)	−9.9(−7.1)	9.2(7.5)
Education	14.1	12.9	14.2	1.9(−2.7)	11.5(2.3)	13.7(−0.5)
Health	12.1	12.7	14.1	16.5(6.1)	13.2(5.2)	31.8(11.6)
Housing	7.1	3.4	2.1	−47.6	−37.0	−67.0
Transport	4.8	4.3	3.9	1.4	−7.1	−5.8
Environment	4.3	3.4	4.1	−11.1	21.4	7.9
Law and order	4.1	4.7	5.6	28.3	19.5	53.3
Trade and industry	3.7	4.0	2.1	16.4	−48.5	−38.2
Employment and training	1.7	2.2	1.9	50.0	−11.1	33.3
Other	10.2	9.1	10.1	0.7	11.6	12.3
Total expenditure	100.0	100.0	100.0	11.4	1.4	12.9
Real GDP				3.9	18.6	23.3
Memorandum item: debt interest	12.2	12.2	10.1	10.7	−15.7	−6.7

Note: The changes in brackets are volume changes derived from the Blue Book for the equivalent calendar years (see table 22).
Sources: The Government's Expenditure Plans 1990–91 to 1992–93, Cm 1021, chapter 21, tables 21.2.11 and 12.

Christopher Johnson : *The Economy under Mrs Thatcher 1979-1990*, p. 287.

DOCUMENT III.3. PUBLIC SPENDING IN THE UK, 1992-93

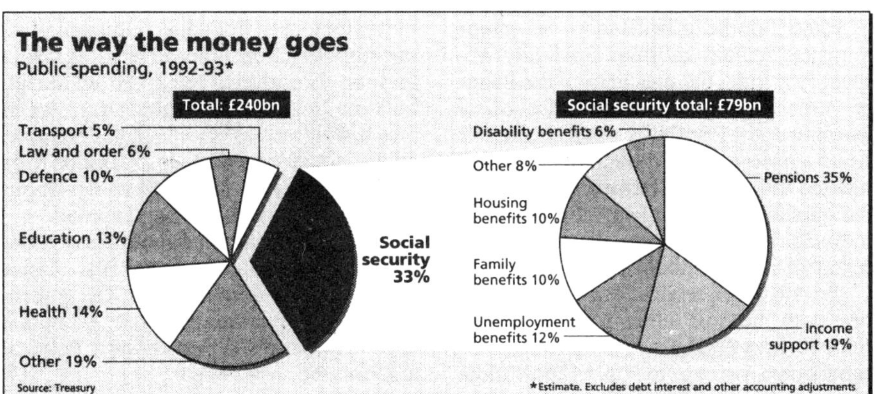

Source : *The Economist*, 13 février 1993, p. 37.

DOCUMENT III.4. THE UK PUBLIC-SECTOR BORROWING REQUIREMENT, FORECASTS AND OUTCOMES

(successful outcomes are underlined)

Years projected PSBR	Year of publication in FSBR (March), percentage of GDP												Outcome[1]	Overshoot
	1979	1980	1981	1982	1983	1984	1985	1986	1987	1988	1989	1990		
1978–79	5½													
1979–80	4½	4¾											5.0	0.5
1980–81		3¾	6										5.7	2.0
1981–82		3	4¼	4¼									3.5	
1982–83		2¼	3¼	3½	2¾								3.3	
1983–84		1½	2	2¾	2¾	3¼							3.2	0.4
1984–85				2	2½	2¼	3¼						3.1	0.8
1985–86					2	2	2	2					1.6	
1986–87						2	2	1¾	1				0.9	
1987–88						1¾	1¾	1¾	1	−¾			−¾	
1988–89						1¾	1¾	1½	1	−¾	−3		−3	
1989–90								1½	1	0	−2¾	−1¼	−1¼	1.0
1990–91									1	0	−1¾	−1¼		4.7
1991–92										0	−1	−½		
1992–93											−½	0		
1993–94												0		

Notes: [1] Final outcomes, which may differ from provisional outcomes at Budget time, given for financial years just ending at head of columns. A negative PSBR is a positive public-sector debt repayment (PSDR) and has in recent years been published in this form. We treat it as a negative PSBR for consistency with earlier years.
Source: Financial Statement and Budget Report.

Christopher Johnson, *The Economy under Mrs Thatcher 1979-1990,* p. 276.

DOCUMENT III.5. DESCENT FROM RICHES TO RAGS

The figures are daunting. In the coming financial year*, the British government will have to borrow about £1,000 for every man, woman and child in the country, tapping financial markets for funds at a rate of £1bn a week.

The outlook, if the City of London is to be believed, is even more alarming. In five years, the pessimists say, the government could be borrowing more than 10 per cent of UK gross domestic product a year to plug holes in the public accounts, while the nation's debt to GDP ratio could be 70 per cent and rising.

The dire state of Britain's public finances is all the more apparent when measured against the recent past. Three years ago, the public sector ran a large surplus, enabling the government to reduce the national debt. Today, the talk is of cruel choices between tax increases or welfare cuts and of a fiscal rake's progress into a structural budget crisis of Italian proportions. [...]

The official line is that the present problem is cyclical, reflecting the fall in tax revenues arising from the recession and rising costs, such as unemployment pay and other social security outlays such as income support. But serious commentators such as the Organisation for Economic Cooperation and Development in Paris and the Institute for Fiscal Studies, as well as City securities houses [...], argue that part of the deficit is now structural. It will not be self-correcting if and when the economy returns to normal growth.

Whatever the diagnosis, the chancellor cannot ignore the sudden shift from a £14.7bn public sector surplus in 1988-89 to a deficit of £25.7bn in the first nine months of the present financial year alone. The shortfalls in prospect threaten to make a mockery of the government's election manifesto promises such as making further cuts in personal tax rates. Financing the deficits could put a question mark over recovery from recession.

But how has Britain got into this mess — if indeed it is a mess? And what does the decline into deficit of the past five years tell us about the outlook for public spending, taxation and correcting the deficit?

There would be no deficit problem without the recession. But the recession cannot fully explain the deterioration. Social change, tax reform, political mistakes and electoral politics over the past 14 years have left their mark on tax revenues and public spending, and helped create Britain's deficits [...]

The sensitivity of tax revenues to economic slowdown is not a new phenomenon. Indeed, a drop in the tax burden in recession is an important aspect of the « automatic stabiliser » mechanism in a modern mixed economy, which helps smooth the business cycle and revive growth.

But the tax reforms of the 1980s — and in particular the corporation tax changes initiated in the then Mr Nigel Lawson's Budget of 1984 appear to have increased the responsivenes of revenues to changes in the cycle.

The government benefited from this in the period of strong growth in the 1980s, when the increase in corporation tax receipts* contributed about one-third to the swing in public finances from deficit to surplus between 1984-85 and 1988-89. Revenues from corporation tax receipts grew at an average rate of 25 per cent a year in the five years after 1984-85 and were worth more than 4 per cent of GDP, or £21.5bn, at their peak in 1989-90.

But the recession has produced an equally sharp contraction in corporation tax revenues. [...]

The worry for the future is that corporation tax revenues* may not rebound once the recession is over. Their buoyancy in the 1980s partly reflected special circumstances, not least the unusual length of the upswing*. Mr Lamont has since cut corporation tax rates below the levels bequeathed by Mr Lawson while companies have a large recession-generated overhang of losses to set against tax. [...]

When Mrs Margaret Thatcher took office in 1979, she was determined to reduce the role of the state in society and cut public spending. In the mid-1980s, the government's public spending objective was modified to ''take a declining share of the national income over time while value for money is constantly improved ».

Yet Treasury estimates suggest that general government expenditure (that is, spending by central government and local authorities) less privatisation proceeds in the current financial year ending on March 31 will amount to 44.75 per cent of GDP — more than the 44 per cent share of 1979-80.
The recession and the rise in unemployment to nearly 3m from 1.6m in April 1990 partly explain this disappointing trend. [...]
But spending on social security will be 65 per cent more in real terms in 1992-93 than in 1978-79 and only 25 percentage points of this increase can be explained by the current recession.
Between 1978-79 and the current financial year, social security payments have increased as a share of GDP to 13.2 per cent from 10 per cent. Social security expenditure has nearly doubled in nominal terms since 1984-85, when it was £40bn, to an estimated £79.2bn in the current financial year. [...]
These trends reflect changes in society as well as rising unemployment. The number of people over the age of 75 has risen by 22 per cent since 1981, there are more single parents; more of the social security budget has to be spent on the long-term sick and disabled. There is no quick fix to resolving cost increases of this sort.

Peter Norman, *Financial Times*, 10 février 1993, (extraits).

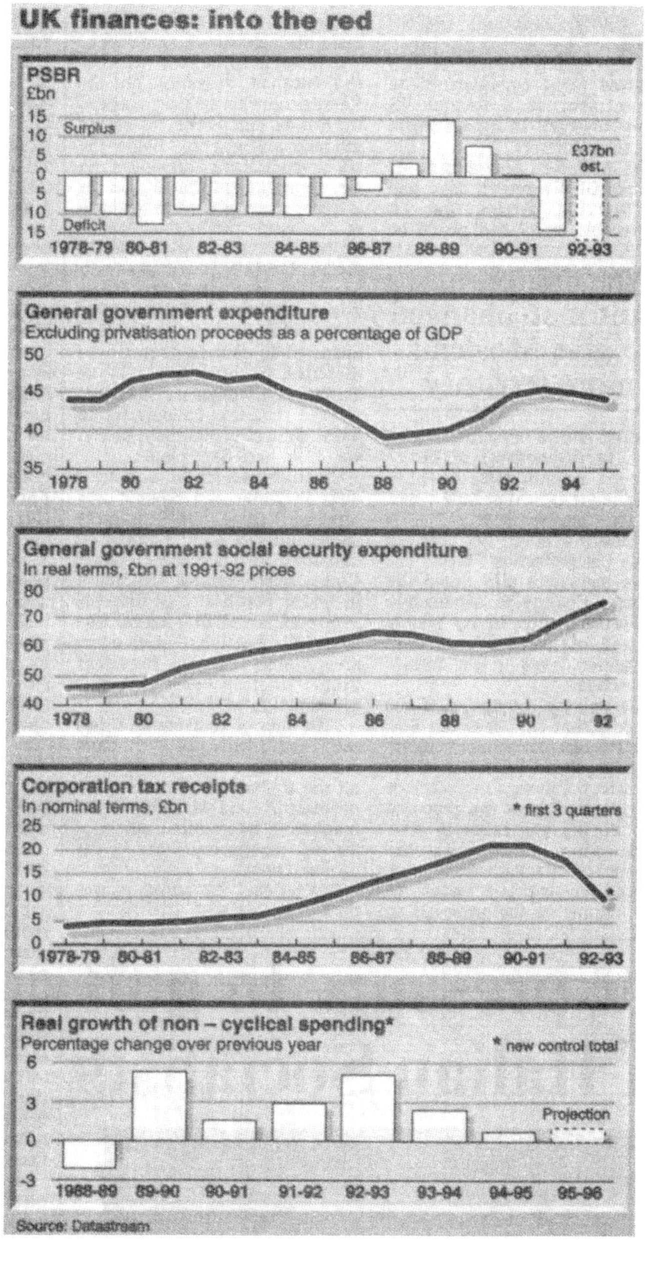
UK finances: into the red
PSBR
£bn
15
10
5
0
5
10
15
Surplus
Deficit
£37bn
est.
1978-79 80-81 82-83 84-85 86-87 88-89 90-91 92-93
General government expenditure
Excluding privatisation proceeds as a percentage of GDP
50
45
40
35
1978 80 82 84 86 88 90 92 94
General government social security expenditure
In real terms, £bn at 1991-92 prices
80
70
60
50
40
1978 80 82 84 86 88 90 92
Corporation tax receipts
In nominal terms, £bn
* first 3 quarters
25
20
15
10
5
0
1978-79 80-81 82-83 84-85 86-87 88-89 90-91 92-93
Real growth of non – cyclical spending*
Percentage change over previous year
* new control total
6
3
0
-3
Projection
1988-89 89-90 90-91 91-92 92-93 93-94 94-95 95-96
Source: Datastream

DOCUMENT III.6. FEDERAL RECEIPTS, OUTLAYS, AND DEBT, FISCAL YEARS 1981-1993

[Millions of dollars; fiscal years]

Description	Actual						
	1981	1982	1983	1984	1985	1986	1987
RECEIPTS AND OUTLAYS:							
Total receipts	599,272	617,766	600,562	666,457	734,057	769,091	854,143
Total outlays	678,249	745,755	808,380	851,846	946,391	990,336	1,003,911
Total surplus or deficit (−)	−78,976	−127,989	−207,818	−185,388	−212,334	−221,245	−149,769
On-budget receipts	469,097	474,299	453,242	500,382	547,886	568,862	640,741
On-budget outlays	543,053	594,351	661,272	686,032	769,584	806,838	810,079
On-budget surplus or deficit (−)	−73,956	−120,052	−208,030	−185,650	−221,698	−237,976	−169,339
Off-budget receipts	130,176	143,467	147,320	166,075	186,171	200,228	213,402
Off-budget outlays	135,196	151,404	147,108	165,813	176,807	183,498	193,832
Off-budget surplus or deficit (−)	−5,020	−7,937	212	262	9,363	16,731	19,570
OUTSTANDING DEBT, END OF PERIOD:							
Gross Federal debt	994,298	1,136,798	1,371,164	1,564,110	1,816,974	2,120,082	2,345,578
Held by Government accounts	209,507	217,560	240,114	264,159	317,612	383,919	457,444
Held by the public	784,791	919,238	1,131,049	1,299,951	1,499,362	1,736,163	1,888,134
Federal Reserve System	124,466	134,497	155,527	155,122	169,806	190,855	212,040
Other	660,325	784,741	975,522	1,144,829	1,329,556	1,545,308	1,676,094
RECEIPTS: ON-BUDGET AND OFF-BUDGET	599,272	617,766	600,562	666,457	734,057	769,091	854,143
Individual income taxes	285,917	297,744	288,938	298,415	334,531	348,959	392,557
Corporation income taxes	61,137	49,207	37,022	56,893	61,331	63,143	83,926
Social insurance taxes and contributions	182,720	201,498	208,994	239,376	265,163	283,901	303,318
On-budget	52,545	58,031	61,674	73,301	78,992	83,673	89,916
Off-budget	130,176	143,467	147,320	166,075	186,171	200,228	213,402
Excise taxes	40,839	36,311	35,300	37,361	35,992	32,919	32,457
Estate and gift taxes	6,787	7,991	6,053	6,010	6,422	6,958	7,493
Customs duties and fees	8,083	8,854	8,655	11,370	12,079	13,327	15,085
Miscellaneous receipts:							
Deposits of earnings by Federal Reserve System	12,834	15,186	14,492	15,684	17,059	18,374	16,817
All other	956	975	1,108	1,347	1,480	1,510	2,490
OUTLAYS: ON-BUDGET AND OFF-BUDGET	678,249	745,755	808,380	851,846	946,391	990,336	1,003,911
National defense	157,513	185,309	209,903	227,413	252,748	273,375	281,999
International affairs	13,104	12,300	11,848	15,876	16,176	14,152	11,649
General science, space, and technology	6,469	7,200	7,935	8,317	8,627	8,976	9,216
Energy	15,166	13,527	9,353	7,086	5,685	4,735	4,115
Natural resources and environment	13,568	12,998	12,672	12,593	13,357	13,639	13,363
Agriculture	11,323	15,944	22,901	13,613	25,565	31,449	26,606
Commerce and housing credit	8,206	6,256	6,681	6,917	4,229	4,890	6,182
On-budget	8,206	6,256	6,681	6,917	4,229	4,890	6,182
Off-budget	...	...	...	...	...	...	...
Transportation	23,379	20,625	21,334	23,669	25,838	28,117	26,222
Community and regional development	10,568	8,347	7,560	7,673	7,680	7,233	5,051
Education, training, employment, and social services	33,709	27,029	26,606	27,579	29,342	30,585	29,724
Health	26,866	27,445	28,641	30,417	33,542	35,936	39,967
Medicare	39,149	46,567	52,588	57,540	65,822	70,164	75,120
Income security	99,723	107,717	122,598	112,668	128,200	119,796	123,250
Social security	139,584	155,964	170,724	178,223	188,623	198,757	207,353
On-budget	670	844	19,993	7,056	5,189	8,072	4,930
Off-budget	138,914	155,120	150,731	171,167	183,434	190,684	202,422
Veterans benefits and services	22,991	23,958	24,846	25,614	26,292	26,356	26,782
Administration of justice	4,769	4,712	5,105	5,663	6,270	6,572	7,553
General government	11,429	10,914	11,235	11,817	11,588	12,564	7,565
Net interest	68,774	85,044	89,828	111,123	129,504	136,047	138,652
On-budget	71,062	87,114	91,673	114,432	133,622	140,377	143,942
Off-budget	−2,288	−2,071	−1,845	−3,310	−4,118	−4,329	−5,290
Undistributed offsetting receipts	−28,041	−26,099	−33,976	−31,957	−32,698	−33,007	−36,455
On-budget	−26,611	−24,453	−32,198	−29,913	−30,189	−30,150	−33,155
Off-budget	−1,430	−1,646	−1,778	−2,044	−2,509	−2,857	−3,300

[Millions of dollars; fiscal years]

Description	Actual					Estimates
	1988	1989	1990	1991	1992	1993
RECEIPTS AND OUTLAYS:						
Total receipts	908,954	990,691	1,031,308	1,054,264	1,091,631	1,147,588
Total outlays	1,064,140	1,143,172	1,252,691	1,323,785	1,381,791	1,474,935
Total surplus or deficit (−)	−155,187	−152,481	−221,384	−269,521	−290,160	−327,347
On-budget receipts	667,463	727,026	749,652	760,380	789,205	828,183
On-budget outlays	861,449	932,261	1,027,626	1,082,098	1,129,475	1,208,120
On-budget surplus or deficit (−)	−193,986	−205,235	−277,974	−321,719	−340,270	−379,937
Off-budget receipts	241,491	263,666	281,656	293,885	302,426	319,405
Off-budget outlays	202,691	210,911	225,065	241,687	252,316	266,815
Off-budget surplus or deficit (−)	38,800	52,754	56,590	52,198	50,110	52,590
OUTSTANDING DEBT, END OF PERIOD:						
Gross Federal debt	2,600,760	2,867,537	3,206,347	3,598,993	4,002,669	4,410,475
Held by Government accounts	550,507	678,210	795,990	911,060	1,004,039	1,100,758
Held by the public	2,050,252	2,189,327	2,410,357	2,687,933	2,998,630	3,309,717
Federal Reserve System	229,218	220,088	234,410	258,591	296,397	
Other	1,821,034	1,969,239	2,175,947	2,429,342	2,702,234	
RECEIPTS: ON-BUDGET AND OFF-BUDGET	908,954	990,691	1,031,308	1,054,264	1,091,631	1,147,588
Individual income taxes	401,181	445,690	466,884	467,827	476,465	510,388
Corporation income taxes	94,508	103,291	93,507	98,086	100,270	105,501
Social insurance taxes and contributions	334,335	359,416	380,047	396,016	413,689	435,831
On-budget	92,845	95,751	98,392	102,131	111,263	116,426
Off-budget	241,491	263,666	281,656	293,885	302,426	319,405
Excise taxes	35,227	34,386	35,345	42,402	45,569	47,539
Estate and gift taxes	7,594	8,745	11,500	11,138	11,143	12,594
Customs duties and fees	16,198	16,334	16,707	15,949	17,359	18,176
Miscellaneous receipts:						
Deposits of earnings by Federal Reserve System	17,163	19,604	24,319	19,158	22,920	13,090
All other	2,747	3,225	2,007	3,688	4,215	4,469
OUTLAYS: ON-BUDGET AND OFF-BUDGET	1,064,140	1,143,172	1,252,691	1,323,785	1,381,791	1,474,935
National defense	290,361	303,559	299,331	273,292	298,361	289,299
International affairs	10,471	9,573	13,764	15,851	16,106	18,704
General science, space, and technology	10,841	12,838	14,444	16,111	16,409	17,142
Energy	2,297	2,706	3,341	2,436	4,509	4,807
Natural resources and environment	14,606	16,182	17,067	18,552	20,017	21,462
Agriculture	17,210	16,919	11,958	15,183	14,997	21,533
Commerce and housing credit	18,815	29,211	67,142	75,639	9,514	22,141
On-budget	18,815	29,520	65,516	74,321	8,877	20,514
Off-budget		−310	1,626	1,317	636	1,627
Transportation	27,272	27,608	29,485	31,099	33,337	36,380
Community and regional development	5,294	5,362	8,498	6,811	7,411	10,086
Education, training, employment, and social services	31,938	36,674	38,755	43,354	45,248	52,292
Health	44,487	48,390	57,716	71,183	89,570	104,979
Medicare	78,878	84,964	98,102	104,489	119,024	132,839
Income security	129,332	136,031	147,019	170,301	198,073	207,433
Social security	219,341	232,542	248,623	269,015	287,545	304,747
On-budget	4,852	5,069	3,625	2,619	6,127	6,023
Off-budget	214,489	227,473	244,998	266,395	281,418	298,724
Veterans benefits and services	29,428	30,066	29,112	31,349	34,133	35,575
Administration of justice	9,236	9,474	9,995	12,276	14,450	15,229
General government	9,464	9,017	10,734	11,661	12,939	14,728
Net interest	151,838	169,266	184,221	194,541	199,429	202,771
On-budget	159,253	180,661	200,212	214,763	223,066	229,793
Off-budget	−7,416	−11,395	−15,991	−20,222	−23,637	−27,022
Undistributed offsetting receipts	36,967	37,212	36,615	39,356	39,280	37,213
On-budget	−32,585	−32,354	−31,048	−33,553	−33,179	−30,698
Off-budget	−4,382	−4,858	−5,567	−5,804	−6,101	−6,515

See *Budget Baselines, Historical Data, and Alternatives for the Future,* January 1993, for additional information.

Sources: Department of the Treasury and Office of Management and Budget.

Source : *Economic Report of the President,* Washington, D.C., US Government Printing Office, 1993, p. 436-437.

DOCUMENT III.7. DON'T WORRY SO MUCH ABOUT THE BUDGET DEFICIT

For a decade, the deficit has upstaged other economic issues, reinforcing public frustration about government's inability to address accumulated problems. It has become a permanent migraine. [...]

Conventional wisdom holds that the deficit, now estimated at $368 billion for fiscal 1992, is the font of most economic evil, and that government's inability to solve it epitomizes political incompetence. Both claims, I want to argue, are wrong.

One startling thing about this deficit is that it has little if any stimulative effect on the economy. Normally, one would expect a deficit in excess of 6% of gross national product to boost purchasing power* and engender a mighty recovery, if not some unwelcome inflation besides. However, this deficit has coexisted with a lengthy slump*, followed by a lethergic recovery. Neither is the deficit creating inflation, nor high interest rates, nor the ''crowding out'' of private capital by public debt. So the most convincing staple arguments for cutting the deficit are simply inoperative.

How can this be? How can a deficit this massive lead neither to economic stimulus nor high interest rates, nor inflation?

Let's begin by looking at the composition of the deficit. On portion of it — about $70 billion this year — is the savings and loan* bailout*. Most economist agree that the thrift bailout has no stimulative effect, because savers never thought their money was gone. Having the government replenish the lost funds of the local S&L* is simply an accounting entry: it does not cause savers to rush out and spend money they wouldn't have spent anyway. The actual stimulative effect of the real economic activity — the useless condos, office towers, and shopping malls that caused the S&L losses in the mid-1980s — was dissipated years ago. So adjusting for the S&L bailout whittles down the effective deficit to about $308 billion.

The second main portion of the deficit reflects the impact of the recession itself. In any recession, economic activity contracts, tax collections dwindle, and relief* payouts* increase. The Congressional Joint Economic Committee calculates that $100 billion to $110 billion of the deficit is simply the result of recession. That leaves about $200 billion — almost exactly the annual interest on the accumulated public debt. Interest on the debt flows out of the Treasury into the pockets of investors who hold Treasury securities. The majority of this interest income either sits in bank accounts or is invested in other securities. That also helps explain why there isn't ''crowding out'' mostly, the interest paid on the public debt cycles right back into private capital markets.

Of course, this is not to say that the deficit isn't a national problem. Interest payments on the accumulated debt represent $200 billion less the government has to spend on other public needs. And a $368 billion deficit for 1992 means another $368 billion on which interest must be paid. The point is rather that a panicky solution aimed at abruptly slashing the deficit would push the economy into free fall. The deficit does need to be reduced — partially and gradually — to the point where the national debt stops increasing relative to the real economy, or gently declines. But that means taking several years to cut the deficit to about $200 billion, not to zero.

The second point is that the Federal Reserve needs to keep reducing interest rates. As the sick economy headed into the 1992 election year, Fed Chairman Alan Greenspan found to his (and George Bush's) delight that cheaper money did not trigger inflation. Every one-point cut in the rate the Treasury must pay on its bonds cuts government interest costs. Hence it cuts the deficit — by some $16 billion this year and $24 billion next year. It also cuts borrowing costs for industry, for homeowners, and for consumers.

So, the proper treatment for the deficit is moderate and gradual reduction, coupled with lower interest rates — and not just in an election year. And we still need to pay attention to those other serious economic problems that the deficit keeps crowding off the agenda. They include everything from badly managed industries to hostile corporate takeovers*, an unbalanced trading system, inadequately educated and trained workers, decaying public infrastructure, and collapsing health insurance. Some of these maladies require public remediation. If we don't address them directly, a lower deficit won't help. And if we respond to the deficit with fiscal overkill*, there will be neither the public funds to spend on our real problems nor a private economy strong enough to generate the needed jobs, investments, and tax revenues.

Robert Kuttner, *Business Week*, 6 juillet 1992, p. 8.

CHAPITRE IV

La politique monétaire

La politique monétaire concerne l'ensemble des mesures mises en œuvre pour contrôler l'évolution des liquidités circulant dans l'économie, c'est-à-dire de la masse monétaire[1], la croissance équilibrée de l'économie exigeant qu'une quantité adéquate de moyens de paiement soit mise à la disposition des agents économiques. Aussi l'objectif central des autorités

1. Il existe différentes mesures de la masse monétaire, qui varient d'ailleurs légèrement d'un pays à l'autre. En Grande-Bretagne, on se réfère aux agrégats suivants (cf. document IV.2, *infra*) :

— M0 (agrégat qui correspond à la « base monétaire » ou « monnaie banque centrale »), qui comprend les pièces de monnaie et les billets de banque détenus par le secteur privé et les banques ainsi que les avoirs des banques commerciales auprès de la Banque d'Angleterre (hors réserves obligatoires) ;

— M1, l'agrégat le plus étroit, qui comprend les billets et pièces de monnaie ainsi que les dépôts à vue en sterling détenus par le secteur privé ;

— M2, qui comprend les billets et les pièces de monnaie en circulation, les dépôts à vue non rémunérés auprès des banques (dépôts sur les comptes courants), ainsi que les *retail deposits* (dépôts à vue rémunérés) des banques, des sociétés de crédit immobilier et des caisses d'épargne ;

— £M3, l'agrégat de référence essentiel au cours de l'expérience monétariste mise en œuvre pendant les années Thatcher, qui comprend M1 plus les dépôts en sterling sur les comptes courants et sur les comptes de dépôt, ainsi que les certificats de dépôt en sterling détenus par le secteur privé ;

monétaires consiste-t-il à régler le volume des moyens de paiement utilisables sur les marchés des biens et des services, ce qui suppose une action non seulement sur le volume de la monnaie au sens étroit du terme (pièces, *coins*, billets, *notes*, et dépôts à vue, *sight* ou *demand deposits*) mais aussi sur celui des autres liquidités susceptibles de se transformer aisément en monnaie. La création monétaire étant essentiellement le fait des banques (qui créent les dépôts par les crédits qu'elles consentent), les autorités agissent par le biais de mesures qui affectent à la fois le coût et le montant des réserves dont celles-ci disposent. Pour ce faire, elles ont recours à toute une gamme d'instruments qui permettent d'agir sur plusieurs registres.

(Suite de la note 1, p. 89.)

— M3, qui comprend M1 plus les dépôts du secteur privé non bancaire auprès des banques. Son suivi a été abandonné en juillet 1989 en raison des problèmes d'ordre statistique posés par la transformation de l'une des plus grandes sociétés de crédit immobilier (*building societies*) en organisme bancaire ;

— M4, qui comprend M1 plus les dépôts du secteur privé auprès des banques et des *building societies* ;

— PSL1 (Private Sector Liquidity 1), qui comprend M1 plus les dépôts en banque (sur comptes courants et comptes de dépôt), les instruments du marché monétaire et les *certificates of tax deposit* détenus par le secteur privé ;

— PSL2, qui correspond à l'ensemble des liquidités détenues par le secteur privé, et que l'on obtient en ajoutant à PSL 1 les actions et les dépôts du secteur privé auprès des *buildings societies*, ses dépôts auprès des caisses d'épargne, puis en retranchant les instruments du marché monétaire détenus par les *building societies* et leurs dépôts auprès des banques.

Aux Etats-Unis, les choses sont plus simples. On se réfère à :

— M1, qui est constitué par les pièces et billets en circulation, les *travellers cheques*, les dépôts à vue du secteur privé auprès des banques commerciales et des caisses d'épargne, les dépôts sur des comptes rémunérés auprès des banques et des caisses d'épargne dont le retrait n'est pas soumis à préavis ;

— M2, qui comprend M1 plus les dépôts sur les comptes d'épargne, les placements des particuliers sur le marché monétaire et l'argent au jour le jour libellé en Eurodollars ;

— M3, qui comprend M2 plus les dépôts à terme d'un montant supérieur à 100 000 $ et les fonds de placement sur le marché monétaire détenus par les institutions.

1. LES INSTRUMENTS DE LA POLITIQUE MONÉTAIRE

Premier de ces instruments, les réserves obligatoires (*reserve requirements, liquid reserve ratios*) sont un moyen d'action structurelle par lequel les banques sont astreintes à déposer auprès de la banque centrale, sur un compte non rémunéré, des sommes calculées en pourcentage des encours de leurs exigibilités, c'est-à-dire du montant des dépôts de leur clientèle et des crédits qu'elles distribuent à celle-ci. En faisant varier le coefficient (pourcentage) des réserves obligatoires, la banque centrale peut ainsi augmenter ou réduire le montant des liquidités dont disposent les banques pour effectuer des prêts, et donc accélérer ou ralentir le processus de création monétaire. Ces réserves existent dans la plupart des pays développés, sauf au Royaume-Uni où, comme on va le voir, elles ont été supprimées en août 1981, et elles assurent une régulation de la liquidité sur la longue période étant donné que les taux de l'assiette ne sont que rarement modifiés.

Les concours à taux fixe constituent le second instrument classique de la politique monétaire. Les autorités monétaires peuvent en effet influencer directement le coût du crédit bancaire en faisant varier le coût du refinancement de leurs concours auprès de la banque centrale. C'est le rôle du taux d'escompte (*discount rate*), qui s'applique aux prêts accordés aux banques par l'institut d'émission. Certes cette source de financement est aujourd'hui devenue marginale dans la plupart des pays développés (sauf en Allemagne) et a même été abandonnée au Royaume-Uni en 1981, mais partout ailleurs les modifications du taux d'escompte exercent un effet d'annonce d'autant plus puissant qu'elles ne sont pas fréquentes. Le formalisme qui l'entoure souvent contribue à donner à ce signal un caractère officiel et solennel pour indiquer une inflexion durable de la politique monétaire. De plus la modification du taux d'escompte entraîne en général l'ajustement de toute la structure des taux, qui passe notamment par la révision des taux de base bancaire.

Les interventions sur le marché monétaire sont en effet le troisième instrument de la politique monétaire. En raison de leur souplesse, elles constituent actuellement le moyen privilégié d'action conjoncturelle sur la liquidité. Ces interventions se font à conditions flexibles et sont connues sous le nom d'opérations d'*open market* (*open market operations*) ou de prises en pension (*reverse purchase* ou *repurchase agreements*). Elles consistent à acheter ou à vendre sur le marché monétaire des titres publics ou privés dont la contrepartie en monnaie accroît ou réduit la liquidité disponible : si elle souhaite injecter de la monnaie dans l'économie, la banque centrale fournit des liquidités en achetant des titres ou en consentant des avances à court terme garanties par des titres (prises en pension) à des taux qu'elle détermine au cas par cas, en fonction des tendances du marché. Si elle souhaite en revanche ponctionner de la monnaie, elle prélève des liquidités en vendant des titres puisqu'elle réduit ainsi la capacité du système bancaire de fournir du crédit.

Les méthodes indirectes de contrôle de la distribution du crédit ne suffisant pas toujours à infléchir l'activité de création monétaire des banques, les autorités peuvent également avoir parfois recours à des mesures de contrôle direct, qu'il s'agisse d'un encadrement imposant aux institutions financières des limites à l'augmentation de leurs encours ou de la réglementation du financement des ventes à crédit. Ces mesures de contrôle direct furent appliquées en Grande-Bretagne, pendant l'expérience du « corset »[2] qui dura pendant une bonne partie des années 70 (1973-1980) sans cependant produire les résultats escomptés, ce qui explique son abandon au cours des années 80.

Ce cadre d'analyse va permettre de mieux comprendre dans quelles conditions s'est exercé le contrôle monétaire de part et d'autre de l'Atlantique depuis 1979, mais aussi les raisons pour lesquelles la politique monétaire est devenue le moyen d'action privilégié des pouvoirs publics dans la sphère macro-économique et les difficultés auxquelles s'est heurtée sa mise en œuvre.

2. Ce système avait pour but de limiter quantitativement la possibilité pour les banques de financer leurs prêts par la collecte de dépôts rémunérés : les banques dont le rythme de progression des ressources rémunérées était supérieur à un certain taux devaient placer sur un compte non rémunéré, auprès de l'Institut d'émission, une proportion fortement croissante des dépassements observés.

2. LA POLITIQUE MONÉTAIRE AU ROYAUME-UNI

2.1. Le cadre institutionnel : la Banque d'Angleterre et le Trésor[3]

Fondée en 1694 par une loi et une charte royale, la Banque d'Angleterre fut nationalisée en 1946. Cependant, conformément à la tradition du droit anglais, la plupart des dispositions qui régissent son fonctionnement ou son organisation ne sont pas écrites, non plus que ses relations avec le gouvernement et ses objectifs, qui sont définis par référence à une tradition et non par des textes.

A sa tête se trouve un conseil d'administration (*Court of Directors*), dont les membres sont nommés par la Couronne sur proposition du premier ministre et du chancelier de l'Echiquier, et qui comprend, en plus du gouverneur et du sous-gouverneur nommés pour cinq ans, seize administrateurs dont le mandat est de quatre ans et dont quatre sont choisis en raison de leur compétence en matière monétaire (les administrateurs exécutifs, *executive directors*), les douze autres étant des administrateurs non exécutifs représentant les partenaires sociaux.

Comme toute banque centrale, la Banque d'Angleterre a pour fonctions principales la mise en œuvre la politique monétaire, l'émission des billets de banque et la surveillance des activités bancaires. Elle joue en outre le rôle de banquier du gouvernement et est chargée, à ce titre, d'organiser le financement de ses emprunts par le biais d'émissions d'obligations (*Treasury bonds*) et de gérer la dette publique. Enfin elle gère, pour le compte du Trésor, les réserves de change, même si les interventions sur le marché des changes et les objectifs de parité ne sont pas de son ressort mais de celui du gouvernement. En effet, contrairement au *Fed* ou à d'autres banques centrales comme la *Bundesbank*, la Banque d'Angleterre n'est nullement indépendante du gouvernement : son rôle consiste à conseiller et à mettre en œuvre la politique monétaire, mais non à décider de ses grandes orientations. La loi de nationalisation de 1946 prévoit que « le

3. Sur le cadre institutionnel, cf. Banque de France, *Organisation et fonctions de quelques grandes banques centrales*, collection « Etudes, Dossiers économiques et monétaires sur l'étranger », Paris, Banque de France, 1992, p. 47-64 pour l'Angleterre, p. 123-134 pour les Etats-Unis.

Trésor peut donner à la Banque d'Angleterre des directives qu'il juge nécessaires à l'intérêt public, après consultation du gouverneur », et cette faculté, qui n'a jamais été utilisée, constitue l'expression légale de la subordination de la Banque au Trésor. Ainsi la détermination du niveau des taux d'intérêt ou des objectifs de croissance de la masse monétaire relève-t-elle du département du Trésor, et même s'il s'établit une collaboration très étroite entre celui-ci et la Banque à l'occasion de réunions de travail quasi permanentes, il n'en reste pas moins que c'est le chancelier de l'Echiquier qui exerce la véritable autorité en matière monétaire, comme le soulignait John Major lorsqu'il occupait ce poste au printemps 1990 [4]. La Banque contribue pourtant activement au choix des grandes orientations de la politique monétaire grâce aux avis qu'elle exprime et au prestige dont elle jouit dans la City, mais les décisions fondamentales relèvent du chancelier de l'Echiquier, qui fixe les normes de croissance des agrégats annoncées lors de la présentation du budget depuis 1976 et insérées dans le cadre de la Stratégie financière à moyen terme depuis 1980. Comme nous allons le voir, la mise en œuvre de la politique, qui est du ressort de la Banque, repose aujourd'hui essentiellement sur l'orientation des taux d'intérêt à court terme qui s'effectue grâce aux opérations quotidiennes d'achats et de ventes de titres sur le marché monétaire.

2.2. *La politique monétaire mise en œuvre depuis* 1979

La Stratégie financière à moyen terme, qui était au cœur de la politique anti-inflationniste de Margaret Thatcher, était directement inspirée par les thèses monétaristes [5]. Elle comportait un double volet : budgétaire d'une part (cf. *supra*, chapitre III), monétaire de l'autre. Le volet monétaire se voulait une application des recommandations de Milton Friedman, selon lesquelles toute politique discrétionnaire, en réponse aux évolutions de la conjoncture, est à proscrire, les autorités monétaires devant au contraire fixer des objectifs stables de croissance monétaire et s'y tenir

4. Propos rapportés dans le numéro 2 (1er trimestre 1991) de la revue *Intérêts*, consacré à une étude de la Banque d'Angleterre et du marché monétaire britannique.
5. Cf. document IV.1, *infra*.

quelles que soient les circonstances de façon à déjouer les anticipations inflationnistes des agents économiques. En conformité avec ces principes, la *MTFS* lancée au printemps de 1980 reposait sur la fixation annuelle pour une durée de cinq ans d'objectifs simultanés de croissance de la masse monétaire au sens large (M3) et des déficits publics [6].

Pour parvenir à juguler l'inflation, une réduction progressive de la croissance de la masse monétaire était recherchée, et £ M3 devenait la variable clé d'une politique qui abandonnait les contrôles quantitatifs préexistants pour privilégier la régulation par les taux d'intérêt. Les principaux contrôles administratifs furent ainsi supprimés dès les premiers mois qui suivirent l'arrivée au pouvoir des conservateurs : le « corset » fut aboli en juin 1980, de même que le coefficient de liquidité qui astreignait les banques à maintenir un ratio de 12,5 % entre certains actifs liquides et leurs exigibilités ; le système des réserves obligatoires (*special deposits*) fut suspendu, alors que la fraction des dépôts à court terme que les banques étaient tenues de maintenir en compte à la Banque d'Angleterre (*cash ratio deposits*) était abaissée de 1,5 % à 0,5 %.

La régulation par les taux d'intérêt devenait dès lors l'instrument essentiel de lutte contre l'inflation, et c'est pour accroître l'efficacité de cette politique que fut mise en œuvre en août 1981 une réforme du mode d'intervention de la Banque d'Angleterre sur le marché monétaire : le *minimum lending rate*, taux minimum auquel la Banque consentait ses concours depuis 1972, était suspendu, alors qu'était institué un système par lequel la Banque n'intervenait plus que sur le marché monétaire, par l'intermédiaire des maisons de réescompte, au lieu de fournir directement des liquidités aux banques [7].

Les pouvoirs publics fixent par ailleurs des objectifs restrictifs de croissance de la masse monétaire : en 1979, la fourchette de croissance de £M3 est fixée entre 7 et 11 % pour 1979-1980 et, en mars 1980, les prévisions à moyen terme présentées lors du lancement de la *MTFS* tablent sur un ralentissement progressif permettant d'atteindre une fourchette de 4-8 % en 1983-1984. Mais la suppression du contrôle des changes (en octobre 1979) et celle de l'encadrement du crédit, conjuguées aux innovations financières

6. Cf. document IV.3, *infra*.
7. Cf. Santini (51), première partie, chapitre 2.

du début des années 80, favorisent une expansion très rapide des encours de crédits aux ménages et aux entreprises, en même temps qu'elles rendent de moins en moins fiables les signaux donnés par l'agrégat £M3. D'importants dépassements des objectifs ayant été observés, les autorités modifient l'affichage de leur politique en introduisant une référence à d'autres agrégats monétaires (PSL2 et M1 en 1982 et 1983, M0 à partir de 1984), sans que le contrôle ne gagne vraiment en efficacité.

On constate en outre un écart assez fort entre l'évolution des agrégats monétaires et celle de l'inflation : si l'inflation s'accélère dans l'année qui suit l'arrivée au pouvoir de Margaret Thatcher avant de refluer très fortement à partir de 1981[8], les agrégats monétaires suivent une tendance moins fortement contrastée[9] et ne traduisent en rien la décrue spectaculaire observée entre le début et le milieu des années 1980. En fait, il semble bien que la victoire sur l'inflation ait été acquise plus en raison de l'ampleur de la récession de 1979-1981, qui a incité les partenaires sociaux à la modération lors des négociations salariales, que grâce à l'efficacité de la politique monétaire mise en œuvre.

Ce constat conduit Nigel Lawson à renoncer à mettre en pratique les principes du monétarisme dès le milieu des années 80[10], la politique monétaire tendant dès lors de plus en plus à se limiter à un pilotage à vue des taux d'intérêt et du taux de change en fonction de l'évolution de l'inflation. Après avoir reflué jusqu'en 1987 (où l'indice des prix de détail n'augmente plus que de 4,3 %), celle-ci se situe à nouveau sur une pente ascendante, notamment en raison des fortes augmentations consenties aux salariés[11]. A cet égard, il est intéressant de noter que l'échec patent des autorités dans leur tentative de contrôle de l'évolution de la masse monétaire, puis leur renoncement aux principes monétaristes ne leur ont certainement pas permis de gagner suffisamment de crédibilité auprès des salariés pour que ceux-ci renoncent à leurs anticipations inflationnistes.

8. La hausse de l'indice des prix à la consommation, qui était de 8,2 % en 1978, passe à 13,4 % en 1979 et 18 % en 1980 avant de retomber à 11,9 % en 1981, 8,6 % en 1982 et 4,5 % en 1983.

9. £M3 augmente de 16,2 % en 1979-1980, et de 18,4 %, 12,8 %, 11,1 %, et 9,5 % au cours des quatre années suivantes.

10. Cf. David Smith (52), chapitre 8.

11. Cf. OCDE (45), 1991, chapitre III.

La hausse des prix reste ainsi plus forte au Royaume-Uni que dans la plupart des autres pays développés, puisqu'elle atteint une moyenne de 7 % sur la période 1979-1989, la moyenne de l'ensemble des pays de l'OCDE se situant à 5,6 % [12]. Cette résurgence de l'inflation au moment où l'activité connaît une surchauffe conduit à un resserrement de la politique à partir du début de l'année 1990.

C'est dans ce contexte qu'il faut comprendre l'entrée de la livre dans le mécanisme de change européen en octobre 1990 : longtemps différé par Margaret Thatcher, qui y était hostile, cette décision était censée fournir tout à la fois le point d'ancrage nominal effectif qui faisait défaut dans la Stratégie financière à moyen terme et une puissante discipline externe poussant la politique économique intérieure à réaliser l'objectif de faible inflation [13]. De fait la hausse des prix se ralentit fortement à partir de la fin de l'année 1990 : l'augmentation en rythme annuel de l'indice des prix à la consommation (*Retail Price Index*), qui était de 10,9 % en octobre 1990, retombe à 3 % deux ans plus tard. Mais ce résultat n'est obtenu qu'au prix d'une hausse des taux d'intérêt qui provoque une terrible récession, une poussée spectaculaire du chômage et des faillites d'entreprises, alors que la désindustrialisation de l'économie britannique s'aggrave et contribue à la persistance d'un déficit commercial élevé. Victime des assauts de la spéculation internationale alors qu'une baisse des taux d'intérêt a été entamée en 1991 de façon à tenter de ranimer l'économie [14], le gouvernement n'aura d'autre choix, le mercredi 16 septembre 1992 (*Black Wednesday*), que de décider la sortie temporaire de la livre du mécanisme de change du SME, conjointement à sa dévaluation de 13 %, puis une nouvelle détente des taux d'intérêt.

Cette décision ne peut manquer d'apparaître comme un échec cuisant pour John Major et son chancelier Norman Lamont, en dépit des efforts

12. Chiffres cités par C. Johnson (36), p. 281.

13. Cf. OCDE (45), 1991, chapitre II. Nigel Lawson avait préalablement tenté de maintenir la parité livre-mark (*shadow EMS policy*).

14. Cette détente des taux place la livre en situation difficile au sein du SME, étant donné que son cours a été fixé par rapport au mark et que la Bundesbank maintient des taux d'intérêt élevés de façon à lutter contre les tendances inflationnistes qui se manifestent en Allemagne et à attirer les capitaux étrangers dont le pays a besoin pour financer le coût de la réunification.

qu'ils déployèrent alors pour minimiser la portée de l'événement[15]. Nombre de ceux qui, comme eux, avaient longtemps cru que la victoire sur l'inflation était le seul moyen de renouer avec la croissance se voient alors forcés de constater que la priorité accordée pendant treize ans à la réalisation de cet objectif n'aura nullement permis au Royaume-Uni de rompre avec l'alternance de phases de *stop and go* et d'inverser la tendance à un déclin séculaire relatif.

3. LA POLITIQUE MONÉTAIRE AUX ÉTATS-UNIS

3.1. Le cadre institutionnel : le Federal Reserve System[16]

Ce n'est qu'en 1913 que les Etats-Unis se dotèrent d'une banque centrale. Après la faillite, au début du XIXe siècle, de la première et de la seconde Banque des Etats-Unis, il fut en effet longtemps politiquement impossible d'envisager l'existence d'un organisme central chargé de la surveillance de l'ensemble du système bancaire et de coordonner son action. Encore la loi votée par le Congrès en 1913 résultait-elle d'un compromis entre les partisans de la centralisation des pouvoirs et les avocats des droits des Etats, compromis dont la structure du *Fed*[17], telle qu'elle subsiste

15. Norman Lamont n'allait-il pas jusqu'à déclarer au Parlement le 24 septembre 1992, lors du débat sur la politique économique du gouvernement : « Sound money, free enterprise, light regulation and less government are the principles on which we fought the election. Nothing that has happened in recent days changes our commitment to those objectives (...) Whatever the difficulties of the past week, our determination to achieve our goals remains unshakeable », Hansard, vol. 212, n° 52, 24 septembre 1992, col. 108.

16. Pour une analyse plus détaillée des objectifs et des fonctions du *Fed*, on pourra se référer à la brochure publiée par le Federal Reserve System en 1984 intitulée *The Federal Reserve System, Purposes and Functions*, 120 p. La politique du *Fed* fait par ailleurs l'objet d'un rapport annuel. On trouvera également une étude succincte de Robert Heller, membre du Conseil des gouverneurs du *Fed*, sur « L'élaboration de la politique monétaire américaine » dans *Problèmes économiques*, n° 2131, 29 juin 1989, p. 21-23. Cf. également note 3, *supra*.

17. Le terme de « *Fed* » étant l'abréviation servant à désigner le *Federal Reserve System* ou le *Federal Reserve Board*, il semble préférable d'utiliser l'article masculin en français, même si le féminin est souvent utilisé, par contagion semble-t-il avec l'usage concernant les autres banques centrales.

encore aujourd'hui, conserve la marque, même si les lois adoptées à l'époque du *New Deal* (1933 et 1935) ont déplacé vers Washington l'essentiel des pouvoirs de décision. Ainsi le territoire des Etats-Unis est-il divisé en douze districts[18], qui ne suivent pas nécessairement les frontières des Etats mais correspondent à des régions homogènes du point de vue économique dont chacune se trouve placée sous l'autorité d'une banque de district, échelon intermédiaire entre les banques commerciales qui sont membres du système et les trois organismes centraux dont le siège est situé à Washington : Conseil des Gouverneurs (*Board of Governors*), Commission de l'*Open Market* (*Federal Open Market Committee*, FOMC), Conseil Consultatif (*Federal Advisory Council*).

Historiquement, la première tâche du *Fed* fut de mettre en place un système national de compensation des chèques (*checkclearing*). Le *Fed* est également l'agent financier du Trésor, ce qui signifie qu'il a la charge de toutes les opérations relatives au financement de la dette publique : émission des titres, organisation de la publicité concernant les émissions, collecte des fonds, versement des intérêts, remboursement des bons arrivés à échéance, etc[19]. Il est aussi la banque des banques, et assure, avec le *Comptroller of the Currency* et la *Federal Deposit Insurance Corporation*, la charge de la surveillance du système bancaire. En matière de politique monétaire, son pouvoir est en revanche sans partage, et le Conseil des gouverneurs joue à cet égard un rôle essentiel.

Ce Conseil comprend sept membres, qui sont nommés par le Président des Etats-Unis avec l'avis et le consentement du Sénat. Son président (*Chairman*) est nommé pour quatre ans mais les autres gouverneurs ont un mandat non renouvelable de quatorze années. La longueur de ce mandat, ainsi que le fait que la composition du Conseil se modifie progressivement, un nouveau membre étant nommé tous les deux ans, explique en partie l'indépendance de l'institution vis-à-vis de l'exécutif comme du législatif[20].

18. Cf. document IV.7, *infra*.

19. Sur ce point, cf. « The Federal Reserve Banks as Fiscal Agents and Depositories of the United States, » *Federal Reserve Bulletin*, octobre 1992, p. 727-737.

20. En raison de ce système, un président des Etats-Unis ne peut, au cours de son premier mandat, nommer que deux des sept membres du Conseil, ce qui ne lui assure pas une majorité. S'il est réélu ce n'est qu'au cours des deux dernières années de son second mandat qu'il aura nommé quatre des sept membres du Conseil.

Son statut de société de capitaux, les banques membres du système étant techniquement les propriétaires du *Fed*, lui garantit en outre une précieuse indépendance financière. Fait exceptionnel dans le contexte américain, l'élaboration de la politique monétaire n'est donc pas soumise au principe de la séparation des pouvoirs, et le Conseil des gouverneurs détient, avec le *FOMC*, la maîtrise des trois instruments de cette politique : le Conseil fixe le taux des réserves obligatoires et approuve les taux d'escompte fixés par les banques de district, la Commission, au sein de laquelle le Conseil jouit d'une majorité puisqu'il lui apporte sept de ses douze membres, décide des interventions sur l'*open market*.

3.2. La politique mise en œuvre depuis 1979

L'objectif de la politique monétaire, tel qu'il est défini par les statuts du *Fed*, est d'assurer le maintien des conditions favorables à une croissance durable dans un contexte de stabilité des prix. Pour réaliser cet objectif à long terme, le *Fed* peut se fixer des objectifs intermédiaires et mettre en œuvre, pour les atteindre, chacun des trois instruments dont il dispose. Depuis le milieu des années 70, les agrégats monétaires servent d'objectifs intermédiaires, ce qui suppose que, comme l'affirment ceux qui se réclament du monétarisme, il existe une relation solide entre croissance économique et croissance monétaire. L'idée est implicite dans le texte du *Full Employment and Balanced Growth Act* de 1978 qui fait obligation au *Fed* de communiquer au Congrès deux fois par an (en février et en juillet) les objectifs de croissance monétaire qu'il s'est fixés pour assurer un niveau de croissance non inflationniste. Jusqu'en 1979, le *Fed* s'efforçait d'atteindre cet objectif en pesant sur la distribution de crédit par le biais du niveau des réserves obligatoires et de la fixation de son taux d'intervention sur le marché monétaire. Constatant que cette politique s'était révélée incapable de contenir l'inflation, qui atteignait 13,3 % en 1979[21], Paul Volcker décide, dès son accession à la présidence du Conseil des gouverneurs, de modifier les modalités de mise en œuvre de

21. Hausse de l'indice des prix à la consommation.

la politique monétaire[22] : l'instrument essentiel devient alors la politique d'*open market*, par laquelle le *Fed* vise à contrôler directement le volume des réserves des banques, le niveau des taux d'intérêt passant au second plan des préoccupations.

L'objectif poursuivi étant de casser l'inflation, cette politique fut appliquée dans un sens très restrictif, et produisit un double effet. D'une part les taux, qui atteignirent des niveaux très élevés, devinrent aussi extrêmement volatiles[23], ce qui perturba gravement l'activité en raison de l'incertitude dans laquelle se trouvent les agents quant à l'avenir[24] ; par ailleurs, étant donné que les taux versés par les banques sur les dépôts classiques restaient plafonnés à des niveaux très faibles en vertu de la réglementation Q, la politique du *Fed* favorisa le développement très rapide de nouveaux produits financiers comme les *Money Market Funds* (fonds de placement sur le marché monétaire), et les *NOW accounts* (*Negotiable Order of Withdrawal accounts*, c'est-à-dire comptes courants rémunérés). Certes, le *Depository Institutions Deregulation and Monetary Control Act* de 1980 abolissait la réglementation Q, mais cette mesure devait entrer en vigueur progressivement et n'être pleinement effective qu'au terme de six années. Certes la loi Garn-Saint-Germain, adoptée deux ans plus tard, autorisait les institutions de dépôt à créer les *Money Market Deposit Accounts* et les comptes *Super NOW*, mais là encore l'apparition de nouveaux produits devait brouiller les frontières entre les différents actifs financiers et bancaires et poser un problème statistique dans la mesure où il devenait difficile de les classer à l'intérieur des différents agrégats. Enfin la déréglementation eut pour effet de remettre en cause la stabilité des relations entre masse monétaire, inflation et croissance. Aussi, alors que les monétaristes considéraient que seule devait être contrôlée la base monétaire (billets

22. Paul Volcker entre en fonctions en juillet 1979. Son changement de politique est rendu public le 6 octobre.

23. A titre d'exemple, le *Prime rate* (taux de base bancaire) atteint 21,5 % en décembre 1980. Un mois plus tard, il redescend à 18 %.

24. C'est en raison de cette instabilité monétaire que Milton Friedman critiqua très vivement la politique menée par le Fed. Cf. « The Yo-Yo US Economy », *Newsweek*, 15 février 1982, ou encore « The Federal Reserve and Monetary Instability », *Wall Street Journal*, 1er février 1982.

et réserves), ou à la rigueur M1, le *Fed* décida-t-il à partir de l'été 1982 de porter son attention sur les agrégats plus larges que constituent M2 et M3.

De surcroît, à partir de l'été 1982, la persistance de la récession dans laquelle restaient plongés les Etats-Unis ainsi que la conjoncture économique internationale conduisirent le *Fed* à infléchir sensiblement sa politique : la situation de cessation de paiement à laquelle se trouvaient acculés un certain nombre de pays en développement (dont le Mexique) faisait en effet peser de lourdes menaces sur le système bancaire américain en raison de l'endettement de ces pays à l'égard des banques américaines. C'est pour éviter le déclenchement d'une crise financière internationale de première importance que le *Fed* assouplit sa politique et, ne se limitant plus à prendre en compte la variation des seuls agrégats monétaires, intégra d'autres éléments de décision comme l'évolution de la conjoncture, les signes de tension inflationnistes ou la situation des marchés. C'était le signe que l'on s'éloignait de plus en plus des principes monétaristes pour s'orienter vers un réglage conjoncturel fondé sur un arbitrage constant entre soutien à la croissance et maîtrise de l'inflation[25]. Souple jusqu'au milieu de l'année 1988, la politique se durcit ensuite, en raison des tensions inflationnistes qui se manifestaient alors, et ce n'est qu'à la fin de l'année 1990, alors que la récession était déjà bien entamée, que le *Fed* se résolut à appliquer une politique moins restrictive : les fourchettes de croissance de la masse monétaire furent alors revues dans un sens plus expansionniste alors que le taux de l'escompte était abaissé sept fois en dix-huit mois[26] et que le taux des réserves obligatoires, qui était resté inchangé depuis la fin des années 70, était ramené à 10 % en avril 1992.

Comme au Royaume-Uni donc, il semble bien que le monétarisme n'ait été appliqué que pendant une période très limitée aux Etats-Unis, si tant est qu'il l'ait jamais été[27]. Il est toutefois indéniable que l'inflation a reflué entre 1979 et 1982, et qu'elle s'est, depuis, maintenue à des niveaux sensiblement plus bas que ceux qu'elle avait atteints dans les années

25. Cf. Donald L. Kohn, « Monetary Policy in an Era of Change », *Federal Reserve Bulletin*, février 1989.

26. A 3 % en juillet 1992, ce taux était à son plus bas niveau depuis 1964.

27. C'est la thèse développée par Paul Krugman dans le document IV.12, *infra*. C'est aussi celle vers laquelle semble tendre Jean Pisani-Ferry (111), chapitre 5.

70[28], ce qui est d'autant plus remarquable que le gonflement du déficit budgétaire aurait dû produire l'effet contraire. Si cela n'a pas été le cas, c'est sans doute en partie parce que la politique de réglage conjoncturel mise en œuvre par le *Fed* s'est avérée d'une plus grande efficacité que ne pouvaient le croire les monétaristes ; c'est aussi parce que les prix des matières premières, et en particulier du pétrole, ont joué dans un sens favorable depuis le milieu des années 80 ; mais c'est peut-être surtout parce que les hausses de salaires ont été extrêmement modestes pendant les douze années de gestion républicaine, ce qui a eu un effet très positif sur l'évolution des prix. En effet, contrairement à ce qui s'était produit pendant les périodes antérieures, les syndicats américains allèrent jusqu'à accepter des baisses de salaires (*givebacks*) au cours de la récession du début des années 80 afin de limiter les licenciements, et firent preuve, une fois la croissance retrouvée, d'une grande modération dans leurs revendications. Par ailleurs, la stagnation de l'emploi industriel, généralement bien rémunéré, et l'extraordinaire expansion de l'emploi dans le secteur des services a joué, comme nous le verrons, en faveur d'une modération des coûts salariaux moyens.

Il est donc permis de penser qu'en dernière analyse les Etats-Unis doivent autant leur victoire sur l'inflation à un phénomène structurel (la tertiairisation de leur économie, dont les autorités monétaires ne sauraient être tenues pour responsables, et la dépendance accrue à l'égard de produits importés, généralement meilleur marché que les produits américains de nature comparable) et à un facteur d'ordre psychologique (le fait que le *Fed* ait su convaincre les salariés qu'il allait parvenir à maîtriser l'inflation, ce qui lui permit de casser leurs anticipations inflationnistes) qu'aux techniques auxquelles celui-ci eut recours pour contrôler l'évolution de la masse monétaire. En revanche, étant donné l'état de paralysie dans lequel l'énormité du déficit plaçait la politique budgétaire, l'action des autorités monétaires semble avoir été déterminante pour sortir les Etats-Unis de la récession du début des années 90.

28. Cf. document IV.8, *infra*.

DOCUMENT IV.1. THE MEDIUM-TERM FINANCIAL STRATEGY (MTFS)*

The specific details of the government's macroeconomic policy intentions were enshrined in the MTFS, first published with the 1980 Budget.
The strategy set out a declining target for £M_3 over the subsequent four years as the principal mechanism for reducing inflation.
The importance of the declining target lay not only in the government's attachment to a monetarist view of the inflation process but also for the supposed effects of such targets on inflation expectations*. It was believed that by committing the government to the creation of a stable environment over the medium term, wage and price expectations could be reduced. The prime benefit was that the unemployment costs of the transition to a low inflation economy could be cut significantly.
Monetary policy was thus the dominant weapon in the government's array of macroeconomic policy instruments. Particular reliance was placed on the use of interest rates, the PSBR and debt sales to contain monetary growth. Direct controls were rejected on the grounds of their distortionary impact on the banking sector; they reduced the efficiency of the financial institutions and produced disintermediation*.
The use of the PSBR as an instrument of monetary control continued the subordination of fiscal to monetary policy. The government aimed to decrease the PSBR because of its direct impact on the growth of £M_3 and also because of the effect of financing a high PSBR on interest rates the so-called 'crowding out' effect*. As a result the MTFS and other government policy statements emphasised the need for consistency between the PSBR and monetary targets*, and a series of projections (not targets) for the PSBR was announced in 1980. It is worth emphasising that the achievement of a stable financial policy, summarised in the £M_3 target, required a reduction in the PSBR if interest rates were to be prevented from rising to an excessive level because of the need to finance the deficit from debt sales*. This is evident from the flow-of-funds money supply counterpart equation.
For all the faults in its operation, the benefits of the principles of such an approach should be clear: it does attempt to produce harmonisation of the stance of macroeconomic policy which can be contrasted with the tight monetary but loose fiscal policy stance of the Reagan era in the USA. In practice however, the UK experience was the converse, combining a loose monetary with a tight fiscal policy. Another important feature of the government's policy as initially conceived was the eschewal of an exchange rate policy and the commitment to a market-determined, floating exchange rate*. In the early years, at least, it was fortuitous that the commitment came at a time of a rising £; it was to provide the main mechanism through which monetary policy deflated the

economy in 1979-81 and set the conditions for falling inflation rates. As the exchange rate environment changed so did the government's policy, shifting increasingly towards a managed exchange rate* by the mid-1980s. Indeed, such was Mrs Thatcher's commitment to this that she became an adamant opponent of membership of the EMS. She wished to retain the freedom to depreciate if unemployment rose or to appreciate in order to combat inflation. Broadly speaking, such were the intentions of policy — to provide a non-inflationary environment in which an increasing market economy* would flourish. However, as is the case with all grand economic policy designs, the principles are more clear-cut than their application. The practice of the policy has, in fact, been laced with a good deal of pragmatism, if not some degree of opportunism as the government has had to respond to changing circumstances and failure, in many cases, to meet the intermediate policy targets that had been set. Such flexibility should not necessarily be held against the government: in an ever-changing world economic policy clearly must adapt and targets set at one time may not be relevant at another. Examples of shifts in emphasis in policy include the move from a single money supply* target* to multiple targets, and their subsequent abandonment. Another is the adoption of an exchange rate target which later had to be revised upwards as domestic and external pressures clashed. A further one is the use of asset sales* as a means of enabling the government simultaneously to reduce the PSBR and to cut personal tax rates*.
Despite these changes the following quotation from the ex-Chancellor signifies that the broad thrust of the government's policy has remained remarkably similar over a decade. Thus:

> The Government's job, in short, is to deal with the financial framework, which it can influence, rather than the activities of businesses and individuals within that framework ... I would maintain that provided the overall fiscal, monetary and exchange rate framework is sound, and markets are working effectively, the results of the private sector's economic activity should not normally be something in which it is sensible for Government to interfere (Lawson, 1988, p. 16) [1].

David Gowland et Stephen James, *in* Peter Curwen (ed.), *Understanding the British Economy*, p. 323-326.

1. Nigel Lawson, *The State of the Market*, London, Institute of Economic Affairs, 1988.

DOCUMENT IV.2. RELATIONSHIPS BETWEEN MONETARY AGGREGATES AND THEIR COMPONENTS IN THE UK

	Notes and coins in circulation with the public		Notes and coins in circulation outside the Bank of England
plus	Private sector non-interest-bearing sterling sight bank deposits	*plus*	Bankers' operational balances with the Bank of England
		equals	M_0
equals	Non-interest bearing M_1		
plus	Private sector interest-bearing sight bank deposits	*plus*	Private sector interest-bearing retail sterling deposits with banks and building societies and National Savings Bank ordinary accounts
equals	M_1		
		equals	M_2
plus	Private sector sterling time bank deposits Private sector holdings of sterling bank certificates of deposit		
equals	M_3		
plus	Private sector holdings of building society shares and deposits and sterling certificates of deposit	*plus*	Private sector foreign currency bank deposits
		equals	M_{3c}
less	Building society holdings of bank deposits and bank certificates of deposit, and notes and coin		
equals	M_4		
plus	Holdings by the private sector (excluding building societies) of money-market instruments (bank bills, Treasury bills, local authority deposits) certificates of tax deposit and National Savings instruments (excluding certificates, SAYE and other long-term deposits)	*plus*	Private sector foreign currency bank and building society deposits
		equals	M_{4c}
equals	M_5		

Source : David Gowland et Stephen James, *in* Peter Curwen (ed.), *Understanding the British Economy*, p. 311.

DOCUMENT IV.3. THE RESULTS OF MONETARY TARGETRY IN THE UK (successful outcomes are underlined)

Year targeted	Year of publication of FSBR (March), percentage increases								Outcome		Overshoot over top end of range	
	1979	1980	1981	1982	1983	1984	1985	1986				
£M3[1]												
1978–79	8–12											
1979–80	7–11								16.2		5.2	
1980–81		7–11							18.4		7.4	
1981–82		6–10	6–10						12.8		2.8	
1982–83		5–9	5–9	8–12					11.1		0.0	
1983–84		4–8	4–8	7–11	7–11				9.5		0.0	
1984–85				6–10	6–10	6–10			11.9		1.9	
1985–86					5–9	5–9	5–9		16.3		7.3	
1986–87						4–8	4–8	11–15	18.7		3.7	
1987–88						3–7	3–7				28.3	
1988–89						2–6	2–6				= 31.1%	
M1 and PSL2[2]									*M1*	*PSL2*	*M1*	*PSL2*
1982–83				8–12					12.3	11.5	0.3	0.0
1983–84				7–11	7–11				14.0	12.4	3.0	1.4
1984–85				6–10	6–10						3.3	1.4
1985–86					5–9						= 14.3%	= 6.1%
MO	1984	1985	1986	1987	1988	1989	1990					
1984–85	4–8								5.4		0.0	
1985–86	3–7	3–7							4.1		0.0	
1986–87	2–6	2–6	2–6						3.5		0.0	
1987–88	1–5	1–5	2–6	2–6					6.4		0.4	
1988–89	0–4	0–4	1–5	1–5	1–5				6.8		1.8	
1989–90			1–5	1–5	1–5	1–5			5.0		0.0	
1990–91				0–4	0–4	0–4	1–5				2.2	
1991–92					0–4	0–4	0–4				= 5.2%	
1992–93						−1–3	0–4					
1993–94							−1–3					

Notes: [1] Renamed M3 in May 1987; no longer published from June 1989. [2] Renamed M5 in May 1987. From 1982 onwards only the next year's figure was a target; those for subsequent years became 'illustrative ranges'.
Sources: Financial Statement and Budget Report; Financial Statistics, Bank of England.

Source : Christopher Johnson, *The Economy under Mrs Thatcher*, p. 274-275.

DOCUMENT IV.4. BANKS' BASE RATE IN THE UK 1977-1993

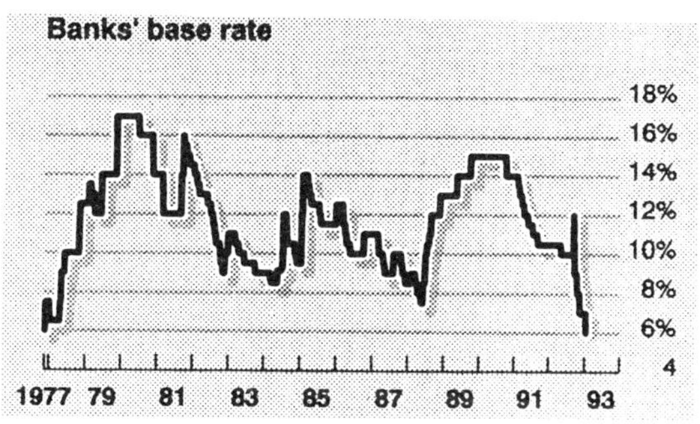

Source : *Financial Times*, 27 janvier 1993, p. 17.

DOCUMENT IV.5. DEREGULATION* AND THE MONETARIST EXPERIMENT

Financial deregulation [...] helped to sow the seeds for a rapid expansion of credit and, in other ways, served to stoke up the boom in the British economy in the second half of the 1980s. It also assisted in the derailing of the Thatcher Government's experiment in monetarism. [...]

For the Conservatives, the attraction of sterling M_3, apart from continuity, was that its growth was directly linked to the size of the public-sector borrowing requirement*. Thus, the Treasury could call in additional aid in its attempt to rein back public expenditure, by warning departmental spending ministers that any relaxation would jeopardize the central aim of policy: the achievement of a sustained reduction in inflation by means of money-supply control. The March 1980 Budget document, which launched the Government's medium-term financial strategy*, set out the policy clearly:

> Control over the money supply will over a period of years reduce the rate of inflation. The speed with which inflation falls will depend crucially on expectations both within the United Kingdom and overseas. It is to provide a firm basis for those expectations that the Government has announced its firm commitment to a progressive reduction in money-supply growth. Public-expenditure plans and tax policies* and interest rates will be adjusted as necessary in order to achieve that objective.

The difficulty was that sterling M_3, while affected by the size of the public-sector borrowing requirement, was influenced even more by the growth in bank lending. And banking deregulation, together with other measures which liberalized the financial system, had the precise effect of boosting bank lending and making sterling M_3 difficult to interpret. The first, and most dramatic, example of this was in the summer of 1980, following the removal of the banking corset*. At the time, the official target for the annual growth of sterling M_3 in the 1980-81 financial year, was 7-11 per cent. The Bank of England expected that the removal of the corset would lead to a one-off 3 per cent increase in sterling M_3, as lending that had gone on outside the banking system was brought back within it. The result, however, was much worse than this. There was an increase of 5 per cent in July and a further 3 per cent in August. In other words, over just these two months the growth of sterling M_3 had exceeded the lower end of its target range*. Its final growth rate of the 1980-81 financial year was just under 18 per cent, double the mid-point of its target range.

Exacerbated by the effects of deregulation, the problems in controlling sterling M_3 persisted. The March 1980 medium-term financial strategy set out target ranges for sterling M_3 declining gradually from 7-11 per cent in 1980-81 to 4-8 per cent in 1983-84. None of these original targets was achieved, and the newly

liberalized financial system appeared to be to blame. After all, inflation did fall sharply over the period — from a peak of 21.9 per cent in May 1980, to 3.7 per cent just three years later, in time for Thatcher's second general election victory in June 1983.
Did it matter? Control of the money supply, while central to the policy, was only a means to the end of low inflation. The removal of exchange and banking controls had apparently broken the link, such as it was, between the growth of broad money*, sterling M_3, and inflation. In monetarist terminology, the velocity of circulation* of sterling M_3 had fallen sharply.
The dilemma persisted. The Government had difficulty in hitting its money-supply targets, in spite of periodically adjusting them to take into account the faster monetary growth that was occurring. But, helped by a benign world economic environment, inflation remained generally low. By the autumn of 1985, when Nigel Lawson, the new Chancellor, temporarily suspended the sterling M_3 target, it was plain that the original monetarist experiment was being prepared for a decent burial. The target was revived, surprisingly, in the March 1986 Budget, with an apparently generous 11-15 per cent target range. But by the summer, with its growth rate at 20 per cent a year, the game was up.
David Smith, *From Boom to Bust*, p. 39-41.

DOCUMENT IV.6. ECONOMIC INDICATORS, MONEY AND FINANCE IN THE UK AND US

	UNITED STATES					UNITED KINGDOM				
	Narrow Money (M1)	Broad Money (M2)	Short Interest Rate	Long Interest Rate	Equity Market Yield	Narrow Money (M0)	Broad Money (M4)	Short Interest Rate	Long Interest Rate	Equity Market Yield
1985	9.0	8.9	8.00	10.59	n.a.	4.7	13.2	12.32	11.03	n.a.
1986	13.5	8.3	6.49	7.67	3.43	4.0	15.3	11.02	9.97	4.35
1987	11.6	6.5	6.82	8.39	3.12	4.7	14.6	9.77	9.52	3.60
1988	4.3	5.2	7.65	8.84	3.61	6.8	17.0	10.41	9.69	4.48
1989	1.0	3.9	8.99	8.49	3.43	5.9	17.5	13.96	10.30	4.36
1990	3.7	5.3	8.06	8.54	3.60	5.3	16.1	14.82	11.53	5.07
1991	5.9	3.3	5.87	7.85	3.21	2.4	8.2	11.58	10.04	4.97
1992	12.4	2.1	3.75	7.00	2.95	2.3	5.3	9.73	9.09	4.91

Source : *Financial Times*, 8 février 1993.

DOCUMENT IV.7. MAP OF THE FEDERAL RESERVE SYSTEM

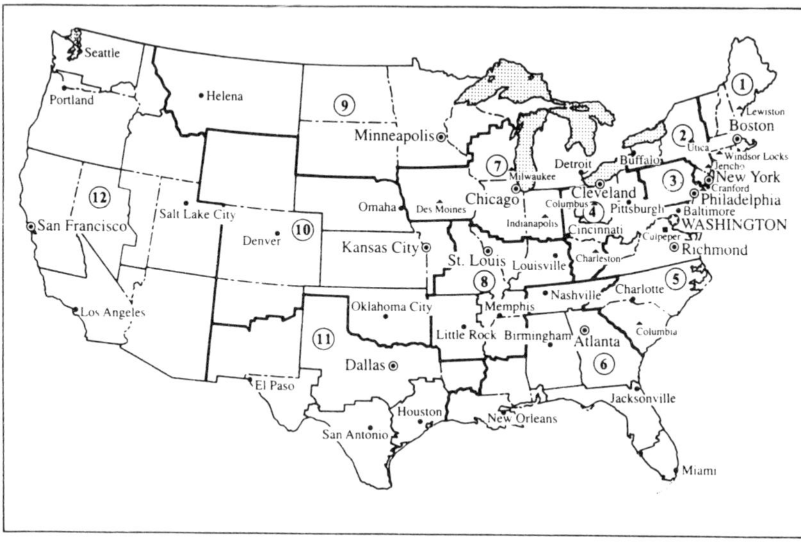

Source : *Federal Reserve Bulletin*, décembre 1992.

DOCUMENT IV.8. INFLATION AND CORE INFLATION IN THE US 1972-1991

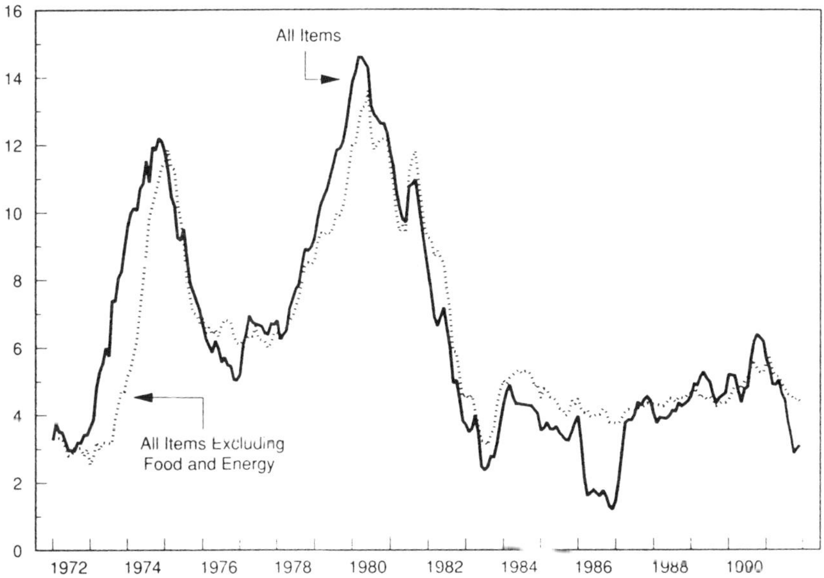

Note: Percent change in CPI from 12 months earlier.
Source: Department of Labor.

Source: *Economic Report of the President*, 1992.

DOCUMENT IV.9. MONEY STOCK AND LIQUID ASSETS IN THE US, 1980-1991

[**In billions of dollars**. As of **December**. Seasonally adjusted averages of daily figures. See *Historical Statistics, Colonial Times to 1970*, series X 410-417 for similar data]

ITEM	1980	1981	1982	1983	1984	1985	1986	1987	1988	1989	1990	1991
M1, total	**409**	**437**	**475**	**521**	**552**	**620**	**725**	**750**	**787**	**794**	**826**	**898**
Currency [1]	115	123	133	146	156	168	181	197	212	223	247	267
Travelers checks [2]	4	4	4	5	5	6	6	7	7	7	8	8
Demand deposits [3]	261	231	234	238	244	267	302	287	287	279	277	289
Other checkable deposits [4]	28	78	104	132	147	180	235	259	281	285	294	333
M2, total	**1,629**	**1,794**	**1,952**	**2,186**	**2,374**	**2,569**	**2,811**	**2,911**	**3,071**	**3,227**	**3,339**	**3,439**
M1	409	437	475	521	552	620	725	750	787	794	826	898
Nontransaction components in M2 [5]	1,221	1,356	1,477	1,665	1,822	1,949	2,087	2,160	2,284	2,433	2,513	2,541
Overnight repurchase (RP) agreements and Eurodollars [6]	29	37	40	56	61	73	82	84	83	78	75	76
Money market funds, general purpose and broker/dealer	62	151	185	138	167	176	208	222	242	316	349	361
Money market deposit accounts	(Z)	(Z)	43	379	418	515	572	525	502	487	507	[7] 1,043
Commercial banks	(Z)	(Z)	26	230	267	332	378	357	350	353	379	[7] 665
Thrift institutions	(Z)	(Z)	17	150	152	183	195	169	151	133	128	[7] 378
Savings deposits	398	342	355	305	286	300	368	412	424	404	411	([7])
Commercial banks	185	158	163	133	122	125	156	178	192	188	199	([7])
Thrift institutions	214	184	193	172	164	175	212	233	232	216	211	([7])
Small time deposits [8]	727	820	847	781	885	882	855	917	1,033	1,148	1,169	1,063
Commercial banks	286	346	378	349	385	384	366	388	447	531	606	599
Thrift institutions	441	474	469	432	499	498	489	530	586	618	562	464
M3, total	**1,987**	**2,234**	**2,441**	**2,693**	**2,987**	**3,203**	**3,494**	**3,681**	**3,923**	**4,060**	**4,115**	**4,172**
M2	1,629	1,794	1,952	2,186	2,374	2,569	2,811	2,911	3,071	3,227	3,339	3,439
Nontransaction components in M3 [5]	358	441	489	507	613	634	683	770	852	832	776	733
Large time deposits [9]	258	299	323	325	416	436	440	489	541	559	495	437
Commercial banks [10]	213	245	260	228	269	284	289	326	367	398	374	354
Thrift institutions	45	54	64	97	147	152	150	163	174	161	121	83
Term RP's and term Eurodollars [6] [11]	84	103	115	141	141	139	164	197	227	179	158	129
Money market funds, institution only	15	38	51	43	64	67	87	93	91	108	134	180
L, total	**2,324**	**2,596**	**2,850**	**3,154**	**3,529**	**3,830**	**4,134**	**4,339**	**4,678**	**4,892**	**4,967**	**4,989**
M3	1,987	2,234	2,441	2,693	2,987	3,203	3,494	3,681	3,923	4,060	4,115	4,172
Savings bonds	72	68	68	71	74	79	92	101	109	118	126	138
Short-term Treasury securities [12]	133	149	184	212	261	298	280	253	270	326	333	316
Bankers acceptances	32	40	44	45	45	42	37	44	40	40	34	23
Commercial paper [13]	99	105	114	133	161	208	231	261	336	349	359	340

Z Less than $500 million. [1] Currency outside U.S. Treasury, Federal Reserve Banks and the vaults of depository institutions. [2] Outstanding amount of nonbank issuers. [3] At commercial banks and foreign-related institutions. [4] Consists of negotiable order of withdrawal (NOW) and automatic transfer service (ATS) accounts at all depository institutions, credit union share draft balances and demand deposits at thrift institutions. [5] This sum is seasonally adjusted as a whole. [6] Not seasonally adjusted. [7] Data for savings deposits included with money market deposit accounts. [8] Issued in amounts of less than $100,000. Includes retail repurchase agreements. Excludes individual retirement accounts (IRAs) and Keogh accounts. [9] Issued in amounts of $100,000 or more. Excludes those booked at international banking facilities. [10] Excludes those held by money market mutual funds, depository institutions and foreign banks and official institutions. [11] Excludes those held by depository institutions and money market mutual funds. [12] U.S. Treasury bills and coupons with remaining maturities of less than 12 months held by other than depository institutions, Federal Reserve banks, money market mutual funds and foreign entities. [13] Excludes commercial paper held by money market mutual funds.

Source: Board of Governors of the Federal Reserve System, *Federal Reserve Bulletin*, monthly, and *Money Stock, Liquid Assets, and Debt Measures, Federal Reserve Statistical Release H.6*, weekly.

Source : *Statistical Abstract of the United States*, 1992.

DOCUMENT IV.10. FEDERAL RESERVE BANK OF NEW YORK, DISCOUNT RATES, 1979-1992

[**Percent per year**. Rates for short-term adjustment credit.

EFFECTIVE DATE	Rate	EFFECTIVE DATE	Rate	EFFECTIVE DATE	Rate	EFFECTIVE DATE	Rate
1979: July 20	10	Dec. 5	13	Dec. 15	8½	**1988:** Aug. 9	6½
Aug. 17	10½	**1981:** [1] May 5	14	**1984:** April 9	9	**1989:** Feb. 24	7
Sept. 19	11	Nov. 2	13	Nov. 21	8½	**1990:** Dec. 19	6½
Oct. 8	12	Dec. 4	12	Dec. 24	8	**1991:** Feb. 1	6
1980: [1] Feb. 15	13	**1982:** July 20	11½	**1985:** May 20	7½	April 30	5½
May 30	12	Aug. 2	11	**1986:** March 7	7	Sept. 13	5
June 13	11	Aug. 16	10½	April 21	6½	Nov. 6	4½
July 28	10	Aug. 27	10	July 11	6	Dec. 20	3½
Sept. 26	11	Oct. 12	9½	Aug. 21	5½	In effect, **March 31, 1992**	3½
Nov. 17	12	Nov. 22	9	**1987:** Sept. 4	6		

Source : *Statistical Abstract of the United States*, 1992.

DOCUMENT IV.11. MONEY MARKET INTEREST RATES AND MORTGAGE RATES, 1980-1991

[**Percent per year**. Annual averages of monthly data, except as indicated. See also *Historical Statistics, Colonial Times to 1970*, series X 444-453]

TYPE	1980	1981	1982	1983	1984	1985	1986	1987	1988	1989	1990	1991
Federal funds, effective rate	13.35	16.39	12.24	9.09	10.23	8.10	6.80	6.66	7.57	9.21	8.10	5.69
Commercial paper, 3-month [1] [2]	12.61	15.34	11.90	8.88	10.12	7.95	6.49	6.82	7.66	8.99	8.06	5.87
Prime rate charged by banks	15.26	18.87	14.85	10.79	12.04	9.93	8.33	8.21	9.32	10.87	10.01	8.46
Eurodollar deposits, 3-month	14.00	16.79	13.12	9.57	10.75	8.27	6.70	7.07	7.85	9.16	8.16	5.86
Finance paper, 3-month [2] [3]	11.49	14.08	11.23	8.70	9.73	7.77	6.38	6.54	7.38	8.72	7.87	5.71
Bankers acceptances, 90-day [2] [4]	12.67	15.34	11.89	8.91	10.17	7.91	6.38	6.75	7.56	8.87	7.93	5.70
Large negotiable CDs, 3-month, secondary market	13.07	15.91	12.27	9.07	10.37	8.05	6.52	6.86	7.73	9.09	8.15	5.83
Federal Reserve discount rate [5]	10-13	12-14	8½ -12	8½	8-9	7½ -8	5½ -7½	5½ -6	6-6½	6½ -7	6½ -7	3½ -6½
Taxable money market funds [6]	12.68	16.82	12.23	8.58	10.04	7.71	6.26	6.12	7.11	8.87	7.82	5.71
Certificates of deposit (CDs): [7]												
6-month	(NA)	(NA)	(NA)	(NA)	9.99	7.83	6.51	6.47	7.18	8.34	7.35	5.67
1-year	(NA)	(NA)	(NA)	(NA)	10.37	8.29	6.75	6.77	7.47	8.41	7.42	5.88
2 1/2-year	(NA)	(NA)	(NA)	10.06	10.82	9.00	7.13	7.16	7.77	8.33	7.52	6.29
5-year	(NA)	(NA)	(NA)	(NA)	11.25	9.66	7.60	7.66	8.11	8.30	7.71	6.83
U.S. Government securities: [8]												
3-month Treasury bill	11.39	14.04	10.60	8.62	9.54	7.47	5.97	5.78	6.67	8.11	7.50	5.38
6-month Treasury bill	11.32	13.81	11.06	8.74	9.78	7.65	6.02	6.03	6.91	8.03	7.46	5.44
1-year Treasury bill	10.85	13.16	11.07	8.80	9.94	7.81	6.07	6.33	7.13	7.92	7.35	5.52
Home mortgages:												
HUD series: [9]												
FHA insured, secondary market [10]	13.44	16.31	15.30	13.11	13.81	12.24	9.91	10.16	10.49	10.24	10.17	9.25
Conventional, new-home [11] [12]	13.95	16.52	15.79	13.43	13.80	12.28	10.07	10.17	10.30	10.21	10.08	9.20
Conventional, existing-home [11]	13.95	16.55	15.82	13.44	13.81	12.29	10.09	10.17	10.31	10.22	10.08	9.20
Conventional, 15 yr. fixed [7]	(NA)	(NA)	(NA)	(NA)	(NA)	(NA)	10.05	10.04	10.14	10.05	9.67	8.76
Conventional, 30 yr. fixed [7]	(NA)	(NA)	(NA)	(NA)	(NA)	(NA)	10.39	10.40	10.38	10.26	10.01	9.09

NA Not available. [1] Based on daily offering rates of dealers. [2] Yields are quoted on a bank-discount basis, rather than an investment yield basis (which would give a higher figure). [3] Placed directly; averages of daily offering rates quoted by finance companies. [4] Based on representative closing yields. From Jan. 1, 1981, rates of top-rated banks only. [5] Federal Reserve Bank of New York, low and high. The discount rates for 1980 and 1981 do not include the surcharge applied to frequent borrowings by large institutions. The surcharge reached 3 percent in 1980 and 4 percent in 1981. Surcharge was eliminated in Nov. 1981. [6] 12 month yield for period ending December 31. Source: IBC/Donoghue, Inc., Ashland, MA, *IBC/Donoghue's Money Market Insight*, monthly (copyright). [7] Annual averages. Source: Financial Rates, Inc., North Palm Beach, FL, *Bank Rate Monitor*, weekly (copyright). [8] Averages based on daily closing bid yields in secondary market, bank discount basis. [9] HUD=Housing and Urban Development. [10] Averages based on quotations for 1 day each month as compiled by FHA. [11] Primary market. [12] Average contract rates on new commitments.

Source of tables 804-806: Except as noted, Board of Governors of the Federal Reserve System, *Federal Reserve Bulletin*, monthly, and *Annual Statistical Digest*.

Source : *Statistical Abstract of the United States*, 1992.

DOCUMENT IV.12. THE TRIUMPHANT FED

In October 1979 the Federal Reserve, under the leadership of Paul Volcker, made a dramatic announcement: Henceforth it would make the targeting* of monetary aggregates* its chief priority. Publicly, it appeared that monetarism* had prevailed.

Three years later the Fed announced that it was abandoning its monetary targets for the year. Since then it has repeatedly done the same, and the targets have attracted steadily less attention. So the Fed, if it was ever monetarist, was monetarist for less than three years.

In retrospect, it seems clear what happened. The Federal Reserve was never monetarist. But it did need to win a major victory against inflation — both for the sake of the economy and to preserve its own treasured independence. It also knew that victory over inflation wouldn't come cheap (rational expectations* had few friends at the Fed). The only reliable victory, in its view, would require a deep recession. The question was: How could the Fed persuade the country to swallow such bitter medicine?

Monetarism was the perfect answer. The Fed never said: ''We propose to put the country through the worst recession since the 1930s, so that unemployment and excess capacity force the inflation rate down.'' It simply gave in to its critics and adopted monetary targets. Trying to meet these targets, not incidentally, meant putting the economy through the wringer. But who could criticize the Fed when all it was doing was what it most vociferous critics had been urging all along?

By the late summer of 1982 US inflation was subsiding, but the recession seemed in danger of spiralling out of control. The sudden emergence of the Third World debt crisis raised fears of financial chaos. The result? The Fed cast off its monetarist cloak and returned to an active, discretionary policy. The money spigots were opened, and the economy began a rapid economic recovery. Subsequently the Fed has felt free to fine-tune* — reining in the money supply when it fears a resurgence of inflation, pumping it up when the recovery seems to be flagging. In other words, the Fed went back to its traditional position that it knows best, and should not be tied down by someone else's rules.

For those concerned with the long-term independence of the Federal Reserve, the results could not have been better. The limited victory over inflation restored the country's confidence in monetary policy. The pain of the recession was quickly forgotten as the economy recovered. And despite occasional sniping from the White House, the Reagan-Bush Administration had little to complain about: The pain came early in Reagan's first term, the recovery came soon enough to fuel a landslide in 1984, and it continued long enough to let Bush coast in four years later.

From a monetarist perspective, Federal Reserve policy since 1982 has been nothing short of scandalous. The rate of money growth has shifted erratically, sometimes rising to double digits*, sometimes becoming negative. For several years after the abandonment of targets, monetarists — Friedman in particular — routinely forecast a disastrous acceleration of inflation and/or a severe recession as a result of monetary instability. Yet the actual result has been remarkably smooth sailing, with both the inflation rate and the rate of GNP growth far more stable in the second half of the 1980s than they had been for a long time. There are still monetarists, but they almost seem like relics now. Milton Friedman's forecasts of doom were at first taken seriously, then ridiculed, then ignored. The gold standard* still has friends at the *Wall Street Journal*, but in few other places. At least for now the Fed is where it wants to be: independent, trusted, and not too closely scrutinized.

The Federal Reserve is currently in a strong position, based upon its perceived success. Yet there is in that position a basic vulnerability of which the Fed is all too well aware.

The problem is that the United States has two major economic worries — the trade deficit *and* inflation — while the Federal Reserve has just one policy instrument: control over money and credit. The textbooks tell us that monetary policy needs to be supplemented with fiscal policy to achieve macroeconomic goals. Translated, that means that you can't count on having both acceptable inflation and acceptable trade performance unless you are willing to do something about your budget deficit as well as your money supply. With the Federal deficit trapped in political amber, however, the Federal Reserve bears the entire burden of stabilizing the economy.

So far, the Fed has been both lucky and skillful in reconciling these goals. It has kept inflation under control, and the trade deficit has remained tolerable. But there is a lurking danger that growing pressures to do something about the trade deficit will undermine the commitment to keeping inflation down. There is continuing political pressure on the Federal Reserve to adopt ''soft money'' policies that would keep interest rates and the dollar low, even at the risk of inflation. Should the Fed give in to these pressures, the end result could easily be an inflationary resurgence — squandering the gains won at such enormous cost.

Paul Krugman, *The Age of Diminished Expectations*, chapitre 7 (extrait).

TROISIÈME PARTIE

La politique micro-économique

"The government of business is not the business of government."

Nigel Lawson, 1982.

Dans le domaine micro-économique, les politiques menées de part et d'autre de l'Atlantique dans les années 80 participent d'un même désir de promouvoir le cadre le plus favorable possible au développement de l'initiative individuelle et au libre jeu des forces du marché. Toutefois, les structures économiques et juridiques régissant le fonctionnement des différents secteurs d'activité étant propres, pour des raisons historiques et institutionnelles, à chacun des deux pays, les réformes mises en œuvre ont elles aussi pris des formes spécifiques, entre lesquelles une comparaison systématique s'avère délicate. C'est pourquoi, contrairement à la démarche suivie dans les autres parties, il a semblé préférable de traiter ici séparément de l'expérience de chacun des deux pays. Le chapitre V est donc consacré à l'étude des mesures mises en œuvre aux Etats-Unis, le chapitre VI examinant les réformes introduites au Royaume-Uni.

CHAPITRE V

L'Etat fédéral et le marché : le remodelage du dispositif réglementaire aux Etats-Unis

1. DE LA RÉGLEMENTATION A LA DÉRÉGLEMENTATION DE L'ÉCONOMIE AMÉRICAINE : BREF RAPPEL HISTORIQUE ET THÉORIQUE

Les Etats-Unis se sont construits sur l'idée que leur prospérité résulterait de l'initiative individuelle et que l'Etat devait se cantonner à limiter les entraves à la liberté d'entreprendre. Aussi Thomas Jefferson se déclarait-il favorable, dans son discours d'investiture (1801), à une forme de « gouvernement avisé et frugal, qui [empêcherait] les hommes de se nuire mutuellement et les [laisserait] par ailleurs libres de se livrer à leurs entreprises »,[1] faisant en quelque sorte écho à l'un des griefs exprimés, dans la Déclaration d'Indépendance (1776), à l'encontre du roi d'Angleterre George III qui avait « créé [en Amérique] une multitude de nouveaux offices et envoyé des essaims de fonctionnaires pour harceler notre peuple et dévorer sa substance ».

1. « [...] a wise and frugal government, which shall restrain men from injuring each other, which shall leave them otherwise free to regulate their own pursuits of industry and improvement ».

Toutefois il faut se garder de croire que le rôle de la puissance publique était conforme, aux origines de la démocratie américaine, à l'idée d'Etat minimal chère aux économistes classiques : bien au contraire l'Etat fédéral, les Etats fédérés et les collectivités locales intervenaient activement, chacun à son niveau de compétences, d'abord pour soutenir l'entreprise privée par des crédits, des subventions, par la vente ou le don de terres publiques, mais également pour investir dans de vastes projets d'infrastructures ou pour protéger les producteurs américains contre la concurrence étrangère grâce à la mise en place de barrières douanières[2]. De plus, en raison des orientations prises par l'économie américaine au XIXe siècle, notamment pendant la période de développement économique intense qui suivit la guerre de Sécession, il devint de plus en plus clair que l'activité de certains agents, qui risquait de nuire à l'entreprise individuelle et à l'intérêt collectif, devrait être réglementée. Sous la pression du mouvement populiste, le Congrès réagit alors contre la puissance des barons de l'industrie qui étaient en passe de s'assurer le contrôle de pans entiers de l'économie, comme le transport ferroviaire ou l'exploitation pétrolière, en affirmant le principe de l'encadrement de l'entreprise privée par la puissance publique.

Pour limiter le pouvoir des « trusts », deux stratégies étaient possibles : soit interdire les fusions ou les rachats entre sociétés détenant des parts de marché trop importantes, de façon à les empêcher d'acquérir une position dominante, soit protéger le consommateur contre les abus auxquels risquaient de se livrer certaines entreprises opérant sur des marchés où la concurrence était imparfaite, en mettant en place des organismes réglementant leur activité. Ces deux options s'incarnèrent dans deux textes législatifs auxquels on peut faire remonter les origines de l'intervention de l'Etat fédéral dans la sphère micro-économique : la loi sur le commerce entre Etats fédérés (*Interstate Commerce Act*), qui institua en 1887 la première agence de réglementation fédérale, l'*Interstate Commerce Commission*, chargée de contrôler les tarifs et les pratiques des sociétés de transport ferroviaire et fluvial, et la loi Sherman (*Sherman Act*) qui interdit les pratiques commerciales restrictives et les monopoles dans tous les autres secteurs

2. Cf. Marie-France Toinet, Hubert Kempf et Denis Lacorne (120), notamment première partie.

d'activité. Le choix entre l'une ou l'autre stratégie dépendait parfois de l'appréciation que les autorités portaient sur l'opportunité de permettre à certaines entreprises de détenir un monopole sur tel ou tel marché. En effet, lors que certains secteurs semblaient légitimer l'existence de monopoles « naturels », en raison du coût des infrastructures et des économies d'échelle que pouvait réaliser un opérateur unique, opérant sans concurrence (c'était le cas, par exemple, des télécommunications, mais aussi de la production et de la distribution du gaz, de l'électricité ou de l'eau), d'autres exigeaient, pour permettre une allocation optimale des ressources, que la concurrence puisse jouer pleinement. Dans le premier cas, l'action de l'Etat devait donc consister à réglementer les monopoles, dans le second, à empêcher qu'ils ne se constituent, en s'engageant dans la lutte antitrust.

Née à la fin du XIXe siècle, la réglementation de l'activité économique par l'Etat fédéral s'est ensuite développée progressivement jusqu'au milieu des années 70, notamment pendant les années 30 et les années 60[3]. Elle a en revanche reflué depuis 1975, sous l'influence combinée des évolutions technologiques apparues sur certains marchés et du recul des thèses favorables à l'intervention de l'Etat. En effet, alors que l'analyse néoclassique en justifiait le principe en montrant que le comportement optimal d'une entreprise en situation de monopole différait de l'optimum social, dans les années 60 et 70, certains économistes mirent en évidence les inconvénients que comportait la réglementation, qu'il s'agisse de la collusion qui pouvait s'instaurer entre les agences de tutelle et les entreprises qu'elles contrôlaient, de la façon dont les règles en vigueur pouvaient déformer la structure des prix ou réduire la gamme des produits proposés, ou tout simplement des lenteurs administratives qu'elle occasionnait et du surcoût que devaient acquitter le consommateur ou le contribuable. La théorie des marchés contestables, qui fut développée à la fin des années 70, c'est-à-dire à un moment où le processus de déréglementation était déjà largement engagé, devait enfin servir à conforter le législateur dans la certitude que les mesures qu'il avait souvent mises en œuvre sous la pression des circonstances étaient bien justifiées. Elle reposait en effet sur l'idée que le caractère concurrentiel d'un marché dépend non

3. Pour une liste récapitulative de l'ensemble des textes votés pour réglementer l'activité économique aux Etats-Unis, se reporter à Tom Kemp (99), tableau 7.4, p. 173-176.

pas du nombre d'opérateurs, mais de la facilité qui est donnée à des opérateurs potentiels d'y entrer[4]. Si l'on estime que chaque opérateur s'oppose non seulement à ses concurrents effectifs, mais à tous ceux qui pourraient venir lui contester sa place, ce qui importe, ce n'est pas tant le nombre d'entreprises assurant l'offre sur un marché donné que l'absence de barrière à l'entrée afin qu'aucun opérateur ne puisse se constituer une chasse gardée. Dans cette perspective, l'intervention de la puissance publique ne doit plus consister à préserver le caractère concurrentiel des marchés, mais simplement à faire en sorte que les prix pratiqués reflètent les gains de productivité que les entreprises ont pu enregistrer, de façon que ceux-ci puissent bénéficier aux consommateurs.

Le processus de déréglementation de l'économie américaine est souvent associé, à tort, à la présidence de Ronald Reagan. En fait il était déjà très largement entamé en 1981, l'essentiel des textes ayant été votés par le Congrès sous les mandats de Gerald Ford et de Jimmy Carter, et le mouvement ne fera que se poursuivre entre 1981 et 1987[5]. La présidence de George Bush correspondra au contraire à une résurgence de la réglementation dans le secteur de la protection sociale et de l'environnement, alors que dans d'autres domaines, comme dans celui des activités bancaires et financières, les tentatives visant à approfondir l'œuvre entamée précédemment se heurteront à l'hostilité du Congrès[6].

Comme on le constate à la lecture du tableau reproduit dans le document V.1, le processus de déréglementation a affecté quatre secteurs principaux : l'énergie, où il a pris la forme d'une libération progressive des prix du pétrole et du gaz naturel, les transports, les télécommunications et les activités bancaires et financières. Dans chaque cas, les modalités de mise en œuvre ont varié en fonction du contexte économique et des évo-

4. Cf. William Baumol et *al.*, *Contestable Markets and the Theory of Industry Structure*, New York, Harcourt Brace Jovanovich, 1982. Nouvelle édition 1988.

5. Cf., en plus du tableau reproduit dans le document V.1, *infra*, *Economic Report of the President*, 1983, chapitre 5 ; OCDE (108), 1985, chapitre V. On pourra également consulter Susan J. Tolchin et Martin Tolchin, *Dismantling America*, New York, Houghton Mifflin, 1983 ; Robert E. Lilan et William D. Nordhaus, *Reforming Federal Regulation*, Yale University Press, 1983 ; Elizabeth E. Bailey, « Deregulation : Causes and Consequences », *Science*, 5 décembre 1986, p. 1211-1216.

6. Cf. Jonathan Rauch, « The Regulatory President », *National Journal*, 30 novembre 1991, p. 2902-2906.

lutions technologiques qui devaient être prises en compte, et il n'est donc guère surprenant que l'ampleur des réformes et leurs incidences aient été fort différentes d'un secteur à l'autre[7].

2. LA DÉRÉGLEMENTATION DES TRANSPORTS

2.1. *Le transport aérien*[8]

Pendant quarante ans, de 1938 à 1978, le secteur du transport aérien inter-Etats était resté figé en une structure de cartel fonctionnant sous la tutelle du Conseil de l'aviation civile (*Civil Aeronautics Board*), qui contrôlait les tarifs pratiqués, accordait aux différentes compagnies le droit d'exploiter telle ou telle ligne, et interdisait l'entrée du marché à de potentiels concurrents : ainsi, à une époque où le transport aérien connaissait un développement spectaculaire, pas une seule nouvelle compagnie ne put obtenir du *CAB* l'autorisation d'accéder au marché. Or cette situation, fort confortable pour les compagnies, comportait, pour le consommateur, l'inconvénient de maintenir les tarifs à un niveau nettement plus élevé que celui auxquels ils se seraient situés sur un marché concurrentiel. La comparaison entre les prix pratiqués par des compagnies opérant à l'intérieur d'un Etat, et qui ne relevaient donc pas de la tutelle du *CAB* et ceux qu'affichaient les entreprises réglementées était, sur ce point, fort éclairante.

Sous la pression des consommateurs, le *CAB* amorça, en 1977, une libération des prix et commença à ouvrir le marché à de nouveaux opérateurs. L'année suivante, le Congrès votait la loi sur la déréglementation des transports aériens (*Airline Deregulation Act*), qui prévoyait une levée progressive des contrôles exercés par le *CAB* : celui-ci devait perdre, à la fin de l'année 1981, le pouvoir de répartir l'exploitation des lignes entre les différents opérateurs, cesser de contrôler les tarifs en 1983, et finir par

7. Pour une analyse plus détaillée, cf. par exemple *Economic Report of the President*, 1983, 1988, 1992, 1993.

8. Cf. *Economic Report of the President*, 1988, chapitre 6 ; Elizabeth E. Bailey, *Deregulating the Airlines*, Cambridge (Mass.), MIT Press, 1985.

disparaître en 1985. Conformément aux dispositions de cette loi, le *CAB* a effectivement disparu et ses fonctions en matière de sécurité ont été transférées à d'autres organismes, en particulier au Département des transports.

Les conséquences de ces mesures ont été de divers ordres [9]. Dans un premier temps, on a assisté à une intensification de la concurrence : le nombre de compagnies est passé de 34 en 1978 à 72 en 1980 alors que la part de marché détenu par les principales d'entre elles tombait, au cours de la même période, de 87,3 % à 80,4 %. Ce phénomène s'est accompagné d'une modification de l'organisation du réseau, une structure en étoile autour de plaques tournantes (*hub and spoke network*), qui présentait l'avantage d'être beaucoup plus rentable pour les compagnies, venant se substituer à la structure linéaire imposée préalablement par le *CAB* [10]. Du fait de la demande limitée sur bon nombre de liaisons interurbaines, ainsi que des économies d'échelle liées à la dimension des appareils, les compagnies ont en effet pu abaisser leurs coûts en regroupant aux aéroports plaques tournantes des passagers d'origines différentes et en les répartissant entre différents appareils de moindre capacité pour les acheminer jusqu'à leur destination finale.

L'intensification de la concurrence a d'abord été bénéfique pour le consommateur, puisqu'elle s'est traduite par une baisse des prix : les nouveaux venus tels People Express pratiquaient des tarifs parfois inférieurs de moitié à ceux des *majors* pour attirer une clientèle potentielle qui ne demandait qu'à délaisser d'autres moyens de transport. D'où une progression très nette du nombre des vols et des passagers embarqués, qui ne tarda pas à provoquer un engorgement des aéroports et donc des retards et des incidents qui mécontentèrent la clientèle traditionnelle habituée à une meilleure qualité du service [11]. En revanche, malgré l'exploitation médiatique à laquelle ont donné lieu les quelques accidents meurtriers survenus dans les années 80, il ne semble pas, d'après les études qui ont été réalisées sur ce sujet, que la déréglementation ait entraîné une dégradation de la sécurité du transport aérien.

9. Cf. documents V.1 et *infra*.
10. Cf. OCDE (108), 1985, annexe 3.
11. Le mouvement de grève lancé par les contrôleurs aériens en 1981 est également à replacer dans ce contexte.

Mais la concurrence sauvage qui régna pendant les années qui suivirent la déréglementation réduisit les marges des opérateurs et les rendit ainsi beaucoup plus vulnérables. Pour réduire leurs coûts, ils procédèrent à des licenciements et à des réductions de salaires qui provoquèrent des mouvements sociaux, notamment au cours de l'été 1989. Par ailleurs les *majors* ne tardèrent pas à s'organiser pour répondre au défi que leur lançaient leurs concurrentes nouvelles venues : la mise en place de réseaux nationaux de réservation électronique (*computerized reservation systems, CRS*) à l'usage des agences de voyages, tel le réseau SABRE géré par American Airlines ou le système Apollo mis au point par United Airlines, dont étaient exclus les petits opérateurs, fut à cet égard un coup de maître qui leur permit de reconquérir leur position dominante sur le marché. D'où de nombreuses faillites et, depuis le milieu des années 80, une vague de fusions et d'acquisitions qui a abouti à une concentration spectaculaire du marché : le secteur se trouvait en 1990 entre les mains de 60 transporteurs (contre 86 en 1985), parmi lesquels 7 *majors* (contre 12 en 1978), qui détenaient 95 % du marché. Par ailleurs, alors que les tarifs avaient eu tendance à remonter sensiblement entre 1985 et 1989, la crise mondiale que traversait le transport aérien à partir de 1990 a conduit à une guerre des prix qui a eu des conséquences catastrophiques sur la rentabilité des compagnies. Eastern Airlines, Midway et Pan Am ont ainsi disparu en 1991, alors que Continental, America West et TWA se sont trouvées dans l'obligation de se placer sous la protection du chapitre 11 de la loi sur les faillites, qui les met à l'abri de leurs créanciers pendant une période de sursis qui leur est accordée pour tenter de mettre en œuvre la restructuration indispensable à leur survie. Les compagnies qui ont mieux résisté à la crise tentent quant à elles de s'affirmer face aux trois grandes que sont American Airlines, United Airlines et Delta Airlines en s'alliant avec des compagnies étrangères : ainsi Northwest Airlines s'est-il rapproché de KLM alors que, après des mois de négociations, British Airways obtenait de l'administration Clinton l'autorisation de prendre une participation de 300 millions de dollars dans le capital de US Air en échange de la promesse que le marché britannique serait dorénavant plus ouvert aux compagnies américaines[12].

12. Cf. document V.2, *infra*.

Au total donc, si le consommateur a bénéficié de la baisse des tarifs résultant de la déréglementation, c'est au prix d'une dégradation de la qualité moyenne du service qui lui est proposé. Par ailleurs, du côté des entreprises, les effets ont été dévastateurs et la déréglementation, dont on attendait une concurrence accrue, s'est traduite par un phénomène de concentration conjugué à une chute spectaculaire de la rentabilité du secteur. Il n'est guère étonnant, dans ces conditions, que la question de la re-réglementation soit aujourd'hui posée, même si pour certains seul l'achèvement du processus entamé en 1978 pourra permettre de résoudre les difficultés présentes[13].

2.2. Le transport routier et ferroviaire

Jusqu'aux années 70 le transport routier et ferroviaire était réglementé par l'*Interstate Commerce Commission*, qui disposait de pouvoirs fort étendus : elle contrôlait l'entrée des opérateurs sur le marché par le biais des permis qu'elle leur délivrait, fixait les tarifs qu'ils pouvaient pratiquer, les itinéraires qu'ils pouvaient exploiter et dictait un certain nombre de normes en matière de qualité du service dû aux clients. Ce système présentait l'inconvénient d'imposer une structure rigide difficilement adaptable aux évolutions technologiques et économiques, et de maintenir un niveau de prix largement supérieur à celui qu'aurait permis de réaliser un marché concurrentiel. Mais elle était confortable pour les entreprises, qui bénéficiaient en quelque sorte de droits acquis qu'elles pouvaient conserver à l'abri de la réglementation. Leurs marges d'exploitation leur permettaient par ailleurs d'accorder des rémunérations et des avantages appréciables à leurs salariés, si bien que ceux-ci étaient favorables au maintien du *statu quo*. C'est donc essentiellement sous la pression des usagers que le Congrès vota les mesures qui allaient aboutir à démanteler une grande partie des réglementations préexistantes.

Dès 1976, le *Railroad Revitalization and Regulatory Reform Act* assouplissait les règles en vigueur dans le secteur du transport ferroviaire. Cette loi était complétée, en 1980, par le *Staggers Rail Act* qui autorisait, pour

13. Cf. *Economic Report of the President*, 1988, chapitre 6, et document V.2, *infra*.

le transport des marchandises, une coopération entre le rail et le transport routier ou fluvial. Comme on pouvait s'y attendre, ces mesures se sont traduites par un abaissement des coûts et une plus grande souplesse d'exploitation mais aussi par une concentration de l'activité entre les mains de quelques compagnies dominantes : en 1986, les 6 plus grosses d'entre elles détenaient 86 % du marché du fret ferroviaire et réalisaient 93 % des bénéfices du secteur.

Une évolution similaire fut observée dans le secteur du transport routier, qu'il concerne les marchandises ou les passagers. Au début des années 1980, ce secteur, qui comprenait 17 000 entreprises et employait 1,2 million de personnes, souffrait de problèmes inhérents à la réglementation mise en œuvre par l'*Interstate Commerce Commission*, notamment depuis les années 30. La commission réglementait et attribuait les permis, tout en fixant les types de produits que chaque entreprise de camionnage pouvait transporter et les itinéraires sur lesquels elle pouvait opérer. Il en allait de même pour le transport par autobus, dont les tarifs étaient étroitement surveillés : le secteur était dominé par deux géants, Greyhound Lines et Continental Trailways, qui réalisaient 75 % du chiffre d'affaires et desservaient 80 % des villes américaines, alors que le millier d'autres compagnies ne détenaient que le cinquième du marché. La réglementation avait ainsi pour effet de limiter l'expansion des petites entreprises et de rendre l'accès au marché difficile, puisque, pour obtenir une licence, il fallait pouvoir démontrer que le service proposé allait dans l'intérêt du public. Le système aboutissait aussi à faire payer aux clients des tarifs supérieurs à ceux qui auraient été pratiqués si le marché avait été véritablement concurrentiel, et si beaucoup de transporteurs n'avaient pas été contraints, du fait de la structure des permis, de faire circuler des camions partiellement remplis (*Less than Truckload*, LTL).

Sous la pression des utilisateurs, qui pouvaient observer, à la fin des années 70, la baisse des tarifs à laquelle avait conduit la déréglementation du transport aérien, le Congrès fit procéder à une étude sur le gaspillage et les pratiques anticoncurrentielles engendrées par la réglementation. Conforté par les résultats de cette étude, il vota entre 1980 et 1982 trois lois dont l'effet fut de supprimer une grande partie des règles antérieures. Le *Motor Carrier Act*, le *Household Goods Transportation Act* et le *Bus Regulatory Reform Act* ont en effet permis de simplifier considérablement les demandes d'attribution de permis, de lever toutes les entraves portant sur la nature des produits que les transporteurs étaient autorisés à acheminer, et de leur donner une plus grande liberté pour le choix de leurs itinéraires et la fixation de leurs tarifs.

Les conséquences de ces mesures ont été très semblables à celles que l'on a pu observer pour le transport aérien. Une multitude de nouveaux opérateurs sont ainsi apparus sur le marché : leur nombre est passé de 17 000 à 32 000 pour le camionnage et de 1 000 à 3 000 pour le transport par autobus, une spécialisation s'instaurant souvent entre des entreprises de dimension nationales et d'autres, de dimension plus modeste, se limitant aux marchés locaux ou régionaux. Cette séparation des tâches s'est accompagnée de l'adoption d'une structure en étoile qui n'est pas sans rappeler celle qu'ont adoptée les compagnies aériennes : dans le cas des petites cargaisons, les envois de différentes origines sont regroupés dans de grands terminaux et redistribués dans différents camions qui les acheminent vers leurs différentes destinations. Les économies d'échelle liées à la dimension des véhicules sont appréciables, et chaque type d'opérateur peut ainsi améliorer sa rentabilité. Cela n'a cependant pas empêché le développement d'une concurrence sauvage et d'une guerre des prix qui a profité aux utilisateurs mais s'est avérée fatale pour bien des entreprises. Ainsi, si les entrées sur le marché ont été nombreuses, les sorties par faillite ou absorption l'ont également été et la rentabilité des investissements a baissé, tout comme les marges d'exploitation. Cela a contraint de nombreux opérateurs à limiter leurs investissements — d'où un vieillissement du parc — mais aussi à tenter de réduire leurs coûts par une réduction de leur personnel. Les licenciements ont donc été nombreux, en particulier au début des années 80, puisque les effets de la déréglementation se sont alors conjugués à la chute du niveau général de l'activité économique : un tiers des camionneurs perdirent leur emploi entre 1980 et 1983. La plupart d'entre eux furent, il est vrai, réembauchés au cours des années de croissance qui suivirent.

3. LE SECTEUR BANCAIRE : UNE DÉRÉGLEMENTATION INACHEVÉE[14]

L'activité bancaire est régie, depuis le début du siècle, par une série de textes votés par le Congrès pour créer un environnement sûr, propice au développement des banques et visant à empêcher les faillites, et pour éviter que le pouvoir financier ne soit concentré entre les mains de quelques individus ou groupes d'individus. L'objectif était donc tout à la fois de stimuler le développement de l'activité économique et de protéger les clients des banques, et notamment les petits épargnants. Les dispositions contenues dans une partie de ces lois (*Banking Act* de 1864 et surtout *Glass-Steagall Act* de 1933) visaient à introduire un cloisonnement fonctionnel, une séparation très stricte entre les activités des différentes institutions financières. D'un côté, les banques commerciales (*commercial banks*) se voyaient interdire de vendre ou d'acheter pour leur propre compte ou pour celui de leurs clients des valeurs mobilières, à l'exception toutefois de celles qui étaient émises par l'Etat fédéral, les Etats fédérés ou les municipalités, ou encore de prendre des participations dans des banques d'affaires ; de l'autre, les banques d'affaires (*merchant/investment banks*) ne pouvaient recevoir des dépôts. La législation visait également à empêcher tout mouvement de concentration, en particulier par l'interdiction de l'*interstate banking*, c'est-à-dire de l'expansion des activités d'un établissement bancaire au-delà des frontières de l'Etat dans lequel se trouvait son siège (*McFadden Act*, 1927), et par une application très stricte de la législation antitrust (*Bank Holding Company Act*, 1956, et *Bank Merger Act*, 1960).

L'existence de ce carcan réglementaire avait donné naissance à un système extrêmement fragmenté, et l'on dénombrait à la fin des années 70 plus de 40 000 institutions de dépôt qui se trouvaient affaiblies par l'obligation qui leur était faite de se cantonner dans un domaine d'activité limité. La législation fédérale était en effet aggravée par les différentes lois adoptées dans chacun des Etats fédérés : dans certains, il était interdit à une banque d'ouvrir plus d'une agence (*unit banking*), dans d'autres, les agences

14. Cf. document V.3, *infra*.

devaient être situées dans la même zone d'influence économique, alors que l'Etat de New York ou la Californie n'opposaient aucune restriction au développement géographique des banques dont le siège se trouvait sur leur territoire (*branch banking*).

L'évolution de l'environnement économique et de la technologie qui se produisit dans les années 70 rendit ces réglementations inadaptées aux réalités du temps. Les évolutions technologiques, et en particulier le recours accru à l'informatique, eurent pour effet de bouleverser bon nombre de pratiques traditionnelles. Il en fut ainsi de l'informatisation de la gestion interne des banques, du développement des guichets automatiques (*automatic tellers*), qui rendait caduque l'interdiction pesant sur l'*interstate banking*, de la possibilité d'effectuer des transferts électroniques de fonds entre institutions bancaires, qui permettait aux banques de placer tout surplus disponible, pour de courtes périodes de temps, d'un bout à l'autre de la planète, sur les marchés financiers internationaux, et vidait les lois McFadden et Glass-Steagall d'une grande partie de leur sens.

L'évolution de l'environnement économique fut encore bien plus déterminante. L'un des aspects les plus importants de la loi Glass-Steagall, en dehors de la distinction entre banques d'affaires et banques commerciales, résidait en effet dans la mise en place de plafonds réglementaires pour les taux d'intérêt créditeurs que les banques étaient autorisées à verser sur les comptes à vue et à terme. Ces plafonds, fixés par la « Réglementation Q » à 5,25 % pour les banques et à 5,50 % pour les caisses d'épargne (*Savings and Loan associations,* S&Ls) en 1965, à une époque où l'inflation (mesurée par la hausse de l'indice des prix à la consommation) était de 1,8 %, restèrent en vigueur pendant les années 70, au moment où la poussée inflationniste conduit à une élévation spectaculaire des taux d'intérêt nominaux débiteurs : en moyenne annuelle, le *prime rate* atteignait ainsi 10,8 % en 1974, 12,7 % en 1979 et 15,3 % en 1980. Le système bancaire et les institutions d'épargne ne pouvant rémunérer les dépôts au-delà du plafond autorisé par la loi, les agents économiques se tournèrent vers d'autres institutions financières non soumises à ces contrôles, et cette fuite conduisit à un processus de désintermédiation bancaire, en particulier lorsque les agents de change créèrent les fonds de placement sur le marché monétaire (*Money Market Mutual Funds*) qui connurent un succès foudroyant : les fonds gérés par les *MMMF* passèrent ainsi de 3 milliards de dollars en 1977 à 62 milliards en 1980. La maison de titres Merril Lynch gérait à cette époque, par l'intermédiaire de ces fonds, un montant supérieur aux dépôts de la première banque commerciale américaine, Citibank.

Il était clair que les banques commerciales américaines se trouvaient alors au bord du gouffre, et c'est pour tenter de les sauver que le Congrès entama en 1980 un processus de déréglementation qui reste, aujourd'hui encore, inachevé. Les deux lois votées au début des années 80 (*Depository Institutions and Monetary Control Act*, 1980, *Garn-Saint Germain Act*, 1982) répondaient à un double objectif : d'une part mettre un terme au mouvement de désintermédiation en rendant le secteur bancaire plus concurrentiel, et d'autre part étendre le pouvoir et le contrôle des autorités monétaires comme le *Fed* ou la *FDIC* (*Federal Deposit Insurance Corporation*). La loi de 1980 mettait ainsi fin, sur une période de 6 ans, au système des plafonds, permettant ainsi aux banques, à terme, de rémunérer les dépôts à des taux semblables à ceux du marché monétaire ; elle autorisait, ou plutôt légalisait, la création de nouveaux types de comptes courants offrant une rémunération plafonnée, à l'usage exclusif des particuliers (*Negotiable Order of Withdrawal* ou *NOW accounts*) ; et supprimait les quotas qui régissaient auparavant l'emploi des fonds des caisses d'épargne. La loi de 1982 apportait une innovation déterminante en créant les *Money Market Deposit Accounts*, que les banques pouvaient désormais proposer à leurs clients, et qui étaient en fait la réplique des *MMMF* gérés par les maisons de titres. Ainsi se trouvaient réunies des conditions propres à endiguer le mouvement de désintermédiation et, de fait, le montant des fonds placés dans les *MMMF* se stabilisa jusqu'au milieu de la décennie. Par ailleurs, par le biais de ces deux lois, le *Fed* augmenta son contrôle sur les banques puisque le système des réserves obligatoires, qui ne s'appliquait jusqu'alors qu'aux banques « membres » du système, fut étendu à toutes les banques, aux nouveaux comptes, aux comptes en eurodollars, ainsi qu'aux institutions parabancaires (*non banks*).

Mais les nouveaux moyens d'action accordés aux banques et aux caisses d'épargne poussèrent certaines d'entre elles à suivre une politique aventureuse, qui a entraîné un accroissement spectaculaire du nombre des faillites. De plus les modalités d'assurance des dépôts mises en place par l'Etat fédéral constituaient une incitation très grande à la prise de risques par les institutions financières, qui pouvaient en quelque sorte jouer les fonds d'assurance de la FDIC ou de la FSLIC, puisque les déposants étaient indemnisés en cas de faillite. Enfin, alors que la déréglementation avait pour objet d'accroître la concurrence et de permettre le libre jeu des forces du marché, ce système d'assurance des dépôts et la façon dont il était géré contribuaient à fausser la compétition : la garantie fédérale empêchait la disparition d'établissements en faillite virtuelle tout en alourdissant le coût du redressement pour le contribuable américain, comme celui-ci l'a découvert en 1989 lorsque la crise des caisses d'épargne a éclaté.

Cette crise a été d'une telle ampleur que sur les 4 500 institutions en place en 1979, seules 2 200 survivaient en 1991. Elle a requis le vote d'un plan de sauvetage par le Congrès en 1989 (*Financial Institutions Reform, Recovery and Enforcement Act*), dont le coût, chiffré à 200 milliards de dollars en 1992, n'est pas prêt d'arrêter de peser sur les finances fédérales[15]. Quant aux faillites bancaires, alors que leur nombre s'était situé à 6 par an en moyenne entre la fin de la seconde guerre mondiale et 1980, avec un sommet de 17 en 1976, les chiffres atteints pendant les années 1980 parlent d'eux-mêmes : 10 en 1981, 42 en 1982, 80 en 1984, 120 en 1985, 145 en 1986, 221 en 1988. Le nombre d'institutions à problème s'élevait, d'après la *FDIC*, à 10 % du total en 1989.

En 1991, la crainte de voir se répéter une situation semblable à celle des caisses d'épargne poussait l'administration Bush à déposer un projet de loi visant à étendre le champ de la déréglementation tout en réduisant la portée du système d'assurance des dépôts[16]. Les dispositions de la loi votée en 1992 ne sont cependant pas à la mesure des ambitions initiales, en particulier parce que le législateur n'a pu se résoudre, en période préélectorale, à abroger les dispositions des lois Glass-Steagall et McFadden[17]. L'application de ces textes a certes été assouplie par les autorités de tutelle depuis 1982, mais elles n'en continuent pas moins à entraver la diversification géographique et sectorielle des institutions de dépôt. Une

15. Sur la crise des caisses d'épargne, cf. « la crise des caisses d'épargne et de crédit », *Problèmes économiques*, n° 2148, 8 novembre 1989, p. 16-18 ; Congressional Budget Office, *The Economic Effects of the Savings and Loan Crisis*, janvier 1992 ; Catherine England, « Lessons from the Savings and Loan Debacle: The Case for Further Financial Deregulation », *Regulation*, été 1992, p. 36-42.

16. Cf. OCDE (108), 1991, chapitre II, p. 52-68.

17. Cf. document V.3, *infra*.

réforme, qui, à l'évidence, n'est pas encore à l'ordre du jour, permettrait tout à la fois de réduire les charges de ces établissements, de diversifier leurs risques et de leur permettre de proposer à leur clientèle une gamme de services plus étendue : de quoi reconquérir une partie du terrain qu'ils ont dû céder à leurs concurrents au cours des vingt dernières années et envisager l'avenir avec une sérénité que, malgré l'embellie enregistrée en 1992, ils ne s'autorisent pas encore à afficher[18].

4. LUTTE ANTITRUST ET DÉRÉGLEMENTATION : LE CAS DES TÉLÉCOMMUNICATIONS[19]

Si le processus de déréglementation a généralement résulté de la volonté du pouvoir exécutif et législatif, le cas des télécommunications est atypique puisque la fin du monopole dont jouissait American Telephone and Telegraph (AT&T, également connu sous le nom de « groupe Bell ») et son démembrement, qui ont pris effet en 1984, se sont produits à la suite d'un accord conclu en 1982 entre la société et le Département de la Justice suite à l'action intentée par ce Département en 1974 pour violation de la loi antitrust. Cette décision était elle-même l'aboutissement d'un long processus entamé dès la fin des années 40, à un moment où la situation de monopole dont jouissait le groupe Bell commença à être mise en cause.

Le secteur des télécommunications était en effet, aux Etats-Unis, le seul où un monopole à l'échelle nationale se soit développé à l'abri de la loi

18. Cf. OCDE (108), 1992, chapitre IV, p. 72-77.

19. Parmi les nombreuses études qu'a suscitées la déréglementation des télécommunications, on pourra consulter, en plus du document V.4 *infra*, par ordre chronologique, « Ma Bell's Big Breakup », *Newsweek*, 18 janvier 1982 ; « Breaking up AT&T », *Fortune,* 27 juin 1983 ; « Did it make sense to break up AT&T », *Business Week*, 3 décembre 1984 ; « The Baby Bells take Giant Steps », *Business Week*, 2 décembre 1985 ; « Why AT&T Isn't Clicking », *Business Week*, 19 mai 1986 ; « The rewiring of America », *Business Week*, 15 septembre 1986 ; « The Long-Distance Wars Get Hotter », *Business Week*, 23 mars 1987 ; « AT&T : The making of a Comeback », *Business Week*, 18 janvier 1988 ; « Should the US free the Baby Bells », *Business Week*, 12 mars 1990 ; « *Twin Engines: Can Bob Allen blend computers and telecommunications at AT&T* ? », *Business Week*, 20 janvier 1992.

fédérale, la division antitrust du Département de la Justice estimant que cette situation était conforme à l'intérêt national puisque, en vertu de la théorie du monopole naturel (cf. *supra*), seul un géant pouvait effectuer les investissements nécessaires à l'installation d'un réseau couvrant l'ensemble du territoire. AT&T était ainsi devenu un véritable empire économique, dont l'activité s'étendait de la production des équipements de télécommunications à la fourniture et la pose d'appareils chez les clients en passant par la mise en place et l'exploitation de l'ensemble du réseau. Monopole verticalement intégré, « Ma Bell » comprenait quatre divisions principales : les laboratoires de recherche Bell, la société Western Electric, qui était spécialisée dans la production d'équipements téléphoniques, une société centrée sur les services à longue distance, AT&T Long Lines, et 22 sociétés de téléphone locales, les *Bell Operating Companies*. Le groupe assurait ainsi en 1983 80 % de toutes les communications locales, 96 % des appels à longue distance, et les 2/3 de la production américaine d'équipements téléphoniques. Son capital de 150 milliards de dollars la plaçait au premier rang mondial, loin devant d'autres colosses comme General Motors ou IBM.

Le gouvernement fédéral se contentait de contrôler les pratiques du groupe par l'intermédiaire de la *Federal Communications Commission (FCC)* dont la création remontait à 1934. Le système de tarification imposé par la *FCC* permettait en particulier de faire subventionner par les entreprises et les auteurs d'appels à longue distance le coût relativement modeste des appels locaux et des services téléphoniques facturés aux particuliers. Toutefois, dès la fin des années 1940, il apparut que puisque le réseau national était désormais en place, la rente de situation dont jouissait le groupe Bell ne se justifiait plus, d'autant qu'elle était très certainement défavorable au consommateur du fait de l'absence de concurrence en matière d'équipements et de services. C'est ce qui conduisit le Département de la Justice à intenter en 1949 une première action contre AT&T, qui devait conduire le groupe Bell à accepter sept ans plus tard de renoncer à une partie de son monopole de la production d'équipements plutôt que de risquer de se voir condamné par les tribunaux. De même, en 1968, une autre action en justice aboutissait à la décision *Carterfone*, par laquelle AT&T se voyait contraint d'accepter de connecter sur son réseau d'autres équipements que ceux qu'il fabriquait lui-même. Enfin, en 1969, la *FCC* autorisait la société MCI (Microwave Communications Inc.) à exploiter un réseau de communications privées à longue distance par faisceaux hertziens entre Chicago et Saint-Louis, ouvrant ainsi la voie à la formidable expansion de la communication par voie hertzienne qui se produisit dans les années 70 : au début des années 1980, 400 opérateurs partageaient ainsi le marché de la communication à longue distance avec AT&T.

Alors que la situation de monopole dont avait joui le groupe jusqu'aux années 50 était déjà largement remis en cause, les arguments en faveur de son démantèlement définitif prenaient de plus en plus de poids au fur et à mesure qu'il apparaissait que les innovations technologiques développées pendant les années 70 étaient plus susceptibles de réduire les coûts pour les usagers que les économies d'échelles réalisées par AT&T. Un environnement concurrentiel semblait d'autant plus propice à l'application de ces nouvelles technologies que beaucoup d'entre elles étaient développées dans des secteurs ne relevant pas spécifiquement des télécommunications, comme par exemple l'informatique. Ces observations conduisirent le Département de la Justice à engager une nouvelle action contre AT&T en 1974, l'affaire se terminant en 1982 par un accord en vertu duquel l'Etat renonçait à ses poursuites à condition que le groupe accepte d'être démantelé.

C'est ainsi qu'AT&T dut se défaire des sociétés locales qui représentaient 77 % de son capital et qu'à compter du 1er janvier 1984 le réseau téléphonique local fut séparé du réseau longue distance : le territoire des Etats-Unis était divisé en sept régions et l'exploitation du réseau local de chacune d'entre elles confié à l'une des sept sociétés d'exploitation Bell, elles-mêmes constituées par regroupement des 22 sociétés opérant précédemment sous le contrôle d'AT&T et restant soumises à la tutelle de la *FCC*. Dans le secteur des communications à longue distance, AT&T perdait définitivement son monopole et restait, contrairement à ses concurrents, soumise au contrôle de la FCC. En revanche elle conservait le contrôle des laboratoires de recherche Bell et de Western Electric, et surtout se voyait autorisée à développer ses activités dans des secteurs sur lesquels elle n'avait pas encore pu s'implanter, en particulier le traitement de l'information, l'informatique ou les transactions électroniques.

Quels furent les effets de ce processus de déréglementation[20] ? Contrairement à ce qu'avait pu espérer le Département de la Justice, la disparition de l'empire AT&T ne n'est pas traduite par un développement de la concurrence sur l'ensemble du secteur des télécommunications. Les 7 *Baby Bells* ont en particulier continué à dominer le marché du téléphone local, sur lequel leur implantation et leur avance technologique leur assuraient une supériorité écrasante par rapport à de potentiels nouveaux venus. La nouvelle AT&T a en revanche dû faire face, sur le marché de la communication à longue distance, à des rivaux déjà bien implantés avant 1984. Contrainte à investir et à innover pour endiguer le déclin de sa part du marché (passée de 80 % en 1986 à 71 % en 1989), elle a dû attendre 1988 pour renouer avec les bénéfices. Mais les usagers ont profité de l'amélioration et de l'élargissement de la gamme des services qui leur étaient proposés, alors que, dans le domaine de la tarification, l'abandon de l'ancienne structure de subventions croisées a bénéficié à certains et nui à d'autres : le prix des communications locales et des appels facturés aux particuliers a ainsi augmenté alors que les factures des entreprises et le tarif des communications à longue distance ont baissé. La possibilité offerte à AT&T de s'implanter sur de nouveaux marchés l'a enfin conduite à réorienter ses activités vers des secteurs porteurs comme la télématique, la transmission électronique de données, et, plus récemment, les radiocommunications mobiles. Après des débuts peu concluants, le rachat de la société d'informatique NCR en 1991 lui a permis de réaliser une synergie profitable, alors que l'alliance projetée avec le géant du téléphone cellulaire McCaw Cellular Communications Inc. devrait lui ouvrir l'accès à un marché aujourd'hui en forte croissance.

On le voit, la réforme du dispositif réglementaire dont on a décrit ici les aspects les plus marquants a profondément transformé le fonctionnement des secteurs d'activité qu'elle a affectés. Ses modalités, tout comme ses effets, ont pourtant considérablement varié d'un secteur à l'autre et restent l'objet de controverses qui sont loin d'être éteintes, au point que leurs inconvénients ont parfois pu paraître aussi sensibles que leurs avantages. Ainsi, dans le domaine des transports, la levée des contrôles pré-

20. Cf. document V.4, *infra*.

existants qui s'était traduite, dans un premier temps, par une exarcerbation de la concurrence, a ensuite ouvert la voie à un processus de concentration qui n'a pas répondu au vœu du législateur, même si les usagers ont jusqu'ici plutôt gagné au change. Dans le secteur des télécommunications la concurrence s'est en revanche avivée et semble avoir permis une accélération des évolutions technologiques, alors que le secteur bancaire reste handicapé par le maintien des obstacles juridiques à la diversification fonctionnelle et à l'expansion géographique des établissements de dépôt. Excessives dans certains domaines, trop timides dans d'autres, ces mesures ont en tout cas fait école à l'extérieur des Etats-Unis, notamment au Royaume-Uni, où la déréglementation est souvent apparue, dans les années 80, comme un remède miracle pour relancer une machine économique grippée par une intrusion trop affirmée de la puissance publique dans le fonctionnement des marchés.

DOCUMENT V.1. DEREGULATORY INITIATIVES

Year	Initiative
1971	Specialized common carrier decisions (FCC)
1972	Domestic satellite open skies policy (FCC)
1975	Abolition of fixed brokerage fees (SEC)
1976	Railroad Revitalization and Reform Act
1977	Air Cargo Deregulation Act
1978	Airline Deregulation Act
	Natural Gas Policy Act
	Standards revocation (OSHA)
	Emissions trading policy (EPA)
1979	Deregulation of satellite earth stations (FCC)
	Urgent-mail exemption (Postal Service)
1980	Motor Carrier Reform Act
	Household Goods Transportation Act
	Staggers Rail Act
	Depository Institutions Deregulation and Monetary Control Act
	International Air Transportation Competition Act
	Deregulation of cable television (FCC)
	Deregulation of customer premises equipment and enhanced service (FCC)
1981	Decontrol of crude oil and refined petroleum products (Executive order)
	Truth-in-lending simplification (FRB)
	Automobile industry regulation relief package (NHTSA)
	Deregulation of radio (FCC)
1982	Bus Regulatory Reform Act
	Garn-St Germain Depository Institutions Act
	AT&T settlement
	Antitrust merger guidelines
1984	Space commercialization
	Cable Television Deregulation Act
	Shipping Act
1986	Trading of airport landing rights
1987	Sale of Conrail
	Elimination of fairness doctrine (FCC)
1988	Proposed rules on natural gas and electricity (FERC)
	Proposed rule on price caps (FCC)

Source : Adapted from R. Noll and B. Owen, *The Political Economy of Deregulation : Interest Groups in the Regulatory Process* and updated by the Council of Economic Advisers.

Source : OCDE, *Economic Survey: United States*, 1989, p. 80

DOCUMENT V.2. FARING BADLY

Sir Colin Marshall, the chief executive of British Airways, rattled out an old joke on a recent visit to America: ''A recession is when you have to tighten your belt; a depression is when you have no belt to tighten. When you lose your pants, you're in the airline business.'' It is the kind of jibe that arch-rival Robert Crandall, the boss of American Airlines, appreciates. While BA managed to double its pre-tax profits last year as it recovered from the effects of recession and the Gulf war, Mr Crandall's airline managed to report only its first quarterly profit

since 1989. Other airlines in America are not even that lucky. In the past two years, America's airlines made a combined loss of nearly $6 billion.
The American airline industry, the biggest in the world, is in deep trouble. After fluttering along, Pan Am, Eastern and Midway were finally liquidated last year. With TWA, Continental and America West battling to emerge from chapter 11 bankruptcy, about 20% of America's airlines are technically bust. At the end of last year, the long-term debt of the six major airlines had grown to more than $18 billion — twice shareholders' equity*. Spending plans are being slashed and new aircraft orders cancelled. Hundreds of unused jets are parked in California's Mojave desert.
What caused this mayhem? Certainly airlines loading themselves up with debt for takeovers* and buy-outs* in the barnstorming late-1980s had much to do with it. But something deeper is causing the industry to continue to collapse. Many blame America's audacious decision in 1978 to deregulate its airline industry, and allow airlines to fly where and when they like and to set their own fares. They are right that deregulation is at the heart of the problem — not because deregulation went too far, but because it did not go far enough.
In many ways, partial deregulation has been a great success. Allowing for inflation, the cost of flying in America fell by one-fifth in the decade after 1978. Today more Americans fly, more safely. Yes, airports are crowded, trips often require a transfer from one flight to another at a so-called "hub" airport and, even before you fly, you must negotiate a labyrinthine structure of fares. That is a nuisance, but it is also evidence that competition is working. Americans may groan at a coast-to-coast standard economy one-way fare of $752 — but then they can find another ticket (sometimes from the same airline) offering a round-trip on the same route for less than $300. Europeans would love to struggle with such complexity, but their un-deregulated airlines deny them the chance.
Can fares never be too low? The losses in the industry may make you wonder. On June 1st Standard & Poor's, an American credit-rating agency*, downgraded* most American carriers; it fears price-cutting will cause a third year of big losses. Americans may continue to enjoy flights at loss-making prices — but they will see the aircraft they are flying in get steadily older and levels of service they already complain about continue to decline.
The answer is for deregulation to take another step. To start with, airlines must be allowed to fail*. Courts have been too willing to let carriers operate under their protection from creditors while trying to reorganise. The idea is to give firms with temporary problems a chance to get back on their feet. But some airlines are beyond rescue. Eastern was put into chapter 11 bankruptcy in March 1989 after a bust-up* with its unions. It was allowed to run up another $2 billion in losses before it was finally grounded in January 1991. Some of Eastern's creditors expect to get less than a dime on their dollar. While they remain in busi-

ness, they may slash fares and sell assets in a desperate attempt to boost their cash-flow*. [...]

Allowing airlines to fail risks playing straight into the hands of Mr Crandall and his counterparts at United and Delta. It may help them to increase their market power through acquisition — a process that trustbusters* might otherwise try to prevent. But this danger need not arise, if America's rules on the foreign ownership of airlines are changed. Foreigners are still barred from owning more than 25% of the voting stock* of an American airline. The reason is national security — airlines are considered to be of strategic importance and may be needed in time of war to ferry troops. The effect of the rule is to deny America's airlines access to the international capital that might keep some of them flying. Sir Colin is among those who would like to buy an airline in America. He would plug it into BA's international services. Such deals would still leave plenty of aircraft for the Pentagon to requisition.

At the same time, Mr Crandall wants greater access to Europe. This is where a third change is needed. Later this month, Europe's governments are scheduled to vote on a plan to deregulate their own airlines. If passed, the plan would allow any EC carrier to fly to and from any destination in the Community with little meddling by governments. Desirable though this is, Europe's deregulated market might then encounter the same difficulties as America's — perhaps more so. The new "internal market" will extend only to the Community's airlines; and until they are privatised, Europe's remaining state-owned carriers will probably try to nobble plans for further competition.

Which is why the two markets should be merged. Give American airlines full access to Europe in return for allowing European airlines similar access to America's market. Then Sir Colin and Mr Crandall would be able to compete, to the benefit of travellers everywhere.

The Economist, 6 juin 1992.

DOCUMENT V.3. THE BANK CRISIS AND THE S&L FIASCO: TWO SIDES OF A BAD COIN

Is it déjà vu all over again? Is the current banking crisis a replay of the savings and loan debacle? [...] My answer is: yes and no, but more no than yes.

The major difference is that the savings and loan associations, children of regulation, were designed with a fundamental flaw that commercial banks do not share: They borrowed short* to lend long*. That's risky when interest rates change, because market values of fixed-rate mortgages fluctuate dramatically while the values of bank deposits hardly move. When interest rates soared in the 1970s and early 1980s, the asset values of many thrifts plunged so far that their net worth became negative at market value. Barring an interest-rate miracle, they were finished.

Congress made a last-ditch effort to save the dying S&Ls by broadening their lending powers and expanding deposit insurance. But Congress forgot — that's the charitable interpretation — one small detail. If you grant new powers to moribund institutions with insured deposits, you'd better watch them carefully. If you don't, even honest executives may succumb to the temptation to use insured deposits to make risky but high-yielding investments. If the gambles pan out, the S&L may be saved. If they don't. . . well, it was doomed anyway — and depositors are protected. When Congress failed to beef up the supervisory agencies, an unseemly number of unscrupulous financial cowboys were attracted by the prospect of gambling with other people's money. Thus did the once-sleepy S&L industry come to be the home of Charlie Keating.

None of this resembles the plight of the commercial banks. They closely match the maturity* structures of their assets* and liabilities*, and so are relatively immune to interest-rate swings*. They have not received new lending powers. And they are supervised more rigorously than thrifts were. Why, then are so many banks heading for the tank? It seems they lost money the old-fashioned way: through bad business judgement. Imitating lemmings, too many bankers lent too much money to developing countries, to corporate raiders* and defenders, and to real estate* developers* who, in retrospect and perhaps even in prospect, were poor credit risks. Too many allegedly prudent bankers left their loan portfolios inadequately diversified.

While banks were shooting themselves in the foot, new competitors were shooting them through the heart by encroaching on their traditional territories. Now, all of us can hold checkable balances outside banks — with mutual-fund companies*, with stock brokers*, and even with thrifts. The best corporations borrow more than ever on the securities* markets and from foreign banks.

So, the banking crisis is not a replay of the S&L crisis. Nonetheless, there are some disquieting similarities. First, severe loan losses have left many banks in a weakened state and, in conjunction with deposit insurance, have created incentives to "bet the bank" on risky ventures. Sound familiar? Second, the Federal Deposit Insurance Corp. is badly underfunded*. This, too, sounds familiar — and will soon force Congress to act.

Alan S. Blinder, *Business Week*, 4 février 1991 (extrait).

DOCUMENT V.4. WAS BREAKING UP AT&T A GOOD IDEA?

Critics were nearly apoplectic when the Justice Department, citing antitrust laws, moved to break up* the phone company. The laments echoed across America:

Why mess with a telecommunications system that is the envy of the world? As the fifth anniversary of the AT&T divestiture* rolls around on January 1, that carping seems, in retrospect, ill-considered. Today the great majority of the country's telephone customers, large and small, declare themselves satisfied with the service they receive. Despite predictions that AT&T would pummel its fledgling competitors, the industry has evolved into an entrepreneurial, freewheeling marketplace where customers and many shareholders* reap big rewards.
Most important, the new competition has forced rapid technological change, in fact, a flowering of communications research. [...]
The breakup's blessings have not been bestowed with absolute uniformity. The divestiture order allocated more expensive long-distance service — which had traditionally subsidized cheaper local service — to AT&T. At the same time the order put local customers in the hands of seven regional holding companies, the Baby Bells. This separation was expected to lower long-distance rates and raise local fees, and that is what has happened.
What about customers who seldom use long distance? They include many of the 90 million residential subscribers and the 18 million small businesses. These folks are paying, on average, nearly 35% more for their local phone service than five years ago. [...]
The Federal Communications Commission reports that phone service has expanded since divestiture. About 93% of US households have phones up, from 91% in 1983, and the percentage is even higher for the over-65 age group. [...]
For customers who use long distance a lot, of course, the picture is even rosier. Some corporations have sliced their communications costs more than 50%. Even with the big increases in local rates, overall phone service is only about 16% more than in 1983. Adjusted for inflation, the real cost for all phone service in the US is a bit less than five years ago. [...]
But the telephone system itself functions at least as well as in the past, and such technological advances as digital lines and fiber optics have improved service for many customers. Moreover, for many telephone users, divestiture has brought an extraordinary range of service options. AT&T used to offer barely half a dozen extra services, such as Touch-Tone phones and computer modem lines. Now the big long-distance carriers can provide over 100 options to customers — everything from exotic conference hookups to international data transmission. Major corporations are now able to tailor their communications networks to specific needs, knowing they can count on suppliers eager to compete for their business. [...] Corporate and government customers are equally pleased.
At divestiture, critics were convinced industry competition, intense or not, would be short-lived. [...]
Record another ''incorrect'' for doomsayers. The equipment business is populated by a gaggle of vendors from around the globe, aggressive marketers such

as West Germany's Siemens and Canada's Northern Telecom. Hundreds of competitors have found safe niches in the long-distance market, and two of them, MCI and US Sprint, have become multibillion-dollar enterprises with the financial and marketing muscle to match up with AT&T. The Baby Bells, meanwhile. have generally topped Mom in crucial financial benchmarks such as total return. What about R&D? Most tears about Bell Labs have turned out to be illusory. Despite the fact that AT&T's revenues have shrunk to about 50% of predivestiture levels. The company has pumped up its R&D budget from about $2 billion annually at the breakup to about $2.7 billion in 1988.

Far more important for telephone users, competitive pressures are turning the concepts developed in the laboratory into products faster than before. About 30% faster [...]

What happens next? AT&T is pushing for a major change in the FCC rules that gorvern its long-distance business. [...]

Questioning the level of the playing field, AT&T also complains about regulations that bar it, and not its competitors, from negotiating prices with big corporate customers unless the FCC approves. Meanwhile, the Bells want permission to get into growth areas outside their present purview — such as manufacturing equipment, providing long distance and generating information services such as electronic yellow pages and various data banks.

But restraint may be the most prudent course for now. [...]

The regulators were correct when they plunged ahead with divestiture five years ago. Now they would be wise to heed the maxim they chose to ignore back then: If it ain't broke, don't fix it.

Kenneth Labich, *Fortune*, 2 janvier 1989.

CHAPITRE VI

Privatisations, réforme réglementaire et politique d'encouragement de la concurrence au Royaume-Uni

Partant du principe que pour promouvoir l'ajustement structurel de l'économie, permettre une meilleure allocation des ressources et améliorer la qualité de l'offre, les pouvoirs publics doivent mettre en œuvre des mesures visant à supprimer les rigidités et à développer la flexibilité, Margaret Thatcher engage dès le début de son mandat un vaste programme visant à réformer le cadre réglementaire régissant l'action des entreprises du secteur privé. Menées parallèlement à la privatisation de la plupart des entreprises publiques, ces mesures aboutissent à bouleverser beaucoup d'habitudes, à remettre en question bon nombre de situations acquises, mais aussi à transformer le fonctionnement des différents marchés en intensifiant la concurrence entre les agents économiques.

I. LE PROGRAMME DE PRIVATISATIONS

Le programme de privatisations constitue très certainement l'aspect le mieux connu et le plus spectaculaire de la politique mise en œuvre avec une remarquable continuité par le gouvernement conservateur depuis 1979.

L'abondance des études consacrées au sujet[1] s'explique par l'ampleur d'un phénomène qui a véritablement bouleversé le paysage économique britannique : alors que la cinquantaine d'entreprises que comptait en 1979 le secteur public représentaient 11 % du PIB et 8,2 % de l'emploi total (un million et demi de salariés), seuls restaient aux mains de l'Etat, à la fin de l'année 1992, les charbonnages, la poste, et les chemins de fer, soit moins de 3 % du PIB et 2 % de l'emploi. La privatisation prochaine de ces secteurs était d'ailleurs annoncée par le gouvernement, même si ces opérations s'annonçaient plus difficiles à mener que bon nombre de celles qui avaient été réalisées précédemment.

La situation dont héritait le gouvernement de Margaret Thatcher en 1979 résultait de l'extension progressive du secteur nationalisé opérée depuis la seconde moitié du XIXe siècle, et notamment des décisions prises depuis 1945 au cours des trois périodes de pouvoir travailliste. Passèrent ainsi sous le contrôle de l'Etat, sous le gouvernement Attlee (1945-1951), la Banque d'Angleterre, les charbonnages, l'électricité, les transports terrestres, le gaz et la sidérurgie (qui sera dénationalisée par les conservateurs en 1953 avant d'être renationalisée en 1967). Vinrent s'ajouter à cette liste, entre 1974 et 1979, le pétrole de la mer du Nord, l'aéronautique et les chantiers navals. L'Etat britannique détenait aussi des participations dans de nombreuses sociétés, comme par exemple British Petroleum, dont il possédait 51 % du capital.

Le projet initial des travaillistes était de donner à l'Etat le contrôle des secteurs clés de l'économie pour lui permettre de mettre en œuvre une véritable politique de développement industriel dans laquelle le *National Enterprise Board*, créé en 1975, devait jouer un rôle moteur. Mais cet objectif ne put être atteint en raison des circonstances politiques et économiques, et il semblait clair, à la fin des années 70, que la propriété de nombreux moyens de production n'avait pas permis à la puissance publique de donner un nouveau souffle à l'économie britannique, alors que la gestion de la plupart des entreprises sur lesquelles s'exerçait son contrôle pouvait facilement être mise en cause, notamment en raison du maintien de personnels en sureffectif. Pourtant, si les conservateurs étaient hostiles par

1. On pourra ainsi consulter, par exemple, Dangeard (23) ; Hardy (32), chapitre 3 ; Johnson (36), chapitre 5 ; Leruez (39), « privatisations et dénationalisations » ; Monet (43), chapitre 9 ; Santini (51), 3e partie ; Swann (118).

principe aux nationalisations, ils adoptèrent jusqu'en 1979 une attitude pragmatique, n'hésitant pas, en particulier, à nationaliser certaines entreprises dont la survie avait valeur de symbole, comme ce fut le cas pour Rolls Royce en 1971. Aussi était-il permis de se demander, en 1979, si les mesures de privatisation inscrites dans le manifeste conservateur seraient véritablement mises en œuvre.

De fait, ce n'est qu'à partir de 1981, à un moment où le gouvernement commença à se rendre compte que la réduction des dépenses budgétaires serait plus difficile que prévu, que les avantages que comportait la mise en vente d'actifs publics s'imposèrent. C'est alors que fut lancé le vaste programme dont les principales étapes sont retracées dans le tableau V.1 et qu'il ne saurait être question d'étudier ici en détail[2]. Les remarques qui suivent ont simplement pour objet de préciser quels furent les objectifs visés, quelles difficultés durent être surmontées, et quel bilan on peut aujourd'hui tirer de cette expérience.

En plus des considérations d'ordre budgétaire, ce programme visait en effet un triple objectif, sur lequel nous éclaire l'utilisation du terme de « privatisation », de préférence à celui de « dénationalisation » employé jusque-là. Il s'agissait tout à la fois de réduire le poids de l'Etat dans la vie économique de façon à restituer au secteur privé toute initiative en matière d'offre, d'accroître les performances des entreprises privatisées en leur permettant de fonctionner dans un environnement concurrentiel et de répondre aux lois du marché au lieu de se conformer aux directives ministérielles, et enfin de développer l'actionnariat populaire pour impliquer la plus grande partie possible de la population dans une politique qui visait à lui redonner goût du profit et esprit d'entreprise.

Si les cessions d'actifs publics, qu'il s'agisse de la dénationalisation totale ou partielle d'entreprises publiques ou de la mise en vente de logements sociaux (*council houses*) par les municipalités[3], constituent l'aspect le mieux connu de ce programme, elles ne doivent cependant pas en faire oublier les autres aspects. Ainsi le recours à la concession ou à la sous-traitance (*subcontracting, contracting out*) fut-il encouragé pour effectuer de nombreuses tâches de service public : cette pratique présentait l'avantage

2. On pourra se référer aux sources citées dans la note 1.
3. Cet aspect est bien étudié par Johnson (36), chapitre 5.

Tableau V.*1*. *Les principales opérations de privatisation au Royaume-Uni* (1979-1992)

Secteurs	dates	Montant en millions de livres
Energie		
British Petroleum	1979 -1981-1983-1987	6 082
Britoil	1982-1985	1 053
Enterprise Oil	1984	382
Wytch Farm	1984	82
British Gas	1986-1987-1988-1989	6 983
Transports		
National Freight Corporation	1982	7
Associated British Ports	1983-1984	97
Sealink	1984	66
National Bus Company	1986	25
British Airways	1987	825
British Airport Authorities	1987	1 162
Autres services publics		
Cable and Wireless	1981-1983-1985	102,4
International Aeradio	1983	60
British Telecom	1984-1991	10 576
Water plcs	1989	5 239
Production et distribution d'électricité	1990-1991	9 840
Industrie et commerce		
ICL	1979	37
British Aerospace	1981-1985	389
Amersham International	1982	64
British Rail Hotels	1983	45
Construction navale	1984-1985-1986	220
Jaguar	1984	297
Royal Ordnance	1986	201
Rolls Royce	1987	1 036
Rover Group	1988	150
British Steel	1988	1 139
Girobank	1990	100

D'après H.M. Treasury, *Guide to the U.K. Privatization Programme*, 1992.

de réduire considérablement les coûts de gestion de ces services pour le secteur public tout en permettant d'espérer que les sous-traitants s'en acquitteraient avec une efficacité accrue. De même la mise en place d'organismes de tutelle réglementant l'activité des sociétés de service public nouvellement privatisées constitua une innovation intéressante : c'est ainsi qu'ont vu le jour Oftel (l'office des télécommunications), Ofgas (l'office du gas) et Ofwat (l'office réglementant les sociétés chargées de la distribution et de l'assainissement de l'eau), dont les relations avec les entreprises dont elles sont chargées de contôler les pratiques ont d'ailleurs souvent été tendues[4]. Les pouvoirs de ces organismes inspirés du modèle des *regulators* américains mais dotés de moyens d'action bien plus réduits gagneraient sans doute à être accrus et leurs possibilités d'intervention améliorées car leur existence n'a pas encore permis aux marchés sur lesquels s'exerce leur surveillance de devenir concurrentiels[5].

Etant donné le nombre et la diversité des entreprises concernées, il ne faut pas s'étonner que la dénationalisation ait constitué une opération longue et complexe. De nombreux obstacles devaient être surmontés, en particulier lorsque l'on souhaitait vendre une entreprise en difficulté : pour réussir à attirer les capitaux privés, il fallait d'abord mettre en œuvre un plan de redressement s'accompagnant souvent de restructurations sanglantes, de façon à lui permettre de renouer avec les bénéfices. D'où des investissements non négligeables, au point que, malgré les apparences, les privatisations ne furent pas toujours rentables. D'où aussi des fermetures de centres de production, des compressions d'effectifs parfois massives, qu'il fallait faire accepter par les salariés concernés : la levée de boucliers suscitée à l'automne 1992 par le projet de fermeture de cinquante mines de charbon, qui aurait entraîné 30 000 licenciements, dans la perspective de la privatisation de British Coal, montre bien que l'obstacle pouvait être parfois de taille, au point de conduire le ministre responsable à revoir sa copie. Un autre problème était lié à l'effet d'éviction que pouvaient exercer des ventes massives d'actifs publics en période de récession économique (ce fut le cas entre 1990 et 1993, ce qui explique le retard pris pour la privatisation de British Rail, par exemple), ou même tout simplement

4. Sur les relations entre British Gas et Ofgas, cf. Deborah Hargreaves, « Trials and Tribulations », *Financial Times*, 12 février 1993.

5. Cf. document VI.1, *infra*, et C. Johnson (36), chapitre 5.

lorsque la santé des marchés financiers n'était pas excellente, comme après la baisse des cours consécutive au krach boursier d'octobre 1987. Une difficulté de nature plus technique avait enfin trait à la détermination du prix de vente des actifs publics : trop élevé, il pouvait se révéler dissuasif et conduire à l'échec de l'émission ; trop bas, il exposait le gouvernement aux critiques d'une opposition qui restait hostile sur le fond à une politique qui n'avait à ses yeux d'autre objectif que de brader « l'argenterie de la famille » (*selling the family silver*).

Ces difficultés n'empêchèrent pas le gouvernement d'aller de l'avant et les ventes d'actifs publics se succédèrent à un rythme particulièrement soutenu après 1984, au point qu'au début de l'année 1993 l'essentiel du programme prévu avait été mis en œuvre et qu'il était donc permis d'en tirer un premier bilan.

Une première constatation s'impose : en dépit des licenciements qui les ont souvent accompagnées, les privatisations ont généralement été bien acceptées, à la fois par les salariés et par la plus grande partie de la population. Les pouvoirs publics ont en effet pris soin d'associer aux opérations de privatisation le personnel des entreprises concernées, en leur proposant des distributions gratuites d'actions ou une priorité d'allocation en cas de sursouscription des émissions (quotas réservés). Plus de 90 % des salariés qui y avaient droit sont ainsi devenus actionnaires des sociétés privatisées où ils travaillaient. Quant au grand public, la perspective de réaliser des gains substantiels en revendant, après quelque temps, des titres dont on se serait porté acquéreur aux conditions extrêmement favorables consenties au moment des privatisations, a certainement joué. De fait, on dénombrait ainsi 9 millions d'actionnaires en 1988 contre 3 millions en 1979, soit 21 % contre 7 % de la population, ce qui montre bien que la croisade de Margaret Thatcher en faveur du développement d'un capitalisme populaire a porté ses fruits. Il est à cet égard intéressant de relever que la plate-forme électorale des travaillistes pour les élections de 1992 ne comportait pas une seule référence à une renationalisation des entreprises privatisées pendant douze années de pouvoir conservateur. Toutefois il faut bien voir qu'en dépit de leur nombre les petits porteurs ne pèsent pas d'un poids très lourd dans l'économie britannique : la plupart d'entre eux ne possèdent que quelques actions et la part du secteur privé détenue par des individus a même baissé entre 1981 (28 %) et 1988 (20 %), alors que celle des investisseurs institutionnels ne cessait d'augmenter.

Il est par ailleurs indéniable que le programme mis en œuvre depuis 1981 s'est traduit par un transfert considérable d'actifs au profit du secteur privé. Entre 1979 et 1989, la part du secteur public dans la FBCF est ainsi tombée de 29 % à 14 %, alors que celle des collectivités locales passait de 10 à 4 %, celle des sociétés publiques de 15 % à 5 %. Sa part du PIB est tombée de 27 à 20 %, sa part de l'emploi de 29 à 23 %, celle des seules entreprises publiques passant de 8 à 3 %. Pour l'Etat et les collectivités locales, les privatisations ont constitué une source de revenus très appréciable (dont le montant cumulé s'élevait à 50 milliards de livres en 1992), en même temps qu'elles réduisaient les dépenses occasionnées par le soutien à des secteurs souvent peu rentables. Elles ont enfin permis aux investisseurs qui ont acquis leur capital de réaliser des gains substantiels car les bénéfices des entreprises privatisées ont fortement augmenté à la suite des mesures de rationalisation qu'elles ont mis en œuvre. Le succès de ces opérations a été tel qu'elles ont fait école à l'étranger, en particulier dans un certain nombre de pays en développement et dans les anciens satellites de l'Union Soviétique.

Toutefois l'objectif consistant à accentuer l'efficacité et la rentabilité des entreprises publiques en renforçant la concurrence n'a été que partiellement atteint, semble-t-il. Certes la gestion de ces entreprises a été rationalisée, les sureffectifs éliminés, ce qui s'est traduit par des gains de productivité généralement supérieurs à la moyenne britannique. Mais pour ce qui est du renforcement de la concurrence, le bilan est beaucoup plus nuancé, en particulier dans le secteur des services publics. En effet, pour attirer les capitaux privés lors de la mise en vente de sociétés détenant un monopole, le gouvernement n'a pas toujours osé leur enlever ce privilège : si la privatisation du service de l'eau et de l'électricité a permis de placer ces marchés entre les mains de plusieurs opérateurs, ce ne fut pas le cas lors de la vente de British Telecom, de British Gas ou de British Steel. Ainsi British Gas assure-t-il tout à la fois la production et la distribution du gaz naturel tandis que British Telecom fait figure de Goliath face à son concurrent Mercury, qui ne détient que 5 % du marché. Pire encore, la privatisation de certaines sociétés a conduit à un phénomène de concentration. C'est ainsi que British Airways, privatisé en 1987, ne tarda pas à prendre le contrôle de British Caledonian ; que Britoil, dont la privatisation s'acheva en 1985, fut racheté trois ans plus tard par British Petroleum, lui-même affranchi du joug de l'Etat à partir de 1983 ; que Jaguar fut racheté par Ford un an après sa privatisation alors que Rover, d'abord vendu à British Aerospace, voyait ensuite le Japonais Honda entrer dans son capital. Or le maintien de ces monopoles (ou de ces duopoles) et le processus de concentration qui a pu être observé expliquent très largement la rigidité des prix affichés par les sociétés privatisées : cela est particulièrement frappant pour British Telecom, qui put réaliser des bénéfices substantiels en pratiquant des tarifs élevés sans que ceux-ci aient pour contrepartie une amélioration spectaculaire du service : ainsi, en 1987, la marge d'exploitation (*operating margin*) de BT était de 23 %, soit trois fois plus que la moyenne de 8,75 % réalisée par l'ensemble des entreprises britanniques.

A la lumière des pratiques des sociétés privatisées dans le secteur non concurrentiel, notamment en matière de prix, il apparaît donc que les effets économiques des privatisations ne se feront pleinement sentir que si le gouvernement parvient à mettre en œuvre, à l'avenir, une politique de réglementation et d'encouragement de la concurrence susceptible de ménager les intérêts des consommateurs ou des usagers[6]. La loi sur la concurrence et les services publics votée en 1992 (*Competition and Services Act*) constitue un pas dans ce sens, mais, dans ce domaine comme dans d'autres, bien des progrès restent encore à accomplir tant il est vrai que « la mise en place [...] d'une réglementation qui soit efficace tout en favorisant les gains de productivité reste l'un des grands problèmes que doivent résoudre les pouvoirs publics ». Ce jugement porté par l'OCDE dans son étude de 1991 sur le Royaume-Uni ne semble rien avoir perdu de son actualité.

6. Cf. Guy Herzlich, « Les dangers des privatisations sans la concurrence », *Le Monde*, 6 septembre 1991, p. 19 ; John B. Goodman et Gary W. Loveman, « *Does privatisation serve the public interest* ? », *Harvard Business Review*, novembre-décembre 1991, p. 26-38 ; Ahmed Galal *et al.*, *Welfare Consequences of Selling Public Enterprise*, Banque mondiale, 1992.

2. ENCOURAGEMENT DE LA CONCURRENCE ET RÉFORME DE LA RÉGLEMENTATION

La question de la réglementation de l'activité des agents économiques a également été au cœur des réformes appliquées dans des secteurs qui n'ont pas été affectés par les opérations de privatisation, pour lesquels les pouvoirs publics se sont attachés à réformer le cadre réglementaire existant afin de promouvoir une concurrence accrue des marchés et d'accroître leur efficience. Ce processus a pris des formes très diverses, allant de la suppression de règles en vigueur sur des marchés jugés trop rigides à l'imposition de mécanismes de contrôle sur des marchés jusque-là peu réglementés. Il s'est parfois traduit par une déréglementation visant à simplifier ou à supprimer des textes complexes jugés obsolètes ou générateurs de rigidités, comme ce fut le cas pour toute une série de professions, dont les pratiques étaient jugées restrictives, et pour le marché du travail. Les réformes qui ont affecté le domaine bancaire et financier relèvent en revanche d'une logique plus complexe puisque si certaines activités ont été déréglementées (dans le secteur du crédit en particulier), d'autres (comme le marché boursier) ont fait l'objet d'une nouvelle réglementation.

2.1. *L'encouragement de la concurrence par la libération des prix et la lutte contre les pratiques restrictives*

La libération des prix a constitué le premier volet d'une politique visant à rendre les marchés plus concurrentiels. Dès 1980 en effet, la loi sur la concurrence met fin aux contrôles en vigueur depuis les années 70 et abolit la Commission des prix, dès lors devenue sans justification. Les pouvoirs publics s'attachent parallèlement à lutter contre les pratiques restrictives de certaines professions, espérant favoriser par là même une baisse des tarifs qu'elles pratiquent. C'est ainsi, par exemple, qu'est supprimé le quasi-monopole dont jouissaient les *solicitors* dans le domaine des transactions immobilières, que les opticiens perdent leur monopole de la vente des lunettes, qu'une loi de 1990 (*Courts and Legal Services Act*) vient quelque peu estomper la traditionnelle séparation entre les fonctions de *barrister* et de *solicitor*, même si la fusion entre les deux professions n'est pas encore à l'ordre du jour. Des réformes de même nature affectent les services juridiques, les honoraires des architectes et les sociétés locales de transport par autobus, alors que les comptables, les courtiers en valeurs mobilières, les vétérinaires, les médecins et les dentistes bénéficient d'un assouplissement des règles auxquelles leurs professions sont tenues en matière de publicité. Au total, on peut dire que ces réformes ont permis au consommateur d'être plus informé qu'il ne l'était à la fin des années 70 et de disposer d'une plus grande faculté de choix entre les services proposés par les membres de ces différentes professions.

L'encouragement de la concurrence s'appuie sur une structure administrative à trois étages qui est tout à la fois chargée de lutter contre les pratiques commerciales restrictives, de surveiller des monopoles, et de contrôler les opérations de fusions et d'acquisitions. Sont en effet concernés par cette politique le Ministère du Commerce et de l'Industrie (*Department of Trade and Industry*), le bureau des pratiques commerciales loyales (*Office of Fair Trading*) et la Commission sur les monopoles et les fusions (*Monopolies and Mergers Commission*), organismes dont la compétence et les rôles respectifs sont définis par les textes législatifs en vigueur. Conformément à la loi de 1973 sur les pratiques commerciales loyales (*Fair Trading Act*), à la loi de 1976 sur les pratiques commerciales restrictives (*Restrictive Trade Practices Act*), et surtout à la loi de 1980 sur la concurrence (*Competition Act*), toute pratique commerciale dont on soupçonne le caractère restrictif ainsi que tout projet de fusion ou d'acquisition impliquant des entreprises d'une certaine taille doivent être soumis à l'examen de l'*Office of Fair Trading*. Il appartient alors au directeur général de ce bureau de déterminer si cette pratique ou ce projet risque de constituer une entrave à la concurrence. En matière de fusions et d'acquisitions, l'OFT doit soumettre à la *Monopolies and Mergers Commission* tout projet de rapprochement d'entreprises qui conduirait à leur assurer une position dominante sur le marché, le critère retenu étant soit l'importance du chiffre d'affaires soit le contrôle d'au moins 25 % d'un marché. La *MMC* mène alors une enquête, dont les conclusions sont portées à la connaissance du ministre du Commerce et de l'Industrie (*Secretary of State for Trade and Industry*), auquel il incombe de trancher chaque cas en acceptant ou en rejetant les conclusions auxquelles a abouti la *MMC*, c'est-à-dire en autorisant ou en interdisant l'opération de fusion ou d'acquisition.

Les critères pris en compte pour évaluer les effets d'une fusion sont le degré de concurrence s'exerçant sur les marchés qu'elle concerne, l'intérêt public, celui du consommateur, et les conséquences sur l'emploi. En dernière analyse, les pouvoirs publics doivent en effet tenter d'évaluer s'il est plus profitable, pour l'économie nationale, de maintenir une multiplicité d'opérateurs sur un marché, situation qui encouragera la concurrence mais qui risque d'alourdir les coûts de production, ou au contraire de susciter la formation de groupes puissants. Ces groupes rendront les marchés moins concurrentiels, mais ils pourront réaliser des économies d'échelle qui se traduiront vraisemblablement par une baisse des prix, et ils disposeront de ressources financières suffisantes pour pouvoir consentir un effort important dans le domaine de la recherche et du développement, effort dont on peut légitimement attendre des effets bénéfiques en matière d'innovation et d'amélioration de la qualité des produits[7].

Depuis 1980, l'attitude des pouvoirs publics semble avoir consisté à considérer que l'existence de groupes pesant d'un poids important sur les marchés n'entravait pas nécessairement la concurrence et n'était pas forcément en contradiction avec l'intérêt public. C'est ce qui explique que le critère du chiffre d'affaires à partir duquel l'*OFT* doit être saisi ait été sensiblement relevé, passant de 5 à 15 millions de livres en 1980, puis à 30 millions en 1984. Résultat : cet organisme, qui devait examiner la moitié de toutes les fusions de sociétés en 1979, n'en évaluait plus qu'un cinquième en 1989. En outre, dans les années 80, l'*OFT* n'a référé à la *MMC* que 3,5 % des 2 400 fusions dont il a eu à connaître, soit 86 au total. Notons d'ailleurs que la plupart d'entre elles furent autorisées, même si dans certains cas cette autorisation fut assortie de conditions[8].

Le régime des fusions a certes été transformé en 1990 par la directive européenne qui donne à la Commission de Bruxelles le droit d'opposer son veto à toute fusion qui aboutirait à créer une entité dont le chiffre d'affaires mondial dépasserait 5 milliards d'écus, sous réserve que deux des sociétés impliquées dans le projet réalisent un chiffre d'affaires d'au

7. Cf. document VI.2, *infra*.
8. Chiffres cités par C. Johnson (36), p. 189 et 203.

moins 250 millions d'écus dans la Communauté (sauf si les deux tiers du chiffre d'affaires de l'une d'entre elles est réalisé dans un des pays membres). Pour toutes les opérations de moindre ampleur, les autorités britanniques conservent cependant leur compétence, et demeurent libres d'appliquer les règles qu'elles jugent compatibles avec les intérêts bien conçus de l'économie britannique.

On a ainsi assisté, pendant les années 1980, à une vague sans précédent de fusions et d'acquisitions, le nombre de sociétés achetées passant de 534 en 1979 à 1 330 en 1989, les sommes investies de 2 534 milliards à 21 975 milliards de livres. Bon nombre de ces opérations, qui défrayèrent la chronique au moment où elles furent annoncées, restent dans les mémoires, que l'on songe à l'OPA de Hanson sur Imperial Group en 1985, à celle lancée par les sociétés suisses Suchard et Nestlé sur Rowntree en 1988, ou encore à la tentative (avortée) de prise de contrôle de BAT par Hoylake en 1989 [9]. Certaines furent à l'origine de scandales financiers et de procès retentissants, tels le *raid* lancé par Guinness sur Distillers en 1986, ou encore l'affaire Blue Arrow [10]. A la fin des années 80, ces opérations représentaient 30,4 % de l'investissement des entreprises (en moyenne annuelle), contre 8,6 % seulement dix ans plus tôt, et les empires financiers résultant de ce processus pesaient d'un poids beaucoup plus lourd sur l'économie de la Grande-Bretagne, de l'Europe et du monde, qu'ils ne le faisaient au moment de l'arrivée au pouvoir de Margaret Thatcher [11].

Il est encore trop tôt pour apprécier pleinement les effets de ce processus de concentration, pour savoir notamment si ses résultats en matière d'économies d'échelle, de recherche et développement, et d'amélioration de la compétitivité de l'économie britannique auront été à la hauteur des espérances de ceux qui l'ont encouragé. Notons toutefois que la capitalisation boursière des entreprises cotées au Royaume-Uni place ce pays à la troisième place mondiale, après les Etats-Unis et le Japon, mais très loin devant les autres pays européens et qu'en 1991, en dépit de la récession,

9. Certaines de ces opérations sont étudiées dans Peter Hardy (32), chapitre 2, p. 21-42.

10. *Ibid.* et aussi *The Economist*, « Fraud : Marginal returns », 1er février 1992, p. 76-78, et « The Blue Arrow Affair », 7 mars 1992, p. 23-26.

12. On pourra ainsi consulter les listes publiées par le magazine *Fortune* en 1979 et en 1992.

la rentabilité des sociétés britanniques classées parmi les 1 000 premières du monde dépassait très nettement celle des sociétés américaines, japonaises ou allemandes[12]. Reste à savoir si, à l'avenir, ces bénéfices auront des retombées dans la sphère réelle parce qu'ils seront investis dans le développement interne des sociétés qui composent ces groupes, ou s'ils ne serviront qu'à conforter leur puissance financière en alimentant un développement externe acquis à coup d'OPA.

2.2. Encouragement de la concurrence et réforme réglementaire : le cas des marchés financiers

Les marchés financiers britanniques ont fait l'objet, depuis une quinzaine d'années, de profondes réformes qui se sont traduites en particulier par la levée du contrôle des changes (octobre 1979), par la suppression des contrôles administratifs concernant l'octroi de crédits bancaires[13], par la déréglementation de la vente à tempérament (juillet 1982) ou des activités des *building societies* (1986) et par le *Big Bang* d'octobre 1986. Le cas du *Big Bang* est intéressant parce qu'il montre que les pouvoirs publics ont été amenés, pour améliorer le fonctionnement concurrentiel des marchés et assurer une meilleure protection des investisseurs, à supprimer certaines pratiques restrictives mais aussi à mettre en place une structure réglementaire dont la réforme est aujourd'hui à l'ordre du jour[14].

Appliqué au marché boursier, le terme de « déréglementation » est donc largement impropre, et les décisions qui entrèrent en vigueur le 27 octobre 1986 ne furent en fait que le point fort d'un vaste processus de réforme engagé dès 1976 et qui se poursuit encore à l'heure actuelle[15]. Par ailleurs, si les facteurs idéologiques jouèrent un rôle prépondérant dans la mise en œuvre des mesures visant à renforcer la concurrence sur les autres

12. En 1991, les chiffres étaient les suivants (en milliards de dollars) : Etats-Unis, 2 869,3 ; Japon, 1 675,5 ; Royaume-Uni, 777,2 ; Allemagne, 269,6. Source : « The Global 1000 - Britain's Rather Good Show », *Business Week*, 13 juillet 1992.

13. Cf. chapitre IV.

14. Le texte de Nigel Lawson, reproduit dans le document VI.4, *infra*, permet de prendre la mesure des effets de l'ensemble de ces mesures sur l'économie britannique.

15. Sur ce point, cf. André Guillaume et Marie-Claude Esposito (31), notamment quatrième partie, p. 245-287.

marchés ainsi que dans le programme de privatisation des entreprises publiques, les réformes apportées au fonctionnement des marchés financiers furent tout autant le résultat de la volonté des pouvoirs publics qu'une réponse à la pression des circonstances : la concurrence étrangère et les innovations financières apparues dans les années 70 pour permettre aux agents de mieux se prémunir contre les risques liés à l'inflation, aux variations de taux de change et de taux d'intérêt ne laissaient d'autre choix au marché britannique que de s'adapter pour survivre.

Du fait de la suppression des commissions fixes versées aux agents de change américains le 1er mai 1975 et du développement des marchés à terme outre-Atlantique, les places américaines étaient en effet devenues beaucoup plus attrayantes que la place de Londres, alors même que les progrès technologiques, notamment le développement des télécommunications et de l'informatique, abolissaient les barrières géographiques traditionnelles et renforçaient la concurrence en permettant aux opérateurs de négocier des ordres sur un marché mondial fonctionnant en continu, 24 h sur 24 (*global, around-the-clock market*), de Tokyo à New York. Face à ces innovations, la Bourse de Londres se devait de réformer son mode de fonctionnement, sous peine de perdre son rang international au profit des Bourses américaines ou japonaise, ou de voir les investisseurs lui préférer les euromarchés, dont l'activité s'était développée depuis la fin des années 1950 sur le site même de la City (*the Square Mile*), mais en dehors de tout contrôle des autorités du *Stock Exchange*.

Le fonctionnement traditionnel de la Bourse reposait en effet sur trois grands principes qui protégeaient les opérateurs de la concurrence tant interne qu'externe, rendait l'exercice de leur profession tout aussi lucratif que confortable, mais élevait le coût des opérations financières traitées sur la place de Londres. Le premier de ces principes, désigné par les termes de capacité unique (*single capacity*), établissait une division fonctionnelle entre les deux types d'opérateurs, les *jobbers* et les *brokers*, entre lesquels aucun conflit d'intérêt ne pouvait survenir. En effet, alors que les *jobbers* étaient seuls habilités à intervenir comme contrepartie dans les négociations boursières, les *brokers* étaient, eux, de simples courtiers, c'est-à-dire des intermédiaires entre les clients et les *jobbers*. De plus, si les *brokers* percevaient des commissions déterminées par un barème fixé par les autorités de la Bourse, les *jobbers*, qui prenaient un risque en capital en achetant et en vendant pour leur propre compte et qui assuraient la cotation des cours des valeurs dans lesquelles ils étaient spécialisés, percevaient une rémunération (*jobber's turn*) nécessairement variable puisqu'elle résultait de l'écart entre le cours d'achat (*buying price*) et le cours de vente (*selling price*) de ces titres. Enfin, en vertu du troisième principe régissant le fonctionnement du *Stock Exchange*, les opérateurs étrangers, et en particulier les grandes firmes de courtage américaines, étaient exclus du marché.

Dès la fin des années 70, la place de Londres s'ouvrait à un certain nombre d'innovations pour s'adapter aux évolutions intervenues à l'étranger. C'est ainsi que vit le jour, en 1978, un marché de contrats d'options (*London Traded Options Market, LTOM*) ; qu'un second marché (*Unlisted Securities Market, USM*) fut créé en 1980 ; que le LIFFE (*London International Financial Futures Exchange*), marché à terme d'instruments financiers fut mis en place en 1982, à partir d'initiatives étrangères aux autorités de la Bourse il est vrai[16].

L'origine du *Big Bang* réside cependant dans la décision prise en 1976 par le gouvernement travailliste d'étendre au secteur des services la portée de la législation concernant les pratiques commerciales restrictives : deux ans plus tard, l'*Office of Fair Trading* intentait une action contre le *LSE* pour violation du droit de la concurrence. Quelques mois plus tard, la suppression du contrôle des changes permettait aux investisseurs britanniques de se porter massivement sur les places étrangères, provoquant une contraction de l'activité de la Bourse de Londres à laquelle les agents de change réagirent en abaissant leurs commissions pour tenter de rivaliser avec leurs concurrents étrangers et de retrouver ainsi une partie de la clientèle qui leur avait échappé. Ainsi il devenait clair que les règles sur lesquelles la Bourse avait assis sa prospérité d'antan allaient devoir être modifiées. D'où la solution de compromis adoptée en 1983, aux termes de laquelle le ministère du Commerce et de l'Industrie (dont dépend l'*Office of Fair Trading*) renonçait à poursuivre le *London Stock Exchange* à condition que les autorités boursières s'engagent à réformer leurs institutions en profondeur, notamment en abolissant les commissions fixes.

Aboutissement logique de ce compromis, la réforme mise en œuvre à compter d'octobre 1986 reposait sur quatre piliers[17] : l'abolition des

16. Le LTOM et le LIFFE ont fusionné en mars 1992.
17. Cf. les articles parus dans *The Economist* les 2 et 9 août et le 13 septembre 1986.

commissions fixes, la suppression du principe de la capacité unique, la levée de toute restriction à l'activité des sociétés étrangères sur le marché londonien, et la cession par la Banque d'Angleterre du monopole de l'émission des fonds d'Etat à des intermédiaires spécialisés autorisés à exécuter des transactions pour leur clientèle mais aussi pour leur propre compte (les *primary dealers*). Ces mesures furent complétées par la mise en place, en février 1987, d'un système de cotation informatisé (*Stock Exchange Automated Quotations, SEAQ*) et par l'institution par voie législative (le *Financial Services Act*), en novembre 1986, d'un mécanisme d'autoréglementation des marchés qui visait tout à la fois à renforcer la protection des investisseurs et à préserver la marge de liberté des intervenants.

Pièce maîtresse de ce système d'autoréglementation, le *Securities and Investment Board*, est un organisme privé, placé sous la surveillance du ministre du Commerce et de l'Industrie, lequel partage avec le Gouverneur de la Banque d'Angleterre le privilège d'en nommer le président. Le SIB surveille le fonctionnement des différents marchés financiers (*Recognized Investment Exchanges, RIEs*) tout en exerçant un contrôle sur les cinq organismes professionnels (*Self Regulatory Organisations, SROs*) auxquels il incombe de surveiller l'activité de l'ensemble des intervenants : c'est ainsi que la *Securities Association (TSA)* intervient pour les intervenants sur le marché des valeurs boursières, la *Financial Intermediaries, Managers and Brokers Regulatory Association (FIMBRA)* pour les opérateurs proposant les produits d'assurance et d'épargne grand public, l'*Investment Management Regulatory Organisation (IMRO)* pour les organismes de gestion collective des placements, la *Life Assurance and Unit Trust Regulatory Organisation (LAUTRO)* pour les compagnies d'assurance, et l'*Association of Futures Brokers and Dealers (AFBD)* pour les intervenants sur les marchés à terme.

Les conséquences de cette réforme furent de plusieurs ordres[18]. En premier lieu, elle suscita une entrée massive de sociétés étrangères, en particulier américaines et japonaises, sur le marché londonien, parmi lesquelles Citicorp, Chase Manhattan, Merill Lynch ou le Japonais Nomura. La suppression du principe de la capacité unique encouragea aussi une concurrence acharnée entre des opérateurs dont les territoires avaient été jusque-là

18. Cf. « Five Years since Big Bang », *The Economist*, 26 octobre 1991, p. 25-30.

bien délimités, concurrence qui fut fatale aux plus petits ou aux plus faibles d'entre eux. D'où une vague de fusions et d'acquisitions, qui donna naissance à d'énormes conglomérats, souvent placés sous direction étrangère, mais au nombre desquels les grandes banques de dépôt britanniques figurent en très bonne place. Tant que dura l'euphorie que connurent les marchés boursiers de 1982 à 1987 (*the roaring eighties*) ces bouleversements n'entravèrent ni la montée des cours ni la rentabilité des opérations, mais les choses changèrent du tout au tout après le krach d'octobre 1987 : la chute des cours s'accompagna d'une contraction des transactions et d'une baisse des bénéfices qui conduisit certaines sociétés comme Morgan Grenfell ou Citicorp à se retirer d'une place sur laquelle elles s'étaient engagées à grands frais quelques années plus tôt, alors que d'autres tentaient d'alléger leurs charges en licenciant une partie non négligeable de leur personnel et en réclamant un assouplissement du cadre réglementaire auquel elles étaient soumises.

Les investisseurs institutionnels semblent par ailleurs avoir été les grands gagnants d'une réforme qui a finalement peu profité aux petits actionnaires et dont les scandales financiers qui ont entaché la réputation de la City depuis une dizaine d'années montrent qu'elle n'a pas permis de protéger efficacement tous les investisseurs. De nombreuses voix se sont donc élevées pour critiquer la dilution de l'autorité réglementaire entre des organismes trop nombreux, dont l'action est difficile à coordonner et qui souffrent d'un manque d'indépendance à l'égard des pouvoirs publics et des professionnels. Pour réclamer, aussi, la réforme d'un système qui a fait la preuve de ses défaillances. C'est pourquoi les pouvoirs publics préparent actuellement un projet visant à accroître les pouvoirs du *SIB* en s'inspirant du modèle de la *SEC* américaine[19], ce qui ne laisse pas de susciter l'opposition d'une profession attachée au principe séculaire de l'autoréglementation et qui est peut-être mieux organisée pour résister à la volonté des gouvernants que n'a pu l'être, en son temps, le monde du travail.

19. Cf. document VI.4, *infra*.

2.3. *La déréglementation du marché du travail*

Arrivant au gouvernement en 1979, les conservateurs estimaient que l'augmentation très rapide du chômage dont souffrait le Royaume-Uni depuis le milieu des années 70 résultait principalement du mauvais fonctionnement du marché du travail, et qu'il importait donc de le rendre plus efficient [20]. Pour ce faire, l'action se développa selon deux axes, le gouvernement visant d'une part à affaiblir les syndicats et à assouplir la législation du travail, d'autre part à inciter les individus à travailler et les entreprises à embaucher.

2.3.1. *La réforme des relations professionnelles*

L'assouplissement de la législation du travail est passée avant tout par la réforme des relations professionnelles (*industrial relations*), la puissance des syndicats étant rendue largement responsable de l'affaiblissement de l'économie britannique et de l'archaïsme du fonctionnement du marché du travail. Pour Margaret Thatcher et son parti, les pratiques restrictives auxquelles avaient recours les organisations syndicales faisaient obstacle à l'adaptation du système productif aux mutations technologiques et économiques, en même temps que la multiplication des conflits sociaux désorganisait l'économie et que la satisfaction de revendications salariales excessives par rapport aux gains de productivité enregistrés par les entreprises alimentait l'inflation [21].

Recourant à une tactique graduelle, que Christopher Johnson qualifie de « tactique du salami », le gouvernement fait donc voter, entre 1980 et 1990, six textes de loi qui réduisent considérablement les pouvoirs des syndicats en limitant leur monopole de l'embauche (*closed shop system*), et en renforçant le rôle de la base dans leur fonctionnement [22]. C'est ainsi que la loi de 1980 leur interdit de refuser l'adhésion d'un travailleur qui

20. La situation du marché du travail et de l'emploi est étudiée dans les chapitres VII et VIII.

21. Jean-Pierre Ravier étudie bien ces thèses dans *Les syndicats britanniques sous les gouvernements travaillistes (1945-1970)*, Lyon, Presses Universitaires de Lyon, 1981. Cf. aussi du même auteur « Madame Thatcher et les syndicats », *in* Jacques Leruez (39), p. 57-68.

22. Christopher Johnson (36), chapitre 7.

en fait la demande ou d'exclure quiconque pour une « cause déraisonnable, » et si le monopole de la représentation des salariés d'une entreprise demeure légal, il doit désormais avoir été approuvé par une majorité de 80 % des adhérents ou de 85 % des votants à l'issue d'un scrutin à bulletin secret. Le fonctionnement interne des organisations est par ailleurs modifié, et le pouvoir des dirigeants soumis à l'approbation plus fréquente de leur base puisque les syndiqués doivent à présent voter à bulletin secret pour élire leurs représentants, modifier le règlement interne du syndicat, ou décider de recourir à la grève. L'organisation de grèves de solidarité est en outre sévèrement limitée, en particulier lorsqu'elle prend la forme de l'organisation de piquets secondaires (*secondary picketing*), et les textes qui prévoyaient l'immunité des syndicats contre toute poursuite en responsabilité civile sont progressivement abrogés : en application de la loi de 1982, un syndicat peut ainsi être attaqué en justice et condamné à des dommages et intérêts pour acte illégal autorisé ou revendiqué par lui.

L'effet de ces mesures est difficile à évaluer. Certes, l'audience des syndicats a sensiblement reflué, puisqu'ils comptaient, en 1990, trois millions d'adhérents de moins qu'en 1979 [23] et que le taux de syndicalisation était passé, dans la même période, de 52,5 % à 37 %. Certes, le nombre de journées de travail perdues pour fait de grève a également diminué de façon spectaculaire, tombant de 29,474 millions en 1979 à 1,903 million en 1990, soit le niveau le plus faible atteint depuis 1935. La grève des mineurs de 1984-1985, la plus longue qu'ait connue le Royaume-Uni depuis 1926, apparaît ainsi, rétrospectivement, comme le chant du cygne d'une forme de syndicalisme moribond, la crédibilité du chef du *National Union of Miners*, Arthur Scargill, étant aujourd'hui fortement entamée aux yeux de l'opinion publique, alors que les responsables adeptes d'un nouveau réalisme doivent encore faire la preuve du succès de leur stratégie. Mais l'on peut se demander si ces phénomènes ne sont pas autant à attribuer à la montée du chômage et à la disparition de nombreux emplois industriels, notamment dans des secteurs comme les mines, la sidérurgie, la construction mécanique ou l'automobile, qui constituaient de véritables bastions du

23. Cf. documents VI.5 et VI.6, *infra*.

syndicalisme britannique[25], qu'aux mesures mises en œuvre par le gouvernement pour limiter le pouvoir des syndicats.

2.3.2. L'abaissement des coûts d'embauche et de licenciement

Les règles adoptées en matière de licenciement, et en particulier de licenciement abusif, en contrepartie des engagements de modération salariale pris par les syndicats dans les années 70 avaient eu pour effet de protéger les salariés, mais aussi de dissuader les employeurs d'embaucher, parce qu'elles alourdissaient considérablement leurs coûts lorsqu'ils se trouvaient contraints de réduire leurs effectifs. Des dispositions visant à assouplir ces règles ont donc été mises en œuvre depuis 1980 : ainsi la durée minimum pendant laquelle il faut avoir travaillé dans une entreprise pour bénéficier de la protection de la loi contre les licenciements abusifs a été progressivement allongée, passant de six mois en 1979 à deux ans à partir de 1985. Qui plus est, la charge de la preuve n'incombe plus, dans ce cas, à l'employeur, et les délais de préavis concernant les licenciements touchant moins de cent personnes ont été réduits. Ces mesures ont bien entendu conduit à précariser la situation de nombreux salariés, mais les pouvoirs publics estiment que c'était là le prix qu'il fallait payer pour accroître la flexibilité du marché du travail. Force est cependant de constater que bien qu'il soit aujourd'hui beaucoup plus facile aux entreprises de licencier que cela n'était le cas en 1979, cela n'a pas pour autant permis de résorber le chômage, bien au contraire[26]. En d'autres termes, l'assouplissement des règles de licenciement ne semble pas avoir eu les effets escomptés en matière d'encouragement à l'embauche.

Cela est d'autant plus remarquable que les mesures adoptées dans le but d'abaisser le coût de la main-d'œuvre auraient dû constituer une puissante incitation. Par le biais de la fiscalité, le coût du travail par rapport à celui du capital a en effet été sensiblement réduit : c'est ainsi que le traitement fiscal très favorable dont bénéficiaient les investissements a été ramené à un niveau comparable à celui qui est en vigueur dans la plupart des autres pays de l'OCDE ; que la *national insurance surcharge*, qui repré-

24. Cf. chapitre VIII.
25. Cf. chapitre VIII.

sentait 3,5 % de la masse salariale en 1979, a d'abord été abaissée puis abolie en 1984, et que les cotisations sociales des employeurs ont été réduites sur les salaires les plus faibles[26]. En outre, s'il n'existe pas de salaire minimum au Royaume-Uni, les conseils des salaires (*wages councils*) ont perdu une partie de leurs prérogatives pour la fixation des salaires minima, qui ont d'ailleurs été supprimés pour les jeunes travailleurs. Ces *wages councils*, qui ne concernent plus qu'une minorité de salariés (10 % de la population active environ), devraient d'ailleurs prochainement disparaître[27].

En dépit de ces mesures, en dépit aussi de la dégradation de la situation de l'emploi, la progression des rémunérations est cependant restée très rapide, puisque les salaires horaires réels ont progressé en moyenne de 2,9 % entre 1979 et 1989, ce qui est très supérieur au chiffre de 1 % enregistré pour l'ensemble de l'OCDE. Ce phénomène semble en grande partie imputable au maintien d'anticipations inflationnistes élevées de la part des agents économiques, en raison du manque de crédibilité dont a pâti la politique monétaire[28]. Les coûts unitaires de main-d'œuvre ont donc progressé de 4,8 % (contre 2,9 % en moyenne pour l'ensemble des pays de l'OCDE), grevant lourdement les charges des employeurs, et expliquant très largement l'inefficacité relative des mesures destinées à favoriser l'embauche. La déréglementation du marché du travail a par ailleurs accentué les inégalités sociales, puisqu'elle fait cohabiter, à côté de ceux qui possèdent un emploi fixe, dont les salaires augmentent plus vite que les prix, et qui ne sont pas loin d'apparaître comme des « nantis », une masse de travailleurs en situation précaire et de chômeurs souvent piètrement indemnisés qui, du fait des évolutions structurelles de l'économie britannique, ne peuvent guère espérer une amélioration sensible de leur condition dans un avenir prochain.

26. Cf. *supra*, chapitre III.

27. Sur les *wages councils*, on pourra consulter la thèse de doctorat de Timothy Whitton, *Les wages councils et la fixation des salaires minima en Grande-Bretagne*, Université de la Sorbonne Nouvelle-Paris III, 1991.

28. Cf. *supra*, chapitre IV, et OCDE (45) 1991, p. 69-73.

DOCUMENT VI.1. THE PENDULUM SWINGS: THE PRIVATISATION OF STRATEGIC UK INDUSTRIES AND UTILITIES MAY HAVE ITS LIMITS

Italy is selling its banks, France its chemical companies, Spain its tobacco monopoly, eastern Europe practically everything. Privatisation, from its tentative beginnings in the UK a decade ago, seems unstoppable.

Except, that is, in the UK itself. The mooted privatisation of British Rail is under fire from all points of the political compass. The idea of privatising Scottish water is supported by just 4 per cent of the Scottish population. The shambles of the pit closures has left the public asking whether the privatisation of gas and electricity has made it impossible for the UK to have a coherent energy policy.

The obvious question is whether the UK, having taken the lead in embracing privatisation, is doing the same in turning against it; or indeed, whether the UK is demonstrating to the rest of the world that privatisation has its natural limits.

In looking for an answer, it helps to recall what kind of enterprises are state-owned in the first place. In the UK, at any rate, the list falls into two main categories: so-called strategic industries, and utilities*. The first has provided UK privatisation with its greatest successes. The second is its biggest headache.

The concept of the strategic industry has changed and weakened in the years since the second world war. Fighting a conventional war requires ships, aircraft, land transport and raw materials such as steel and oil. Even in peacetime, governments have tended historically to regard those industries as centrally important to the economy. In continental Europe, many still do.

Thus, if those industries required huge capital projects* such as steel mills, North Sea rigs or petrochemical crackers, governments paid for them. If individual companies fell on hard times, the government took them over. In the UK, the result was an extraordinary proliferation of state-owned enterprises: British Steel, British Leyland, British Aerospace, British Airways, British Shipbuilders, Britoil, Rolls-Royce and Royal Ordnance. In the end, one of the most compelling reasons for returning all these to the private sector was that, in peacetime, their products could be obtained perfectly easily on the world market.

The utilities are another matter. In the 1980s, the concept of rolling back the frontiers of the state meant that the idea of centrally planning and financing the national infrastructure became deeply unfashionable. In ideological terms, the chief attraction of privatising gas, electricity, water and telecommunications was that it took the provision of basic services out of the hands of bureaucrats and subjected it to disciplines of the market.

With hindsight, this begins to look like the outward swing of the pendulum: an exaggerated denial of the role of central planning* in response to decades of blind faith. The question is not which approach works best in practice. Rather

it is whether the population at large feels that the provision of certain fundamental services is a collective responsibility.
The furore over the pit closures suggests it may. When the government privatised electricity, it must have quietly congratulated itself on the neat way it was washing its hands of British Coal's future. When the coal contracts came to be renewed, the generating companies were bound to cut their consumption. But the government could argue, with perfect logic, that it was powerless to intervene.
The trouble was that the public would not wear it. There was general astonishment and anger at the idea that the deployment of Britain's finite energy resources could not be discussed at governmental level. Since this had been one of the main ideological points of the exercise, the government was left dangling on a hook of its own devising.
The question now is whether this kind of debate will surface elsewhere. There are one or two signs that it may. In the US, even the outgoing Bush administration has devoted much time lately to discussing the infrastructure. In the UK, much of the hostility to privatising British Rail rests on the idea that it is government's job to think through the relationship between rail and road. At this rate, even such matters as the modernisation of the UK's telephone network could become issues of public policy.
If so, there is trouble ahead. In particular, the industry regulators — Oftel, Ofgas and the rest — are already looming large in the public consciousness. Their powers are only tolerable because they are specifically limited to questions of competition and efficiency. If responsibility for public policy were added on top, the already vexed question of who regulates the regulators would become clamorous.
Finding a solution would be equally difficult. From the regulatory framework downwards, the whole structure of the privatised utilities expresses the political dogma of a decade ago. It now seems the dogma may be changing. The structure is not built to change with it, nor was it meant to be. Privatisation enthusiasts everywhere, take note.

Tony Jackson, *Financial Times*, 20 novembre 1992.

DOCUMENT VI.2. TIME TO CORRECT THE ECONOMIC POLICY FAILURES OF THE 1980s

One of the most enduring legacies of the 1980s has been the importance attached to micro-economic supply-side* policies. In contrast to earlier years, the main goal of macro-economic policy in the 1980s was to deliver low inflation, leaving the supply side to deal with real economic performance.

In the UK, these supply-side policies took the form of promoting the operation of markets and increasing competition. They involved controlling government expenditure, privatising state enterprises and introducing market processes into what were previously regarded as largely non-market activities: education, health and local government. Competition was intensified by deregulation and destructuring of monopolies. Labour and housing markets were liberalised and more emphasis was placed on the individual at the expense of collectives.

In some areas these supplyside policies were successful. In others they were positively harmful. The dividing line between success and failure is essentially that between competition and investment. Where little investment was required, policies of promoting competition were successful; where significant investment was needed, performance fell.

Services are the main area in which microeconomic policies have been successful. The performance of buses, coaches, opticians, financial services and telecommunications were largely improved by introducing markets and greater competition. The main areas of poor performance have been in training, R&D and education. Privatisations succeeded in transferring large segments of the public sector with apparent ease to the private sector. Where competition accompanied privatisation, performance appears to have improved, as in airlines. However, conflicts between efficiency and investment have become more evident recently in the high investment sectors, such as water and electricity.

There can be little doubt that reforms to the labour market — for example, the resolution of industrial disputes* — contributed with the recession of the early 1980s to an improvement in manufacturing* labour productivity. However, the most serious problem facing the UK labour market — investment in labour (training) — has not been addressed.

Financial reforms have reduced the cost of financial services and certain forms of credit. But hostile* takeovers* have exacerbated concerns about whether adequate incentives exist for companies to pursue long-term investments and strategies.

The reason for these conflicting experiences is the trade-off* between promoting efficiency and investment. Competition typically diminishes incentives* to invest. It makes it harder for companies to capture returns* from their expenditures on investment, R&D and training. Without some market power, companies do not derive adequate benefits from their own investments; they therefore invest too little.

Likewise, mobility of labour helps to match supply and demand for labour but it is not conducive to investment in training. The resignation of employees comes at a high cost to a company that has invested in their training. Conversely, dismissal comes at the expense of the training that employees undertake which is of benefit only in their existing jobs.

This conflict between the efficiency benefits or competition and the investment advantages of monopoly characterised the economic policies of the 1980s. For one of the main architects of these policies, Friedrich von Hayek, monopoly returns* were the fruits of endeavour and perfect competition was a state in which competition had ceased to exist.
There is more to it than that. The UK appears to suffer from a worse trade off between competition and investment than many other countries. Germany and Japan have created ferocious competition in many industrial sectors while promoting high levels of investment. How have they done this?
A central feature of these economies is the long-term relations that exist within the corporate sector*: between companies and their financial institutions, and between companies and their employees. While UK policy has come increasingly to emphasise competition in product, capital and labour markets, other countries tolerate arrangements that limit competition.
Outside the UK and US, companies commonly hold each other's shares* as cross-shareholdings*. Companies are represented on each other's boards as suppliers, purchasers, providers of finance and competitors. They limit the control that outside investors can exert through dual classes of shares and voting right restrictions. There are serious impediments to outside investors dismissing either managers or employees. As a consequence hostile takeovers are rare. These inter-company relations inevitably encourage collusion and discourage restructurings*. But such arrangements encourage long-term investments by suppliers, purchasers, financial institutions and employees. Systems of permanent employment appear to be more closely associated with high levels of investment in training than more active labour markets.
In sum, a policy of encouraging competition in product, labour, and capital markets may have discouraged the development of the long-term relations between companies, their employees and investors that are necessary for investment. Policy in the 1980s emphasised the wrong model of product, labour, and capital markets: it put too much emphasis on competition and too little on the development of these longer-term relations. [...]

Dieter Helm, Colin Mayer and Ken Mayhew, *Financial Times*, 20 novembre 1991.

DOCUMENT VI.3. SIDE EFFECTS OF DEREGULATION*

Any radical reform, even if it achieves its objectives, is likely to bring about unforeseen side effects. This has proved particularly true of financial deregulation. Financial deregulation in no way implies the absence of financial regulation for prudential purposes. If this sounds paradoxical, it is, in fact, no more so than the well-known interdependence of freedom and the rule of law.

Financial deregulation is a somewhat imprecise term; but it is possible to identify at least 10 specific events that qualify as acts of financial deregulation (see box).
From this list, two events stand out as being of particular importance.
The most important was the abolition of exchange controls*. At the time a radical and controversial act, it is now the norm throughout the big industrial nations. This is partly because of a belief in freedom and deregulation and partly because the information technology revolution has made controls on capital movements difficult to police.
The consequences of this for the conduct of economic policy are considerable. First, it has transformed the foreign exchange markets*.
In the past, movement of currency across the exchanges was largely associated with trade flows, and the external value of currencies was largely determined by the state of the balance of payments on current account.
Today the vast bulk of the flow of capital across the exchanges has nothing whatever to do with trade flows; and exchange rate movements* are dominated by capital flows, often of a speculative nature, as can be seen most clearly in the gyrations of the dollar over the past 10 years. And for a time these gyrations can be self-perpetuating, with a move into a currency causing that currency to rise, and the consequent rise itself generating the expectation of a further rise and thus a further capital inflow. The resulting currency instability, unrelated to economic fundamentals*, can cause considerable damage and dislocation* to the world economy.
That is why leading finance ministers agreed on the Plaza (1985), and Louvre (1987) accords, to seek a system of international financial co-operation designed to introduce greater currency stability.
The other main international consequence of the freedom of capital movements is the dethronement of current account payments balance* as a policy objective.
In a world of rigid foreign exchange controls, a current account deficit could be financed only by a country running down its foreign currency* reserves, which could only continue for a short time. Today, by contrast, any country that can maintain a reasonable degree of confidence in its currency can finance a current account deficit for many years, as the US has done by importing capital from overseas.
Looking at it from the other end of the telescope, so to speak, in a world in which capital is free to move across frontiers, it would be extraordinary if, for each country, capital outflows precisely equalled capital inflows*.
There will be, for each country, either a net inflow or a net outflow of capital.
And since the balance of payments overall must balance, it follows that those countries with a net inflow of capital will run a current account deficit*, and those with a net outflow will run a current account surplus*.

This can be seen in terms of the relationship between savings* and investment. At any given period those countries whose capacity to generate savings exceeds their indigenous investment opportunities will experience a capital outflow, which will finance the current account deficits of those countries whose capacity to generate savings falls short of their indigenous investment opportunities.
But the abolition of exchange controls has not merely rewritten the rules for the conduct of economic policy. It has also rendered ineffective any form of direct national controls on credit. For in a world in which capital can flow freely, the effect of such controls would merely be to drive lending off-shore.
This other important side-effect of the abolition of exchange controls links with the second of the two main acts of financial deregulation in the UK: the collapse of the building societies'* cartel. [...]
The consequent explosion of lending, and of spending financed by lending, both for consumption and investment, private and business, on an unprecedented and unforeseen scale is now a commonplace explanation of the switchback course the UK economy has followed in recent years.
Compared with the two main acts of deregulation I have identified, the other eight had little real impact, since the restrictions they abolished were either ineffectual (particularly in the case of the corset, following exchange control abolition) or technical or (as in the case of Big Bang) not directly connected with the quantum of bank and building society lending at all.

Nigel Lawson, *Financial Times*, 27 janvier 1992 (extraits).

Ten steps towards deregulation

- The unannounced ending, virtually as soon as the new Tory government took office in May 1979, of the restrictive guideline on building society lending.
- Abolition of exchange controls in October 1979.
- Scrapping of the so-called corset, the supplementary special deposits scheme designed to curb bank lending, in June 1980.
- Abolition of the Reserve Asset Ratio requirement, under which banks had to hold at least 12.5 per cent of their deposits in a specified range of liquid assets, in August 1981.
- Abolition of hire-purchase restrictions in July 1982.
- The collapse of the building societies' cartel in October 1983.
- Some aspects of the Building Societies Act 1986.
- Big Bang in October 1986.
- Withdrawal of mortgage lending guidance in December 1986.
- The effective abolition of the Control of Borrowing Order in March 1989.

DOCUMENT VI.4. A SEC FOR LONDON

Every system of financial regulation has its virtues and its vices. The great thing about rule by statute* is that it is open to all, and is seen to be objective. Its vices are that complex legal rules encourage litigation, and that laws written by outsiders may fail to reflect the reality of sophisticated markets. There lies the virtue of self-regulation*: it is handled by practitioners well-versed in market ways and flexible enough to change with the times. And there, too, its vice: insiders have conflicts of interest, and are too chummy with those they regulate. With its new Financial Services Act, Britain chose to blend statute and self-regulation, aiming to combine their advantages. In every year since 1988, when that act came into effect, it has become clearer that the opposite has happened. Britain has married legal complexity to conflict of interest. It is time to seek virtue elsewhere — in statutory rule by a single, independent body. Britain needs the equivalent of America's Securities and Exchange Commission (SEC).

Regulatory messes abound: Lloyd's of London and the Maxwell companies' raided pension funds* are the latest to blacken the City's name. Yet the Blue Arrow trial that ended last month offers the most striking example of run-of-the-mill regulatory failure. Although the events that gave rise to it took place while the current system of regulation was being bedded down, the way in which the case was handled demonstrates defects that still plague the City [...]. Understandably, most attention has gone to the five defendants (investment bankers at County NatWest and UBS Phillips & Drew) and to the prosecutor (the SFO — the Serious Fraud Office). Can juries understand fraud cases? Is there a better way? The debate rumbles on, and misses the biggest lesson of the trial.

Fragmented self-regulation does not work. [...] One culprit was not even in the dock: the Bank of England. As County NatWest is a subsidiary of the National Westminster Bank, the Bank of England was its "lead regulator". Virtually from the start, the Bank had all the information to conclude that County was misleading the market after Blue Arrow's 1987 rights issue. Yet it did nothing. Worse, it aided a cover-up of the affair, and attempted to head off an investigation by the Department of Trade and Industry (DTI).

The Bank of England is a statutory body. Yet it has evolved in a self-regulatory system. It sees itself as close to the City and, in a way, its champion. When the Blue Arrow affair arose, involving Britain's biggest bank, the Bank of England thought it should try to help NatWest wriggle away. It was more concerned with safeguarding NatWest's reputation and capital ratios* than with exposing transgression. The moral hazard is clear. The subjects of regulation, or at least the big and favoured ones, are encouraged to trade at the limits of the law, knowing that their supervisor will seek to limit the damage if they break it. In this shameful affair, the worst shame of all lies in the heart of the City, with the Bank of England.

The ills of the Blue Arrow affair begin with Britain's regulatory system, even though they end in the flawed choices of men. The British method is splintered, with duties divided among many bodies, some of which, like the Bank, have conflicts of interest; and the system fools itself and the public into thinking that it works by self-regulation, when in reality the final verdict lies in the statute book. Both drawbacks need correcting.

London already has an independent agency overseeing investment: the Securities and Investments Board (SIB). Its powers derive from those granted by statute to the DTI. But the SIB delegates much of its work to other bodies, notably five self-regulatory organisations, and to market authorities. It has no powers over insider trading* and breaches* of company law*; those are the job of the DTI. Nor does it rule on takeovers*, which are governed by the City's voluntary Takeover Panel. All of its meagre budget comes from levies on those it regulates.

The single best change that London should make is to consolidate regulation in the hands of the SIB, modelling it on America's SEC. The SEC is strictly independent of those it regulates. Like the SIB, it uses some self-regulatory bodies (such as the New York Stock Exchange) to monitor markets and participants, and to provide information. But the bulk of the work, and the power, stays at the SEC. Its resources come from the taxpayer* and from registration fees*. Investors and intermediaries alike know who is in charge, who makes the rules and who enforces them. When necessary, the SEC can operate informally in the old London style; few would ignore a call from the SEC'S head of enforcement, audibly waggling his eyebrows. Yet the commission's rules are clear, and vigorously applied. Most crucially, it can bring actions under civil law to secure swingeing fines, with a less demanding burden of proof than that required in criminal proceedings*

A consolidated* regulator in Britain would not be immune from lobbies and conflicts. But it would be less prone to them. The seat of power and the motives for its use would also be clearer, and its operations speedier. At the SEC, the responsibilities of surveillance, evaluation and enforcement are discharged in the same building, enabling information to move more freely and action to occur more rapidly than in London, despite the City's supposed informality and flexibility.

In cases like Blue Arrow and Guinness, the slow and erratic process of prosecuting financial crime in Britain has been widely blamed on the SFO, the body that in 1988 took on the role of chasing big and complex fraud. The regulatory system itself is more at fault. The Bank, the DTI, the SIB: all can start investigations and pass cases to the SFO. Yet they do so after long delays, and after battling with each other over whether there is a case to pass. A consolidated regulator, liberated from the City, would face fewer impediments. It would also be unlikely to share the Bank of England's fate: a regulator exposed in court for obstructing its own regulation.

The Economist, 7 mars 1992, p. 21-22.

DOCUMENT VI.5. TRADE UNIONS: NUMBERS AND MEMBERSHIP, 1989-1990

Year	Number of unions at end of year	Total membership at end of year (thousands)	Percentage change in membership since previous year
1979	453	13,289	+ 1.3
1980	438	12,947	− 2.6
1981	414	12,106	− 6.5
1982	409	11,593	− 4.2
1983	394	11,236	− 3.1
1984	375	10,994	− 3.2
1985	370	10,821	− 1.6
1986	335	10,539	− 2.6
1987	330	10,475	− 0.6
1988	315	10,376	− 0.9
1989	309	10,158	− 2.1
1990	287	9,947	− 2.1

Source : *Employment Gazette*, avril 1992.

DOCUMENT VI.6. TRADE UNION MEMBERSHIP IN BRITAIN

Oh brother

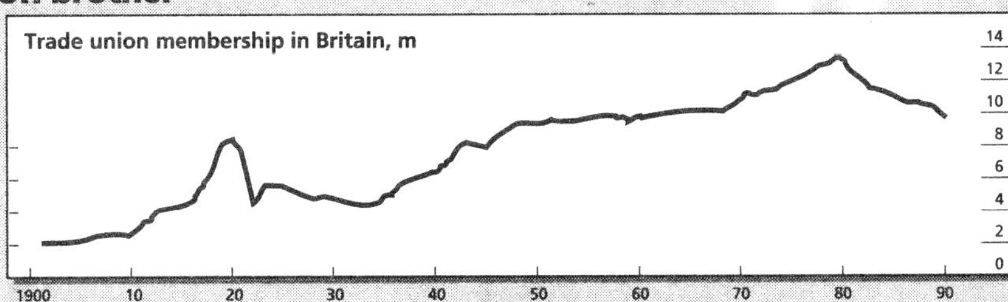

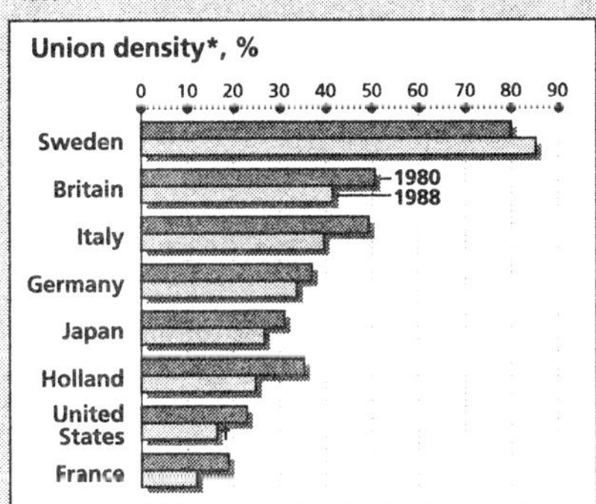

Union membership, '000s

	1981	1991	% change
Transport & Gen (TGWU)	1,781	1,224	-31
Engineering‡ (AEU)	1,102	702	-36
Gen & Municipal (GMB)	866	933	8
Local Gov't (NALGO)	796	744	-6
Public Employees (NUPE)	704	579	-18
Shopworkers (USDAW)	438	362	-17
Mfg, Sci, Fin (MSF)	427	653	53
Electricians‡ (EETPU)	395	357	-10
Construction (UCATT)	275	207	-25
Miners (NUM)	250	53	-79

* Union membership as % of employed workforce †1989 ‡Now sections of the AEEU (Amalgamated Engineering and Electrical Union)
Sources: Department of Employment; OECD; TUC

Source : *The Economist*, 5 septembre 1992.

QUATRIÈME PARTIE

Le marché du travail, reflet des évolutions conjoncturelles et des mutations structurelles des deux économies

Le marché du travail pouvant être défini comme le lieu où se rencontrent la demande de travail (exprimée par les individus composant la population active) et l'offre (les emplois proposés par les entreprises privées ou le secteur public), il importe, pour comprendre l'évolution de la situation de l'emploi et du chômage depuis la fin des années 70, d'intégrer deux types de données, qui influent sur la demande et sur l'offre de travail.

Parmi les données influant sur la demande, et faisant donc varier les chiffres de la population active, on peut distinguer les facteurs démographiques, qui conditionnent l'évolution de la population en âge de travailler (*working age population*), et d'autres, ayant trait à l'évolution de la société et des mentalités, qui expliquent la variation des taux d'activité (*activity ou participation rates*) des différents groupes composant la population active.

Quant aux données influant sur l'offre et conditionnant tout à la fois le nombre et la typologie des emplois disponibles, elles peuvent être de nature soit conjoncturelle, soit structurelle. Les données conjoncturelles sont principalement en relation avec le niveau d'activité économique et la durée des phases du cycle : ainsi, au cours des trois périodes de récession que le Royaume-Uni et les Etats-Unis ont traversées depuis 1973, celles qui ont suivi les deux chocs pétroliers et la récession du début des années 90, les offres d'emploi ont fortement diminué alors que le chômage a progressé de façon spectaculaire. Notons cependant qu'il existe toujours un certain décalage dans le temps, un déphasage (*lag*) qui peut être plus ou moins long entre le moment où se produit le retournement du cycle et celui où ses effets se font sentir sur le marché du travail : ainsi, aux Etats-Unis, alors que la récession de 1990-1991 s'est officiellement terminée en mars 1991, le PIB ayant renoué avec la croissance à partir du mois d'avril de cette même année, ce n'est qu'à partir de juillet 1992 que le chômage a commencé à refluer.

En plus de ces données conjoncturelles, il faut tenir compte de données structurelles, qui tiennent à des tendances lourdes et sont à mettre en relation avec l'évolution d'ensemble de la structure économique des pays étudiés : ainsi, du fait des évolutions technologiques et du développement de la concurrence internationale, on a pu observer, depuis les années 70, une confirmation de la tendance à la disparition des emplois primaires, à la contraction de l'emploi secondaire et à une très forte expansion de l'emploi tertiaire.

Enfin, l'adaptation de l'offre à la demande de travail se réalisant d'autant plus facilement que le marché est flexible, le cadre juridique, sociologique et éducatif dans lequel évoluent les agents économiques revêtent une importance déterminante. La mobilité résidentielle et professionnelle de la population, la plus ou moins grande rigidité des salaires et des coûts non salariaux, les performances du système éducatif, les conditions d'embauche et de licenciement sont ainsi des données dont il faut tenir le plus grand compte.

CHAPITRE VII

Le marché du travail et l'emploi[1]

1. L'ÉVOLUTION DE LA POPULATION ACTIVE

1.1. Les facteurs démographiques

La scolarité étant obligatoire, au Royaume-Uni comme aux Etats-Unis, jusqu'à l'âge de seize ans, et les jeunes tendant de plus en plus à prolonger leurs études au-delà de cet âge, l'importance numérique des classes d'âge (*age groups*, encore appelées cohortes, *cohorts*) entrant sur le marché du travail pendant une période donnée résulte inévitablement des caractéristiques de la natalité quelque seize à vingt ans auparavant. Pour comprendre l'incidence de l'évolution de la population active sur la situation du marché du travail depuis les années 70, il faut donc se souvenir que, alors que la période de l'entre-deux guerres avait été marquée par un ralentissement considérable de l'accroissement démographique, parfois qualifié de « pénurie de naissances » (*birth dearth*), la fin de la seconde guerre mondiale a coïncidé avec le début d'une période de forte poussée démographique, le *baby boom*.

1. Sur ces questions, on pourra consulter, pour le Royaume-Uni, les publications du *Department of Employment*, en particulier l'*Employment Gazette* (mensuel), et *Social Trends* (annuel). Pour les Etats-Unis, la *Monthly Labor Review* est une référence incontournable.

Ce *baby boom* dura de 1946 au début des années 60 aux Etats-Unis, où il prit la forme d'une véritable explosion des naissances : le taux de fécondité (*fertility rate*)[2], qui était tombé à un niveau proche du taux de remplacement (2,1 %)[3] dans les années 30, atteignait 3,8 % au milieu des années 50, ce qui correspondait à un taux de natalité de 25 pour mille en 1955 et à une moyenne de naissances annuelles supérieure à quatre millions pour l'ensemble de la décennie. Au Royaume-Uni, les conditions de vie au cours de l'immédiat après-guerre étant beaucoup plus difficiles, l'augmentation du nombre des naissances ne devint vraiment sensible qu'au début des années 50, puis à nouveau pendant la plus grande partie de la décennie 1960-1970.

Au milieu des années 60, les Etats-Unis entrèrent dans une phase de dénatalité (*baby bust*), le taux de fécondité tombant à 1,76 et le taux de natalité à 14,6 pour mille en 1976, année où le creux de la vague fut atteint. Si la natalité remonta ensuite, le phénomène reste d'ampleur très modeste, comme en témoigne le taux de 16,7 pour mille enregistré en 1990. Le Royaume-Uni a connu, avec un certain déphasage, la même évolution, qui ne s'amorça qu'à la fin des années 60 : le nombre des naissances chuta alors jusqu'en 1978, pour rester à peu près stable ensuite. Ainsi, le taux de fécondité qui se situait à 2,16 pour la période 1950-1952, à 2,77 en 1960-1962 et à 2,31 en 1970-1972 n'était plus que de 1,81 en 1980-1982 et de 1,84 en 1990, le taux de natalité s'établissant, pour les périodes correspondantes, à 15,6, 17,6, 15,6, 12,9 et 13,9 pour mille.

La succession de ces trois phases a été lourde de conséquences sur l'évolution numérique de la population active. Depuis le début des années 70, les générations entrant sur le marché du travail ont en effet été beaucoup plus nombreuses que celles qui atteignaient l'âge de la retraite, et la population d'âge actif a crû sensiblement plus vite que la population totale. Si la tendance est la même des deux côtés de l'Atlantique, l'analyse des tableaux VII.1, VII.2 et VII.3 permet cependant de relever des différences assez nettes entre la situation américaine et la situation britannique : l'accroissement de la population d'âge actif a ainsi été, sur l'ensemble de

2. Le taux de fécondité correspond au nombre d'enfants auxquels donnent en moyenne naissance les femmes dans une population donnée.

3. Ce chiffre correspond au taux auquel une population se reproduit sans s'accroître.

la période 1970-1990, beaucoup plus fort aux Etats-Unis, du fait du formidable dynamisme de la démographie de l'après-guerre. Par ailleurs la période au cours de laquelle l'accroissement a été le plus marqué se situe entre 1973 et 1979 aux Etats-Unis, et entre 1975 et 1983 au Royaume-Uni. Au cours de ces années les deux économies ont donc dû intégrer beaucoup de jeunes salariés, ce qui a créé une forte tension sur le marché du travail, et cela d'autant plus que l'arrivée massive de jeunes se produisait à un moment où le ralentissement de l'activité créait des conditions assez peu favorables sur le plan de l'offre.

Tableau VII.1. *L'évolution de la population d'âge actif (taux d'accroissement annuel moyen* 1973-1990)

Pays	1973-75	1975-79	1979-83	1983-87	1988	1990
Royaume-Uni	0,1	0,5	0,6	0,2	0,1	0
Etats-Unis	1,7	1,7	1,2	0,8	0,7	0,7

Source : chiffres rassemblés par l'auteur d'après OCDE, *Perspectives de l'emploi*, 1990 ; *Statistical Abstract of the United States*, 1992 ; *Annual Abstract of Statistics*, 1992.

Tableau VII.2. *La population d'âge actif* (en millions)

Pays	1970	1980	1990	Différence 1970-90
Royaume-Uni	41,1	42,4	44,6	3,5
Etats-Unis	137,1	167,7	188,8	51,7

Source : chiffres rassemblés par l'auteur d'après *Statistical Abstract of the United States*, 1992 ; *Annual Abstract of Statistics*, 1992.

Tableau VII.3. *La population active civile* (en millions)

Pays	1970	1980	1990	Différence 1970-90
Royaume-Uni	25,3	26,8	28,5	3,2
Etats-Unis	82,8	106,9	124,8	42

Source : chiffres rassemblés par l'auteur d'après *Statistical Abstract of the United States*, 1992 ; *Annual Abstract of Statistics*, 1992.

A ces phénomènes d'ordre quantitatif viennent s'ajouter des phénomènes d'ordre qualitatif, qui ont trait aux modifications des comportements d'activité.

1.2. L'évolution des comportements d'activité

Tableau VII.4. *Taux de participation, 1970-1990* (en %)

Pays	1970	1980	1990
Royaume-Uni	61,1	62,5	64,1
Etats-Unis	60,4	63,8	66,4

Source : chiffres rassemblés par l'auteur d'après *Statistical Abstract of the United States*, 1992.

La lecture du tableau VII.4 permet d'observer que si le taux de participation[4] (*participation rate*) a progressé dans les deux pays entre 1970 et 1990, cette progression a été beaucoup plus rapide aux Etats-Unis

4. Le taux d'activité est le rapport entre la population active totale et la population d'âge actif. Le taux de participation est le taux d'activité de la population âgée entre 16 et 64 ans.

(+ 6 points) qu'au Royaume-Uni (+ 3 points). De plus, l'augmentation s'est accélérée au Royaume-Uni après 1980, alors que c'est l'inverse qui s'est produit aux Etats-Unis.

Cette tendance s'explique en grande partie par l'arrivée massive de femmes sur le marché du travail. Au cours des vingt dernières années, l'accroissement de la population active masculine a en effet été beaucoup plus faible que celui de la population active féminine, et l'analyse du tableau VII.5 permet de constater que le taux de participation des hommes a baissé alors que celui des femmes a progressé. Il s'ensuit que les femmes pèsent aujourd'hui d'un poids beaucoup plus lourd dans la population active qu'elles ne le faisaient au début des années 1970 ou même des années 80 (cf. tableau VII.6), à tel point qu'au Royaume-Uni l'augmentation nette

Tableau VII.5. *Taux de participation masculin et féminin (1970-1990)* (en %)

Pays	Hommes		Femmes	
	1970	1990	1970	1990
Royaume-Uni	80,5	75,6	43,9	53,2
Etats-Unis	79,5	76,1	43,3	55,7

Source : chiffres rassemblés par l'auteur d'après *Statistical Abstract of the United States*, 1992 ; *Social Trends*, 1992 et 1993.

Tableau VII.6. *Répartition de la population active (1970-1990)* (en %)

Pays	1970		1980		1990	
	H	F	H	F	H	F
Royaume-Uni	64,7	35,9	62	38	57,2	42,8
Etats-Unis	61,9	38,1	57,5	42,5	54,7	45,3

Source : chiffres rassemblés par l'auteur d'après *Statistical Abstract of the United States*, 1992 ; *Annual Abstract of Statistics*, 1992, *Employment Gazette*, novembre 1979 (*Historical Supplement*).

de la population active enregistrée entre 1970 et 1990 est entièrement à imputer aux femmes[5]. Aux Etats-Unis, la progression de l'activité féminine explique 58,8 % de l'accroissement recensé[6].

Les comportements d'activité des actifs les plus jeunes et les plus âgés se sont également sensiblement modifiés. Ainsi le taux d'activité des 20-24 ans s'est légèrement accru alors que celui des 16-19 ans a baissé, du fait de l'allongement de la scolarité, des difficultés d'insertion professionnelle que rencontre cette tranche d'âge, et de la mise en place, au Royaume-Uni surtout, de programmes de formation professionnelle (cf. tableau VII.7). A l'autre extrémité de la pyramide des âges, on constate au Royaume-Uni une baisse significative du taux d'activité des 55-64 ans,

Tableau VII.7. *Taux de participation des jeunes, 1980-1990* (en %)

Pays	16-19 ans		20-24 ans	
	1980	1990	1980	1990
Royaume-Uni				
total	74,4	72,5	77,1	80,7
H	73,6	74,2	86,0	86,3
F	75,3	70,7	67,9	74,8
Etats-Unis				
total	56,5	53,9	77,7	77,9
H	60,5	55,9	85,7	84,0
F	52,4	51,7	69,1	71,6

Source : chiffres rassemblés par l'auteur d'après *Statistical Abstract of the United States*, 1992.

qui est sans doute à mettre en relation avec le déclin des industries traditionnelles et les suppressions d'emplois, et surtout d'emplois masculins, qui s'y sont produites, et avec les programmes mis en place dans les années 80 pour faciliter les départs à la retraite anticipée dans ces secteurs en difficulté. Aux Etats-Unis, le fait que les suppressions d'emplois industriels

5. Alors que le chiffre de la population active est passé de 25 309 000 à 28 510 000, soit + 3 201 000, le nombre des femmes qui en font partie est passé de 8 938 000 à 12 201 000, soit + 3 263 000. Cf. documents VII.2 et VII.3, *infra*.

6. Sur une augmentation totale de 42 559 000, la part des femmes est de 25 011 000.

aient été moins nombreuses, en proportion, qu'au Royaume-Uni, conjugué à l'existence d'un régime de retraites beaucoup moins favorable que les régimes en vigueur dans les pays européens et à la baisse du niveau de vie des classes moyennes, explique très certainement la légère augmentation du taux d'activité enregistrée pour cette tranche d'âge entre 1980 et 1990 (cf. tableau VII.8).

Tableau VII.8. *Taux de participation des individus de 55 à 64 ans, 1980-1990* (en %)

Pays	1980			1990		
	Total	Hommes	Femmes	Total	Hommes	Femmes
Royaume-Uni	59,4	81,6	39,1	53, 1	68,1	38,9
Etats-Unis	55,1	71,2	41,0	55,4	67,1	45,0

Source : chiffres rassemblés par l'auteur d'après *Statistical Abstract of the United States*, 1992.

2. L'ÉVOLUTION DE L'EMPLOI

2.1. Les grandes tendances

Entre 1970 et 1990, les Etats-Unis ont créé 39,3 millions d'emplois, le Royaume-Uni 2,3 millions[7]. Bien entendu ces chiffres sont à mettre en relation avec l'évolution de la population active (cf. *supra*, tableau VII.3), mais il est clair que les Etats-Unis ont beaucoup mieux absorbé l'augmentation pourtant énorme du nombre de leurs actifs (+ 51,4 %, soit un rythme d'expansion annuel de 2,4 %) que n'a pu le faire le Royaume-Uni, où la tendance était moins prononcée (12,6 %, soit 0,6 % par an). Cette capacité de l'économie américaine à créer des emplois, qui la distingue de la plupart des autres pays développés, en particulier des pays

7. Il s'agit des créations nettes d'emplois.

d'Europe occidentale, lui a d'ailleurs valu d'être qualifiée de « machine à créer des emplois » (*American job machine*)[8], et d'être citée en « exemple » par l'OCDE, qui invitait ainsi explicitement les autres membres à s'inspirer du modèle américain.

Cela dit, l'évolution ne s'est pas faite sans à-coups, qui reflètent largement la configuration du cycle économique au cours de la période 1970-1992 (cf. tableau VII.9 et graphique VII.1). On relève cependant d'emblée qu'aux Etats-Unis l'emploi s'est accru pendant 20 années sur 23 (1975, 1982 et 1991 constituant les trois exceptions), alors qu'au Royaume-Uni la croissance de l'emploi a été négative sur un total de 9 années (1970-1971, 1975, 1976, 1981-1983, 1991-1992).

Tableau VII.9. *Taux d'accroissement de l'emploi, 1973-1992* (en moyenne annuelle)

Pays	1973-75	1975-79	1979-83	1983-89	1989-92
Royaume-Uni	-0,2	0,4	-1,6	2,0	-0,1
Etats-Unis	0,5	3,6	0,5	2,6	0,6

Source : chiffres rassemblés par l'auteur d'après OCDE. *Perspectives de l'emploi*, juillet 1990 ; *Monthly Labor Review*, décembre 1992 ; *Social Trends*, 1993.

Graphique VII.1. *Accroissement de l'emploi (1970-1992)*

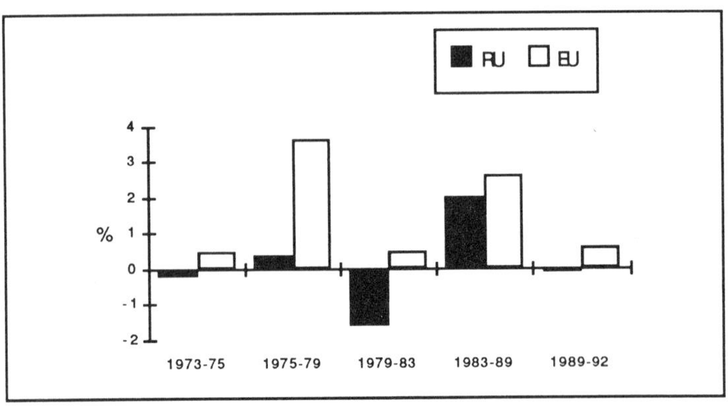

Source : chiffres rassemblés par l'auteur d'après OCDE, *Perspectives de l'emploi*, juillet 1990 ; *Monthly Labor Review*, décembre 1992 ; *Social Trends*, 1993.

8. Cf. OCDE (109).

Qui plus est, cette évolution d'ensemble s'est accompagnée d'une sensible modification de la répartition sectorielle de l'emploi.

2.2. *Répartition sectorielle*

Tableau VII.10. *Répartition sectorielle de l'emploi,* 1970-1992 (en milliers)

Pays, années	Emploi total	Agriculture	Secteur non agricole[1]		
			Production de biens		Production de services
			Total	Industrie manufacturière	
Royaume-Uni					
1971	22 139	450	10 061	8 065	11 627
1981	21 892	363	8 061	6 222	13 468
1992	21 758	283	5 831	4 589	15 644
Etats-Unis					
1970	78 678	3 463	23 578	19 367	47 302
1980	99 303	3 364	25 658	20 285	64 748
1992	117 598	3 207	23 421	18 192	85 013

1. Pour les Etats-Unis, les chiffres indiqués ne concernent que les salariés, alors que les chiffres de l'emploi total et de l'emploi agricole comprennent également les travailleurs indépendants.

Source : chiffres rassemblés par l'auteur d'après *Economic Report of the President*, 1993 ; *Social Trends*, 1993.

Dès le début des années 70, les emplois agricoles ne représentaient plus qu'une part très faible de l'emploi total, et le mouvement s'est poursuivi depuis, avec plus de rapidité toutefois au Royaume-Uni qu'aux Etats-Unis : le nombre des Américains employés dans l'agriculture est en effet passé de 3 463 000 en 1970 à 3 233 000 en 1991 (– 6,6 %), alors que le nombre de Britanniques recensés dans la catégorie « agriculture, forêts et pêche » chutait de 450 000 en 1970 à 283 000 en 1992 (– 37,1 %). Ainsi, au début des années 1990, la part de l'agriculture dans l'emploi total n'était plus guère que de 1,3 % au Royaume-Uni et de 2,7 % aux Etats-Unis.

L'emploi manufacturier est lui aussi en déclin relatif, mais là encore l'expérience des deux pays diffère assez sensiblement : si 3 476 000 emplois industriels ont été supprimés au Royaume-Uni entre 1970 et 1992, ce qui représente un recul de 43,1 %, le chiffre recensé aux Etats-Unis pour 1989 était virtuellement inchangé par rapport à celui de 1970. Certes la récession de 1990-1991 a, depuis, entraîné la disparition de près d'un million et demi d'emplois de cols bleus, mais le phénomène s'était également produit pendant la récession du début des années 80, et les emplois supprimés furent recréés au cours des années d'expansion qui suivirent. Rien ne permet donc d'affirmer, à l'heure où ces lignes sont écrites, que ce million et demi d'emplois industriels seront définitivement perdus, et il n'est pas interdit de penser que les dégraissages (*lay-offs*) et les restructurations (*corporate restructuring*) auxquels se livrent actuellement les géants de l'industrie américaine, tout comme la politique industrielle dont l'administration Clinton a promis la mise en œuvre, permettront aux produits américains de recouvrer tout ou partie de leur compétitivité internationale. Si tel était le cas, l'industrie pourrait, à terme, se remettre à créer des emplois[9]. En revanche la situation dans laquelle se trouve actuellement l'économie britannique ne semble pas l'orienter vers une renaissance industrielle d'ampleur suffisante pour lui permettre de recréer dans un avenir proche les quelque 3 millions et demi d'emplois supprimés au cours des deux dernières décennies.

C'est donc au secteur des services que l'on devra l'essentiel des créations d'emplois d'ici à la fin du siècle, comme cela a été le cas depuis les années 1970[10]. En effet, sur les quelque 39 millions d'emplois créés aux Etats-Unis entre 1970 et 1990, 38 millions l'ont été dans les services, et le phénomène a été encore plus sensible au Royaume-Uni où les créations de postes tertiaires ont plus que compensé les disparitions massives enregistrées dans les autres secteurs : alors que l'on a recensé un total de 2,3 millions de créations nettes d'emplois, ces créations ont été de 4,2 millions dans les services.

9. Cf. document VII.5, *infra*.
10. Cf. document VII.1, *infra*.

Or on sait que ce secteur recouvre une réalité multiforme, puisque à côté d'emplois qualifiés et généralement assez bien rémunérés dans la médecine, l'informatique, l'enseignement, les activités bancaires et financières ou encore la recherche, il comprend aussi beaucoup de postes requérant peu de qualifications particulières (que l'on songe par exemple aux emplois de serveur, de vendeur ou d'employé de service), et qui sont le plus souvent précaires et mal rémunérés. Si la progression spectaculaire de l'activité des services explique en grande partie la féminisation de l'emploi, illustrée par le tableau VII.11 [11], elle a donc également eu pour corollaire une évolution significative de sa typologie, qui est allée de pair avec une indéniable précarisation de la situation professionnelle de nombreux individus.

2.3. *Typologie de l'emploi*

Premier aspect de cette évolution, l'expansion de l'emploi à temps partiel est surtout très marquée au Royaume-Uni : alors sa part de l'emploi total était de 16,4 % dans les deux pays en 1979, elle atteignait 24 % outre-Manche en 1992, la proportion n'atteignant que 17,3 % aux Etats-Unis. Cette progression du temps partiel n'est pas étrangère à l'augmentation de l'emploi féminin, puisqu'en 1990 les femmes représentaient 86 % de

Tableau VII.11. *Part relative de l'emploi masculin et féminin dans l'emploi total* (en %)

Pays	Hommes			Femmes		
	1970	1980	1990	1970	1980	1990
Royaume-Uni	62,7	58,8	52,7	37,3	41,2	47,3
Etats-Unis	63,8	57,5	54,6	36,2	42,5	45,4

Source : chiffres rassemblés par l'auteur d'après *Employment Gazette*, novembre 1989 (*Historical Supplement*) ; *Social Trends*, 1993 ; *Economic Report of the President*, 1992.

11. Cf. aussi documents VII.2 et VII.3, *infra*.

l'ensemble des salariés à temps partiel au Royaume-Uni et 67,6 % aux Etats-Unis. Pour beaucoup de femmes, cette forme d'activité permet en effet de gagner un salaire qui leur assure une certaine indépendance financière vis-à-vis de leur conjoint, d'apporter un complément de revenu à leur famille, mais aussi de disposer du temps nécessaire pour élever leurs enfants. Les enquêtes menées tant par le *Department of Employment* pour la Grande-Bretagne que par le *Department of Labor* pour les Etats-Unis tendent cependant à montrer que si ce type de motivation reste très largement majoritaire, le travail à temps partiel est aussi, parfois, involontaire, imposé par les circonstances : ainsi les résultats de l'enquête sur la population active réalisée au Royaume-Uni au printemps 1992 montrent que 22,4 % des hommes et 17 % des femmes célibataires qui travaillaient alors à temps partiel le faisaient faute d'avoir pu trouver un emploi à plein temps ; aux Etats-Unis, la proportion était, à la même époque, de 13,7 % pour l'ensemble des salariés[12]. Parmi ces individus qui n'ont pas réussi à trouver les emplois à plein temps auxquels ils aspiraient, on trouve en particulier des femmes chefs de famille, qui sont de plus en plus nombreuses aux Etats-Unis comme au Royaume-Uni, et aussi beaucoup d'hommes, pour lesquels le fait d'occuper un emploi à temps partiel n'est pas socialement valorisant. Le développement du travail à temps partiel reflète donc dans une certaine mesure la dégradation des conditions de vie de certaines catégories d'individus et une tendance à la précarisation de l'emploi.

On assiste en effet, depuis une quinzaine d'années, au développement de formes atypiques d'emploi qui correspondent, de la part des employeurs, à la recherche d'une plus grande flexibilité de la main-d'œuvre. Ce développement a été facilité aux Etats-Unis par l'inexistence d'une véritable législation du travail à l'échelle nationale et encouragé au Royaume-Uni par les mesures de déréglementation mises en œuvre depuis 1979 (cf. *supra*, chapitre VI). Il a eu pour effet d'estomper la frontière entre emploi et chômage, le modèle classique de l'emploi durable et à temps plein tendant à être de plus en plus remplacé par des emplois à durée indéterminée qui sont souvent, de surcroît, à temps partiel. Ainsi, aux Etats-Unis, les salariés en situation précaire (*contingent workers*), qui représentent environ

12. Cf. OCDE, *Perspectives de l'emploi*, juillet 1990, chapitre 7.

5 % de l'emploi total, sont-ils souvent obligés d'avoir plusieurs emplois (*multiple job holding*) pour parvenir à gagner un salaire suffisant pour les faire vivre[13].

Le développement de l'emploi indépendant peut aussi, dans une certaine mesure, être attribué à la précarisation de l'emploi salarié[14]. Ce phénomène est particulièrement sensible au Royaume-Uni, où le nombre des travailleurs indépendants est passé de 1,9 million à 3,2 million entre 1971 et 1992, et où il représente, au début des années 90, 14,8 % de l'emploi total, ce qui est nettement supérieur à la proportion de 8,8 % atteinte aux Etats-Unis[15]. Certes l'emploi indépendant peut résulter de l'initiative d'individus particulièrement dynamiques et entreprenants, qui estiment ne pas pouvoir trouver dans le travail salarié la possibilité de réaliser pleinement leurs ambitions professionnelles. Certains voient donc dans la progression spectaculaire enregistrée au Royaume-Uni la concrétisation du rêve, cher à Margaret Thatcher, de redonner aux citoyens britanniques un sens de l'initiative et un esprit d'entreprise que des années d'Etat-Providence avaient quelque peu émoussés. La portée de ce phénomène n'est sans doute pas à négliger. Toutefois il ne faut pas oublier non plus que le travail indépendant peut constituer une solution de repli pour des personnes qui se seraient fort bien contentées du salariat et qui n'en sont venues à créer leur propre affaire que parce qu'elles étaient lasses de vivre de « petits boulots » n'offrant aucune perspective de carrière (*dead-end jobs*) ou, pire encore, d'être confrontées au chômage.

13. Ce phénomène a fait l'objet de nombreux articles, parmi lesquels on peut citer John F. Stinson Jr., « Multiple Jobholding up sharply in the 1980s », *Monthly Labor Review*, juillet 1990, p. 84-93 ; Lucy apRoberts, « La dégradation de la qualité de l'emploi aux Etats-Unis dans les années quatre-vingt », *Problèmes économiques*, n° 2252, 4 décembre 1991, p. 6-9. Cf. aussi document VII.4, *infra*.

14. Sur ce point, cf. OCDE, *Perspectives de l'emploi*, juillet 1992, chapitre 4 : « Evolution récente du travail indépendant », p. 161-204.

15. Ce chiffre correspond à un peu plus de 10 millions d'individus, soit trois millions de plus qu'en 1970, où la proportion était légèrement supérieure (8,9 %).

DOCUMENT VII.1 JOB CREATION IN THE UNITED STATES, 1979-1989

The 20 fastest growing industries from 1979 to 1989

[Numbers in thousands]

SIC	Rank	Industry	Employees		Change	
			1979	1989	Number	Percent
737	1	Computer and data-processing services	270.8	763.4	492.6	181.9
808	2	Outpatient care facilities[1]	113.0	317.3	204.3	180.8
736	3	Personnel supply services	526.5	1,351.2	824.7	156.6
616	4	Mortgage bankers and brokers[1]	62.3	148.8	86.5	138.8
824	5	Correspondence and vocational schools[1]	44.9	105.1	60.2	134.1
615	6	Business credit institutions[1]	30.2	67.1	36.9	122.2
832	7	Individual and family services[1]	161.0	353.1	192.1	119.3
733	8	Mailing, reproduction, stenographic	113.3	245.1	131.8	116.3
836	9	Residential care[1]	201.1	426.4	225.3	112.0
495	10	Sanitary services	47.0	96.8	49.8	106.0
376	11	Guided missiles, space vehicles, parts	101.5	207.8	106.3	104.7
458	12	Air transportation services[1]	47.3	96.8	49.5	104.7
621	13	Security brokers and dealers	164.7	336.5	171.8	104.3
81	14	Legal services	459.9	896.3	436.4	94.9
67	15	Holding and other investment offices	111.2	212.0	100.8	90.6
274	16	Miscellaneous publishing	46.1	82.8	36.7	79.6
739	17	Miscellaneous business services[1]	1,277.5	2,256.5	979.0	76.6
731	18	Advertising	145.9	256.4	110.5	75.7
893	19	Accounting, auditing, and bookkeeping	299.0	520.4	221.4	74.0
411	20	Local and suburban transportation	75.8	130.3	54.5	71.9

[1] Although published monthly estimates begin in 1982, the previously unpublished annual average for 1979 was computed and used for these comparisons.

NOTE: Figures shown for 1979 and 1989 are annual averages from the CES program. Industries are compared at the three-digit Standard Industrial Classification (SIC) level, unless the CES program only publishes monthly estimates at the two-digit level.

The 20 most rapidly declining industries from 1979 to 1989

[Numbers in thousands]

SIC	Rank	Industry	Employees		Change	
			1979	1989	Number	Percent
101	1	Iron ores	24.8	9.3	−15.5	−62.5
66	2	Combined real estate, insurance, etc.	22.8	9.0	−13.8	−60.5
387	3	Watches, clocks, and watchcases	27.7	11.3	−16.4	−59.2
102	4	Copper ores	33.3	14.1	−19.2	−57.7
331	5	Blast furnaces and basic steel products	570.5	274.3	−296.2	−51.9
302	6	Rubber and plastics footwear	22.7	11.0	−11.7	−51.5
317	7	Handbags and personal leather goods	32.8	16.1	−16.7	−50.9
374	8	Railroad equipment	74.3	39.0	−35.3	−47.5
40	9	Railroad transportation	556.3	294.8	−261.5	−47.0
314	10	Footwear, except rubber	148.9	79.6	−69.3	−46.5
12	11	Bituminous coal and lignite mining	255.6	139.3	−116.3	−45.5
393	12	Musical instruments	24.0	13.1	−10.9	−45.4
153	13	Operative builders	83.3	45.7	−37.6	−45.1
412	14	Taxicabs	59.6	35.1	−24.5	−41.1
324	15	Cement, hydraulic	32.7	19.4	−13.3	−40.7
332	16	Iron and steel foundries	240.7	143.6	−97.1	−40.3
352	17	Farm and garden machinery	182.3	109.8	−72.5	−39.8
353	18	Construction and related machinery	382.8	237.0	−145.8	−38.1
333	19	Primary nonferrous metals	72.5	45.4	−27.1	−37.4
221	20	Weaving mills, cotton	150.9	95.9	−55.0	−36.4

NOTE: Figures shown for 1979 and 1989 are annual averages from the CES program. Industries are compared at the three-digit Standard Industrial Classification (SIC) level, unless the CES program only publishes monthly estimates at the two-digit level.

The 30 industries adding the most jobs from 1979 to 1989

[Numbers in thousands]

Rank	Industry	SIC	Employees		Change	
			1979	1989	Number	Percent
1	Eating and drinking places	58	4,513.1	6,369.9	1,856.8	41.1
2	Miscellaneous business services[1]	739	1,277.5	2,256.5	979.0	76.6
3	Grocery stores	541	2,001.9	2,889.1	887.2	44.3
4	Hospitals	806	2,608.4	3,490.7	882.3	33.8
5	Personnel supply services	736	526.5	1,351.2	824.7	156.6
6	Hotels, motels, and tourist courts	701	1,019.9	1,548.9	529.0	51.9
7	Computer and data-processing services	737	270.8	763.4	492.6	181.9
8	Offices of physicians	801	716.8	1,206.8	490.0	68.4
9	Legal services	81	459.9	896.3	436.4	94.9
10	Nursing and personal care facilities	805	950.8	1,384.2	433.4	45.6
11	Miscellaneous shopping goods stores	594	568.5	905.4	336.9	59.3
12	Services to buildings	734	487.0	807.6	320.6	65.8
13	Machinery, equipment, and supplies	508	1,260.8	1,574.0	313.2	24.8
14	Trucking and trucking terminals	421.3	1,248.8	1,537.7	288.9	23.1
15	Colleges and universities	822	716.9	990.9	274.0	38.2
16	Amusement and recreation services	79	712.0	975.6	263.6	37.0
17	Engineering and architectural services	891	515.0	756.1	241.1	46.8
18	Insurance agents, brokers, and service	64	430.1	659.8	229.7	53.4
19	Residential care[1]	836	201.1	426.4	225.3	112.0
20	Accounting, auditing, and bookkeeping	893	299.0	520.4	221.4	74.0
21	Outpatient care facilities[1]	808	113.0	317.3	204.3	180.8
22	Air transportation	451.2	390.9	595.0	204.1	52.2
23	Commercial and stock savings banks	602	1,369.3	1,572.8	203.5	14.9
24	Individual and family services[1]	832	161.0	353.1	192.1	119.3
25	Real estate agents and managers	653	360.2	550.6	190.4	52.9
26	Groceries and related products	514	648.1	837.9	189.8	29.3
27	Offices of dentists	802	322.0	511.6	189.6	58.9
28	Department stores	531	1,878.1	2,056.2	178.1	9.5
29	Security brokers and dealers	621	164.7	336.5	171.8	104.3
30	Savings and loan associations	612	236.0	402.8	166.8	70.7

[1] Although published monthly estimates begin in 1982, the previously unpublished annual average for 1979 was computed and used for these comparisons.

NOTE: Figures shown for 1979 and 1989 are annual averages from the CES program. Industries are compared at the three-digit Standard Industrial Classification (SIC) level, unless the CES program only publishes monthly estimates at the two-digit level.

Source : *Monthly Labor Review*, septembre 1990.

DOCUMENT VII.2. SEX DISCRIMINATION

Three of the men at a smartish London dinner party were enthusiastic if vague about new opportunities within their grasp. One had started writing a novel; one was working from home and seeing more of the children; another was becoming politically active. The women were all in full-time work.

The long march of women into the workforce continues, barely interrupted by the recession. In the ten years to 1992, the number of men with jobs fell from 14m to 13.75m, while the number of women in employment rose from 9.5m to 11.25m.

The unemployment figures tell a similar story. In January, the government's figure for male unemployment was 14.2%, compared with 5.8% for women [...]. Those figures do not tell the whole story, though. Many women do not register as unemployed because they have not made enough national-insurance contributions to qualify for unemployment benefit, or because their partner is on income support so they cannot claim it too. But the latest figures from the International Labour Organisation, which include people not registered but actively looking for work, also show a big difference between the sexes: 11.7% for men and 7.5% for women.
The difference has sharpened during this recession, as men have lost jobs faster than women. In the two years to September 1992, 8.7% of men and 4.8% of women fell out of work.
Is this because women are more desirable employees—cheaper, more docile, and less inclined to join unions than men? Possibly. Is it because they are better at their jobs? Some employers think so. ''Don't tell anybody,'' says a male banker, ''but women are much better than men—less impulsive, more loyal. And pregnant women are brilliant. They work like slaves.''
The main explanation, however, is more mundane. Women are much more likely to work in the public sector and the less hard-hit bits of private business than men are. Women make up a little under a third of the employees in manufacturing industry*, the sector that has lost jobs fastest. Slightly more women work in services than do men. The services that women dominate are retailing* (65% more women than men), education (more than twice as many women as men), and health (more than four times as many women). In those areas employment barely changed in the year to September 1992.

The Economist, 20 février 1993 (extraits).

DOCUMENT VII.3. NO MORE JOBS FOR THE BOYS

Slow growth and rising unemployment are fuelling social discontent across the developed world: anti-immigration French nationalism, a threatened general strike in Spain, rising crime in Britain, riots in America are all worrying examples. [...]
Male labour force* participation has dropped sharply over the past decade as many have shifted from being ''unemployed'' to ''economically inactive''. The common characteristic of these two groups is that they do not have jobs; all can be classified under the general heading of ''non-employed''.
The international pattern of non-employment looks different from that for registered unemployment. The US may be a low ''unemployment'' country, but it is a low employment country too as the chart shows. The US has, in fact, been the standard on which the rest of Europe has converged. The non-employment

rate of men aged 25-55 has doubled in the US since 1970, but tripled in the UK, France and Germany. [...]
The variation across countries — in rates of economic growth, wage-bargaining* institutions, benefit* levels, and active support for the unemployed — are large. But these national disguises conceal something they all share: the collapse in the demand for unskilled* male labour* over the past two decades.
The rise of low-cost suppliers in the newly developed countries and the comparative advantage of developed countries in highly skilled*, technologically advanced production has rendered much of the developing countries' manufacturing capacity* obsolete. The rapid rate of productivity growth in manufacturing* has been as important.
This structural shift has left a residue of poorly educated, unskilled male labour whose market value has fallen sharply. These are the groups which have been hit hardest by unemployment.
Countries have been affected in different ways, and their policy responses have differed. In the US where wages are very flexible, the real wages of the lowest-paid 10 per cent of workers have fallen by 30 per cent since 1970, while the wages of college graduates have grown.
Very low relative wages for unskilled jobs and a lack of income support* have been cited as one cause for the rise in crime. The LSE's Professor Richard Freeman points to the way the increase in incarceration has been concentrated among the uneducated in the 1980s. By 1986, 7.4 per cent of US male high school drop-outs aged 25-34, and 26 per cent of black male dropouts, were in prison.
Continental Europe has taken a different route. The relative rigidity of wages, and high unemployment benefits, have prevented unskilled real wages from falling. But employers have been unwilling to hire the unskilled at those wages. Unskilled men subsist on state benefit.
The UK lies somewhere in-between. The real wages of the low paid have not fallen, but wage inequality rose more sharply than in Europe as labour market regulations were dismantled. Unemployment benefits*, though permanent, are low compared with the rest of Europe. Little wonder then that the UK has taken on many US characteristics: high vacancies* and rapid female employment growth alongside a rising pool of non-employed, and increasingly unemployable, men ''active'' outside the system. [...]
Dealing with the collapse in the demand for men whose principal skill is their physical strength is at the root of the economic and social problem facing all OECD countries. Nobody has yet found a satisfactory solution: supporting the unskilled unemployed to do nothing is wasteful, giving them public jobs is expensive; excluding them from society altogether is dangerous. The Los Angeles riots suggest inaction can have painful, and expensive, consequences.

Edward Balls, *Financial Times*, 15 mai 1992.

DOCUMENT VII.4. FLEXIBILITY TRAP: THE PROLIFERATION OF MARGINAL JOBS

Full-time, career employment is fast becoming an anachronism in today's changing economy. Since 1973, the rate of part-time, temporary, and subcontracted* employment — what labor market analysts call ''contingent''* employment — has grown far faster than the rate of full-time work. Nearly one in five workers today works part-time while the temporary help industry* is one of the fastest growing sectors in the economy. Close to 30 million people — over a quarter of the US labor force — are working in jobs outside the regular full-time work force*. And while a significant number are well-paid freelancers*, most contingent workers are women and minorities clustered in low-wage jobs with no benefits or opportunities for advancement.

The expansion of contingent employment is evidence of a fundamental transformation of work. These changes are driven, in part, by business's need for flexibility in a changing, competitive economy. But while the word ''flexibility'' connotes more creative adaptation and a sensible strategy of shifting workers to new tasks, locations, and skills, the reality is grubbier. Mainly it has to do with business's desire to trim short-run costs. By classifying workers as ''part-time,'' ''temporary,'' or ''independent contractor,''* employers can shift the burden of fringe benefits* and job transition to individual workers and their families. They can pay workers lower hourly wages, exclude them from better-compensated* permanent jobs, save on health and pension costs, weaken labor unions, and, in the case of independent contractors, avoid payroll employment and unemployment insurance* taxes.

At the same time, a growing number of workers welcome shorter working hours*, as a strategy for combining paid work and family responsibilities, or for mixing work and school, or for phasing in* retirement. But there is a mismatch* between what workers want and what available jobs offer. There are more part-time and temporary jobs than people who want them, yet workers who prefer to work less than full time are severely limited in their job choices and in the benefits offered. Under the guise of ''flexibility,'' workers are being trapped into accepting lower standards* of employment.

The real issue is not labor market flexibility — we all want that — but rather who will bear its costs, and how we can reconcile job flexibility with the lives of employees and the productivity of society. Employers do need flexibility to adjust the shape and size of their work force to meet changes in product demand and necessary employee skills, just as workers need flexibility to reconcile home and work. [...]

Contingent work, in short, is no longer just a marginal phenomenon. It has emerged as a permanent strategy for cheapening the workforce and weakening the bargaining power of labor. It threatens the economic security of all workers by dragging down wages and increasing wage-income inequality. It weakens the public purse* through lost tax revenues* and higher public welfare costs* for contingent workers who are more likely to depend upon public assistance. It increases the burden on good employers who are forced to subsidize the poor employment practices of others. And, finally, contingent employment threatens to undermine the productivity and efficiency of the US economy.

As public consciousness of the economic costs of ''short-termism'' increases, the damage done by the contingent work approach ought to be at the center of the debate. To maximize productivity, the economy needs highly skilled workers, with a commitment to their jobs. That, in turn, requires employers to view workers as long-term partners, worthy of investment in skills training and long-term career development. But contingent work is the antithesis of that model.

Virginia L. du Rivage, *The American Prospect*, 9, printemps 1992.

DOCUMENT VII.5. JOBS, JOBS, JOBS

Like commuters peering anxiously down the tracks, millions of unemployed Americans are waiting for the great job express. But the expected surge of hiring* is nowhere in sight, even though business profits* are up, output* is growing, and the economy is recovering. Help-wanted ads* are still scarce, and private job growth is plodding along at a measly 70,000 per month — with many of these temporary or part-time positions.

Corporate America has developed a deep and perhaps abiding, reluctance to hire*. The spate of downsizing* announcements at IBM, Sears, and General Motors is just part of the story. The aversion to adding workers has also struck small and midsize companies, which were the mainstay of employment growth in the 1980s. "The bottom line is this is not a typical recovery, and the jobs have not been coming back," says Labor Secretary Robert B. Reich.

President Bill Clinton's economic program [...] may not be able to do much to spur job growth. All across the business spectrum, the motto is: Do more with less. The US economy has changed in ways that have fractured the historic link between output growth and job creation. Rather than hiring new employees, companies are working their existing ones harder. In manufacturing*, which lost 188,000 jobs over the last year, those workers who remain are putting in more than 41 hours a week, the longest workweek in 26 years.

In part, this unwillingness to hire can be blamed on the erratic and undependable economy. The recovery began in March, 1991, according to the National Bureau of Economic Research, a private group that is the official judge of such things. But since then, the economy, weighed down by defense cuts, heavy debt, and sluggishness* overseas, has been able to muster growth of only 2.2%. That's far slower than any other recovery in the last 30 years. Once companies see more convincing evidence that the recovery won't stall as it did last spring, they'll be more likely to start adding workers again.

But even sustained economic growth may only bring the jobs back at half the pace of previous recoveries. It's the lethal combination of global competition, expensive workers, and cheap computers that has severed the link between economic growth and job growth. For one, American companies have learned that they can't compete in world markets unless they boost* productivity and keep their payrolls* lean. Moreover, the rising costs of health care* and other benefits* are pushing up the price tag of hiring new workers. Since 1987, the cost of an average worker, including wages and benefits, has risen by more than 17% compared with the average price of new business equipment. Taking falling interest rates into account, the gap has widened by almost 40%. And plummeting* prices for computers, in particular, have led many small and midsize manufacturers, offices, and retailers to computerize tasks that used to be done by hand. [...]

The picture is not uniformly gloomy. Fewer jobs today may be the price the US has to pay for a brighter future, say the optimists. New jobs are being created in growing industries such as computer software and other business services*, helping cushion cutbacks elsewhere in the economy. And by trimming payrolls, companies have been able to boost productivity, increase profits, and compete better on world markets. Indeed, many economists argue that slow job growth is just temporary. Eventually, rising productivity would be the magic bullet that leads to higher wages and faster growth, generating a slew of new well-paying jobs over the longer haul.

This rosy scenario may yet play out. But so far, it seems to be more hope than reality. Although productivity growth spurted at the end of 1992, it has averaged only 2.6% since the March, 1991, start of the recovery. That's below the 3% average of previous recoveries. Says Robert J. Gordon, a productivity expert at Northwestern University: ''The celebration is quite premature.''

Aaron Bernstein et Paul Magnuson, *Business Week*, 22 février 1993.

CHAPITRE VIII

Le chômage et les politiques de lutte contre le chômage

1. AMPLEUR ET DIVERSITÉ DU PHÉNOMÈNE

1.1 Mesures et définitions

Si le chômage est mesuré en Grande-Bretagne et aux Etats-Unis depuis la fin du XIXe siècle, sa définition, les institutions chargées de sa gestion et de son décompte, les méthodes de recensement et l'appareil statistique se sont considérablement améliorés au fil du temps, et le phénomène est aujourd'hui mieux quantifié que par le passé[1]. Il n'empêche que les chiffres publiés par les organismes officiels demeurent souvent contestés, notamment par les syndicats de salariés qui reprochent aux pouvoirs publics d'avoir recours à des ruses statistiques pour minimiser l'ampleur d'une réalité que tous s'accordent à considérer comme l'un des principaux défis auxquels doivent faire face nos sociétés, même si les jugements portés sur sa signification et ses effets économiques peuvent être diamétralement opposés selon que l'on se réfère, par exemple, à l'analyse keynésienne ou à l'analyse néoclassique[2].

1. Sur les modalités de comptabilisation du nombre des chômeurs, cf. *Monthly Labor Review*, note technique précédant l'annexe statistique publiée dans chaque numéro. Pour le Royaume-Uni, cf. *Employment Gazette*, octobre 1990, p. 506-513. On pourra également se référer à Christopher Johnson (35), chapitre 4, « Labour Statistics ».

2. On trouvera une présentation succincte de ces analyses dans le numéro 246 des *Cahiers français* (mai-juin 1990), consacré à « Emploi et chômage ». Voir notamment p. 20-42.

Aux Etats-Unis les chiffres publiés par le Département du Travail sont calculés sur la base de l'enquête sur la population active (*Current Population Survey*) réalisée tous les mois par les services du Bureau du recensement (*Census Bureau*). Les critères retenus pour cette enquête sont ceux qui ont été définis par le Bureau international du Travail et qui ont l'avantage de permettre de comparer des choses comparables et d'harmoniser les chiffres du chômage à l'échelle mondiale : selon cette définition sont considérés comme chômeurs toutes les personnes âgées de plus de quinze ans qui n'ont pas travaillé au cours de la semaine de l'enquête, mais qui sont immédiatement disponibles pour occuper un emploi et qui ont effectué au moins un acte positif de recherche de travail dans le mois qui a précédé l'enquête. Les chiffres publiés par le Département du Travail américain sont considérés comme suffisamment fiables pour être reproduits tels quels dans les publications émanant d'organisations internationales comme l'OCDE.

Les choses sont en revanche plus compliquées, ou du moins plus confuses, pour le Royaume-Uni, car le Département de l'Emploi publie plusieurs séries de chiffres entre lesquelles on relève d'assez fortes disparités. Ainsi la définition du BIT est retenue pour l'enquête sur la population active (*Labour Force Survey*), mais celle-ci, pour des raisons de coût, n'a longtemps été réalisée qu'une seule fois par an, au printemps, et n'est devenue trimestrielle qu'en 1991. Les chiffres mensuels publiés par le Département de l'Emploi sont en revanche fondés sur le décompte des bénéficiaires d'allocations chômage ou d'aides publiques (*claimant count*) qui n'inclut ni les individus en stage de formation ni ceux qui ne peuvent prétendre bénéficier d'une allocation-chômage ou d'une aide de l'Etat[3]. Cela explique l'écart entre les moyennes annuelles calculées sur la base du *claimant count* et celles qui sont fondées sur les résultats de la *Labour Force Survey*, ainsi que la disparité entre les chiffres publiés de source officielle britannique et ceux qui figurent dans les documents de l'OCDE, les statisticiens de cet organisme recalculant les données nationales pour les mettre

3. Sur les changements intervenus dans la comptabilisation du chômage depuis le début des années 80, cf. « Measures of Unemployment », *Employment Gazette*, octobre 1990, p. 506-513. Sur l'effet de ces modifications sur les séries statistiques, cf. *Annual Abstract of Statistics*, 1992, p. 109, notes 1 à 5.

en accord avec la définition du BIT (cf. tableau VIII.1). Si l'on souhaite comparer les chiffres britanniques aux chiffres américains, il importe donc de se fonder sur les données standardisées fournies par l'OCDE plutôt que sur celles que publie le Département de l'Emploi.

Tableau VIII.1. *Taux de chômage au Royaume-Uni : sources nationales et taux standardisé de l'OCDE, 1980-1992* (en moyenne annuelle)

Source	1980	1981	1982	1983	1984	1985	1986	1987	1988	1989	1990	1991	1992
Royaume-Uni	5,1	8,1	9,5	10,5	10,7	10,9	11,1	10	8,1	6,3	5,8	7,9	-
OCDE	6,4	9,8	11,3	12,4	11,7	11,2	11,2	10,3	8,5	7,1	6,9	8,9	10,9

Source : chiffres rassemblés par l'auteur d'après *Annual Abstract of Statistics,* 1992 ; OCDE, *Etudes économiques, Royaume-Uni,* 1981-1993.

Tableau VIII.2. *Taux de chômage aux Etats-Unis, 1980-1992* (en moyenne annuelle)

1980	1981	1982	1983	1984	1985	1986	1987	1988	1989	1990	1991	1992
7,0	7,5	9,5	9,5	7,4	7,1	6,9	6,1	5,4	5,2	5,4	6,6	7,4

Source : chiffres rassemblés par l'auteur d'après *Economic Report of the President,* 1992. *Survey of Current Business,* janvier 1993.

Les choses sont encore rendues plus complexes par les modifications intervenues en 1980, 1982, 1986 et 1988 dans les critères retenus pour le *claimant count* : ainsi, depuis juillet 1986, les travailleurs indépendants (*self employed workers*) et les militaires ont-ils été compris dans les chiffres de la population active, ce qui n'était pas le cas auparavant ; en revanche, depuis septembre 1988, les individus en stage de formation ont cessé d'être comptabilisés comme chômeurs. Ces mesures ont eu un double effet : d'une part créer une rupture dans les séries statistiques, ce qui rend les comparaisons dans le temps difficiles à établir, et d'autre part réduire les chiffres officiels concernant le nombre des chômeurs et le taux de chômage. D'où les accusations de manipulation (*fiddling the figures*) auxquelles s'est exposé le gouvernement britannique.

1.2. Evolution d'ensemble

L'ampleur du chômage varie bien évidemment en fonction du niveau de l'activité économique, ce qui signifie qu'il répond aux variations de la conjoncture (*the ups and downs in the business cycle*), avec toujours un léger décalage entre le moment où se déclenchent récession et reprise et celui où les effets du retournement du cycle commencent à se faire sentir sur le niveau du chômage : cela est lié au temps qu'il faut aux informations sur le niveau de la conjoncture pour parvenir aux agents économiques, et en particulier aux entreprises, aux effets de stockage et de déstockage (*inventory building/cutting*) qui se produisent inévitablement au moment du retournement de la tendance, et plus généralement aux anticipations des agents, dont le degré de « confiance » en l'avenir (*business/consumer confidence*) exerce une influence déterminante sur le niveau de l'offre et de la demande.

Graphique VIII.1. *Taux de chômage au Royaume-Uni et aux Etats-Unis, 1970-1992*
(taux standardisés, en moyenne annuelle)

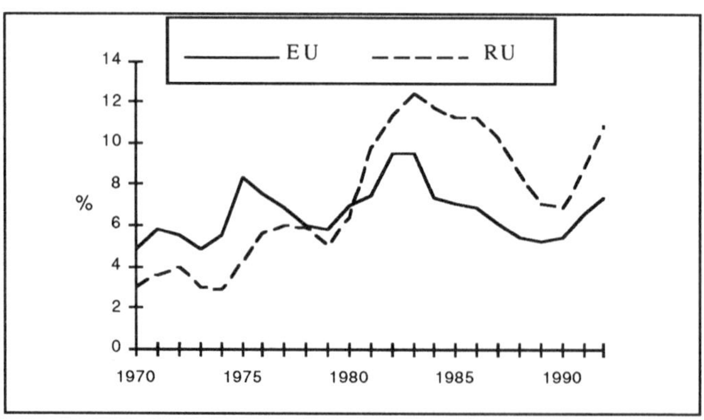

Source : chiffres rassemblés par l'auteur d'après OCDE, *Etudes économiques*.

A la lecture du graphique VIII.1, on remarque que les mouvements de flux et de reflux du chômage correspondent bien aux trois cycles qu'ont connus les deux pays au cours des vingt dernières années. On remarque aussi qu'en dépit du fait que les phases d'expansion ont correspondu à une baisse des taux, la tendance générale est néanmoins, sur l'ensemble de la période, orientée à la hausse : ainsi le taux annuel moyen, qui s'établissait à 6,1 % aux Etats-Unis et à 4,3 % au Royaume-Uni pour les années 1970, atteignait respectivement 7,2 % et 10 % au cours de la décennie suivante. Il apparaît enfin que l'ampleur de la dégradation a été bien plus nette outre-Manche, où l'écart entre le taux le plus faible (2,9 % en 1974) et le plus fort (12,4 % en 1983) a été beaucoup plus important qu'aux Etats-Unis (4,8 % en 1970, 9,5 % en 1982-1983). De plus, alors que le Royaume-Uni avait bénéficié d'un taux de chômage inférieur à celui des Etats-Unis jusqu'en 1981, c'est l'inverse qui est vrai depuis. Sans doute doit-on voir là une conséquence tout à la fois de la déréglementation du marché du travail mise en œuvre par les conservateurs (voir chapitre VI) et des licenciements massifs auxquels se sont livrées des branches entières de l'industrie afin d'améliorer leur productivité et leur compétitivité internationale. S'il est vrai que les gains de productivité enregistrés au Royaume-Uni depuis le début des années 80 ont été très supérieurs à la moyenne OCDE, force est de constater que cette performance économique a eu un coût social très élevé.

1.3. Les inégalités devant le chômage

Les moyennes annuelles cachent cependant de fortes disparités de situation face au chômage, qui frappe très différemment en fonction de l'âge, du sexe, du lieu de résidence, de l'appartenance à telle ou telle communauté ethnique, du métier et du secteur d'activité. Les documents statistiques joints (voir documents VIII.1 à VIII.8) permettent de prendre la mesure de ces disparités et si l'on ne sera pas surpris de constater que les jeunes, les individus appartenant à des minorités ethniques ou les travailleurs manuels sont particulièrement touchés par le chômage, les évolutions récentes ont en revanche bouleversé bon nombre d'idées reçues sur les disparités régionales : certes, au Royaume-Uni, le taux de chômage reste toujours plus élevé au Nord qu'au Sud, mais l'âpreté de la récession et les licenciements massifs qu'a connus le Sud depuis 1990 ont considérablement réduit l'écart enregistré antérieurement. Le Sud-Est et le Sud-Ouest ont ainsi enregistré le plus fort taux de progression du nombre des demandeurs d'emploi entre le printemps 1991 et le printemps 1992. De même, aux Etats-Unis, alors que les côtes Est et Ouest étaient traditionnellement relativement épargnées, les difficultés très sévères auxquelles ont été confrontées la Nouvelle-Angleterre et la Californie depuis 1989 expliquent que ces régions soient au nombre de celles où le chômage a le plus progressé entre 1990 et 1992. Autre phénomène significatif, l'écart traditionnel entre les taux de chômage masculin et féminin tend à se réduire en période d'expansion et à devenir favorable aux femmes en période de récession : le chômage touchait ainsi 7,2 % des femmes et 11,5 % des hommes au Royaume-Uni en 1992, les taux étant respectivement de 5,7 % et 6,7 % aux Etats-Unis en 1991.

La durée du chômage introduit également un facteur d'inégalité entre les chômeurs. Mais si, sur les autres plans, la tendance va dans le même sens dans les deux pays, sur ce point leurs expériences divergent : la durée moyenne du chômage n'était que de 12,1 semaines en 1990 aux Etats-Unis, les chômeurs de longue durée (au chômage depuis un an et plus) ne représentant que 5,6 % de l'ensemble des sans-emploi, alors que la proportion était de 36 % au Royaume-Uni. Quelques années plus tôt, l'écart était encore plus important, à 8,1 % contre 45,9 % en 1987, et l'on peut raisonnablement penser qu'il aura à nouveau augmenté en 1991-1992 en raison des effets de la récession [4].

2. LES POLITIQUES DE LUTTE CONTRE LE CHÔMAGE

Le chômage place les responsables de l'élaboration de la politique économique (*policymakers*) devant une alternative : faut-il ou non intervenir pour tenter d'en modifier l'ampleur, et si oui, de quelle façon ? La réponse

4. Sur l'incidence du chômage de longue durée, cf. OCDE, *Perspectives de l'emploi*, juillet 1992, p. 71-77.

à ces questions, tout comme la nature des politiques mises en œuvre, dépendent étroitement de l'analyse que l'on peut faire des origines du phénomène. Soit l'on considère, en s'inspirant de l'analyse néoclassique, que le chômage résulte de la volonté de certains individus de ne pas travailler (chômage volontaire) ou d'un déséquilibre temporaire entre l'offre et la demande de travail (chômage transitoire) : dans cette optique, il est clair qu'il n'appartient pas à la puissance publique d'influer sur les forces du marché, et qu'elle doit simplement permettre à l'ajustement de s'effectuer dans les meilleures conditions, et donc le plus rapidement possible. Soit l'on est, comme Keynes, d'avis que le chômage résulte d'une insuffisance de la demande effective et que dans une situation d'équilibre de sous-emploi des ressources seul l'Etat peut, en recourant au déficit budgétaire, stimuler la demande grâce aux transferts sociaux (*welfare spending*) ou aux investissements dans des programmes de grands travaux (*public works*), et ainsi relancer la croissance (réamorcer la pompe, *pump-priming*) et résorber le chômage. On le voit, selon que l'on adopte l'une ou l'autre position, on privilégiera soit l'action sur la sphère micro-économique, de façon à accroître la flexibilité du marché du travail (cf. *supra*, chapitre VI), soit l'action sur la sphère macro-économique, une part du budget de l'Etat étant affectée à différents programmes visant le marché du travail, qu'il s'agisse de créations directes d'emplois (grands travaux, embauche de fonctionnaires), ou de mesures destinées à favoriser l'insertion professionnelle de certains types d'individus.

Le reflux des idées keynésiennes a suscité un regain d'intérêt pour les mécanismes d'ajustement sur le marché du travail, et conduit Milton Friedman et Edmund Phelps à développer la théorie, du taux de chômage naturel (*natural rate of unemployment*, également désigné sous les termes de *non accelerating inflation unemployment rate, NAIRU*), incompressible, parce que lié à des facteurs structurels, comme par exemple le système de protection sociale. En vertu de cette théorie, les mesures de relance keynésiennes, qui peuvent avoir des effets à court terme en matière d'emploi mais qui présentent l'inconvénient majeur d'alimenter l'inflation, ne permettent pas de faire baisser ce taux de chômage d'équilibre à long terme. Seules des mesures améliorant le fonctionnement du marché du travail peuvent permettre d'aboutir à un abaissement durable.

Etant donné la philosophie de l'action politique qui a guidé les administrations Reagan-Bush et Thatcher-Major, on comprend que celles-ci aient mis l'accent sur la nécessité de promouvoir la flexibilité du marché du travail pour faire refluer le chômage, les mesures macro-économiques semblant incompatibles avec la volonté de réduire l'intervention de l'Etat dans la vie économique. Toutefois on relève une assez forte disparité entre les deux pays, d'une part en ce qui concerne la part relative des dépenses publiques consacrées aux mesures visant le marché du travail et d'autre part en ce qui concerne l'affectation de ces ressources (cf. tableau VIII.3). De surcroît, la comparaison entre l'expérience britannique et l'expérience américaine tend à montrer qu'en dépit d'une politique beaucoup plus active et plus coûteuse, la lutte contre le chômage a été moins efficace au Royaume-Uni qu'aux Etats-Unis.

2.1. Le traitement du chômage aux Etats-Unis

Le marché américain étant traditionnellement flexible et peu réglementé, les administrations Reagan et Bush se sont essentiellement attachées à préserver cet acquis[5]. Depuis les années 70, la flexibilité des salaires s'est fortement accrue du fait de la poursuite de l'érosion du pouvoir syndical et de la déréglementation de secteurs entiers de l'activité (cf. chapitre V)[6], le salaire minimum restant bloqué à 3,35 $ entre le 1er janvier 1981 et le 1er avril 1990[7]. L'administration républicaine s'est en outre refusée à lutter contre le chômage conjoncturel, estimant que « la réduction des niveaux élevés de chômage [...] ne peut être obtenue que par une reprise saine de l'activité économique aux Etats-Unis »[8]. Ainsi, même si le système d'indemnisation des chômeurs (*unemployment insurance*), en place

5. Cf. *Economic Report of the President*, 1983, chapitre 2, « The Dual Problems of Structural and Cyclical Unemployment » ; *Economic Report of the President*, 1992, chapitre 3, « The American Labor Market ».

6. Cf. Elizabeth Kemp et Jacques Mistral, « La flexibilité des salaires : l'impact des années Reagan », *Problèmes économiques*, n° 2114, 1er mars 1989, p. 8-14.

7. Il fut ensuite relevé à 4,25 $ le 1er avril 1991 et se situait toujours à ce niveau au 1er janvier 1993.

8. *Economic Report of the President*, 1983, p. 37.

depuis 1935, n'a pu être fondamentalement remis en cause, les conseillers économiques du Président Reagan n'hésitaient pas à en souligner les effets pervers au début de l'année 1983, c'est-à-dire deux mois après que le chômage, à 10,8 % de la population active, avait atteint son plus haut niveau historique depuis la fin de la crise des années 30 [9]. D'où un durcissement des conditions d'éligibilité depuis le début des années 80, au point qu'en 1991 40 % seulement de tous les chômeurs recensés percevaient l'assurance chômage, et que dans certains Etats particulièrement touchés par la récession comme le Michigan ou la Virginie occidentale, où le taux de chômage atteignait respectivement 8,7 % et 10,5 % en août 1991, la proportion des sans-emploi assurés n'était respectivement que de 3,2 % et 3,3 % [10]. Loin de décourager les chômeurs de chercher du travail, le régime en vigueur exerce un effet dissuasif certain et serait, selon l'OCDE, le facteur essentiel qui expliquerait la faiblesse relative du taux de chômage, et du chômage de longue durée en particulier, aux Etats-Unis [11]. L'Américain qui perd son emploi perd en effet généralement toute protection sociale et perçoit, pendant une durée maximale de 26 semaines [12], des allocations qui correspondent en moyenne à 35 % du revenu qui était le sien avant qu'il ne soit licencié.

L'indemnisation des chômeurs représente cependant environ 70 % de l'ensemble des dépenses consacrées par les Etats-Unis aux programmes visant le marché du travail, les mesures actives comptant pour près de 30 %, dont plus du tiers est consacré à la formation professionnelle des adultes victimes de chômage structurel (*dislocated workers*), touchés par des licenciements économiques (*displaced workers*) ou risquant de perdre leur emploi, les autres principaux bénéficiaires étant les handicapés et les jeunes

9. *Ibid.*, p. 47-48.

10. Cf. *Economic Report of the President*, 1992, p. 106-109.

11. Cf. OCDE, Economic Surveys, 1986, p. 69-70 : « The short duration of benefits probably acts as a strong incentive for the unemployed to find another job. Furthermore, the fact that only one third of all unemployed persons are eligible for benefits shows that unemployment insurance is not an important source of replacement income for the majority of jobless. »

12. Toutefois, en vertu d'une loi votée en 1970, la période de versement des allocations peut être prolongée de 13 semaines dans les Etats où le chômage sévit avec une acuité particulière ; le Congrès a voté à l'automne 1991 des mesures d'urgence permettant d'allonger à vingt semaines la période de prolongation des versements.

Tableau VIII.3. *Dépenses publiques affectées au marché du travail (1992)*

Types de dépenses	Grande-Bretagne		Etats-Unis	
	en % du PIB	en % du total des dépenses	en % du PIB	en % du total des dépenses
Mesures actives	0,56	29,3	0,25	29,8
1. Administration et services publics de l'emploi	0,15	7,8	0,08	9,5
2. Formation professionnelle	0,17	8,9	0,09	10,7
a) Formation des adultes chômeurs ou menacés de chômage	0,15	7,8	0,09	10,7
b) Formation des adultes occupés	0,02	1	-	0
3. Mesures en faveur des jeunes	0,18	9,4	0,03	3,6
a) Mesures pour les jeunes chômeurs et les jeunes défavorisés	-	0	0,03	3,6
b) Aides à l'apprentissage et autres formations	0,18	9,4	-	0
4. Mesures d'aide à l'embauche	0,03	1,6	0,01	1,2
a) Subventions à l'emploi permanent dans le secteur privé	-	0	-	0
b) Aide aux chômeurs créateurs d'entreprises	0,03	1,6	-	0
c) Création directe d'emplois	0,01	0,52	0,01	1,2
5. Mesures en faveur des handicapés	0,03	1,6	0,05	5,9
Mesures passives:	1,35	70,7	0,59	70,2
6. Indemnisation du chômage	1,35	70,7	0,59	70,2
Total	1,91	100	0,84	100

Source : chiffres rassemblés par l'auteur d'après OCDE, *Perspectives de l'emploi*, 1992.

issus d'un milieu social défavorisé (*disadvantaged youths*). La plupart des mesures en vigueur actuellement ont été mises en place par le *Job Training Partnership Act* de 1982 qui établit un partenariat entre entreprises, établissements de formation professionnelle, collectivités locales ou Etats, les fonds publics étant gérés par les services de l'emploi pour financer des programmes locaux de formation professionnelle (*vocational* ou *job training*), de reconversion (*retraining*), d'aide personnalisée en matière d'orientation (*job counseling*) ou de recherche d'emploi (*job search assistance*), et même de placement. En 1989, 1,3 million d'individus devaient bénéficier de ces actions sur les quelque 5,5 millions de chômeurs que comptait alors l'Amérique.

On le voit, et c'est un signe de plus de la façon dont les frontières traditionnelles entre emploi et chômage peuvent s'estomper en cette fin de XXe siècle, l'idée de traitement social du chômage (*workfare*), apparue aux Etats-Unis vers la fin des années 60, s'y est progressivement imposée depuis le début des années 80. Distincte de l'assistance (*welfare*), elle implique « une politique appliquée par les pouvoirs publics qui contraint les individus dans le besoin et sans emploi à accepter une forme de travail en échange de transferts de revenus de la part de l'Etat »[13]. Le débat entre partisans du *welfare* et adeptes du *workfare* n'est certes pas nouveau, puisque l'on peut en faire remonter les prémices aux prises de position que suscita, dans l'Angleterre de la Renaissance, l'augmentation spectaculaire du nombre des sans-emploi[14], mais il est intéressant de déceler, dans le discours de ceux qui sont hostiles à l'assistance sans conditions, à côté d'arguments de nature économique (l'assistance coûte cher à la collectivité, grève lourdement le budget fédéral et celui des Etats, alimente les pressions à la hausse sur les salaires des individus les moins qualifiés pour inciter ceux-ci à arbitrer en faveur du travail, encourage le développement de l'économie occulte), des arguments de type moral (il faut restaurer l'éthique du travail de façon à combattre la dépendance dans laquelle tombent les assistés et à leur faire retrouver leur dignité et leur sens des responsabilités) qui s'enracinent dans un courant de la pensée protestante pour lequel il ne saurait exister, pour l'individu, d'accomplissement de soi (ni de salut) en dehors de l'exercice d'une profession utile à l'ensemble du corps social.

13. Définition proposée par Guy Standing, « Le débat sur le traitement social du chômage », *Problèmes économiques*, n° 2237, 21 août 1991, p. 1-9.

14. Cf. Martine Cleuziou-Azuelos, « L'oisiveté interdite : mentalités et comportements socio-économiques dans l'Angleterre des Tudors à travers l'étude des discours sur l'oisiveté ». Thèse de doctorat d'Etat, Université de la Sorbonne Nouvelle-Paris III, 1988.

Mis en pratique à partir de 1981, le traitement social du chômage existait sous des formes variées dans 29 Etats dès 1986. Il a été étendu, depuis, à l'ensemble du pays. Aux programmes d'assistance traditionnels, accusés d'entretenir les individus dans le piège de la pauvreté, ont ainsi été substitués des systèmes imposant aux bénéficiaires de prestations d'accepter un travail d'utilité collective, de suivre des séminaires d'initiation à la recherche d'emploi, des cours ou une formation professionnelle, s'ils souhaitent continuer à percevoir l'aide publique. Forte du succès des expériences menées localement, la loi de 1988 sur l'assistance aux familles (*Family Support Act*) fait ainsi obligation à tous les Etats de mettre en place un programme d'action en faveur de l'emploi et de la formation (*Job Opportunities and Basic Skills Training, JOBS*) pour tous les bénéficiaires de l'aide aux familles avec enfants à charge (*Aid to Families with Dependent Children, AFDC*), dont l'écrasante majorité sont des femmes appartenant aux minorités ethniques[15]. De même, la loi commerciale de 1988 (*Omnibus Trade and Competitiveness Act*) soumet les travailleurs qui bénéficient d'indemnités au titre du programme *Trade Adjustment Assistance*[16] à l'obligation de participer à un stage de formation. Enfin les dispositions contenues dans le Titre III du *Job Training and Partnership Act* ont été revues et étendues dans l'*Economic Dislocation and Worker Adjustment Assistance Act* qui prévoit en particulier la désignation d'un organisme au sein de chacun des Etats pour répondre rapidement aux problèmes engendrés par les fermetures de grandes entreprises et les licenciements collectifs, et qui met l'accent sur les mesures actives comme la formation et le reclassement plutôt que sur les mesures passives de garantie de revenu.

Si, avec l'arrivée au pouvoir de Bill Clinton, la politique en matière d'emploi et de lutte contre le sous-emploi et le chômage a pris un tour résolument plus volontariste, puisque le financement de grands travaux d'infrastructure par l'Etat fédéral devrait avoir pour effet de susciter des créations d'emplois[17], il ne saurait être question, dans l'esprit du nou-

15. Cf. *Economic Report of the President*, 1990, p. 170-177.

16. Ce programme date de 1962. Il vise à venir en aide à ceux dont l'emploi a été supprimé à la suite des difficultés rencontrées par tel ou tel secteur de l'industrie du fait de la concurrence des importations.

17. Cf. les mesures annoncées le 17 février 1993 lors de la présentation du projet de budget pour l'année fiscale 1994.

veau Président, de renoncer aux programmes de formation et d'aide à l'insertion ou à la réinsertion déjà en place. Bien au contraire, la nomination au poste de secrétaire au Travail de Robert Reich, dont les positions en faveur de la réforme du système d'enseignement et de formation professionnelle pour améliorer la qualité du « capital humain » sont bien connues et rejoignent, dans une large mesure, l'appréciation aujourd'hui portée par le patronat américain [18], tout comme la nécessité de limiter la progression des dépenses sociales relevant de la pure assistance pour enrayer l'augmentation du déficit budgétaire, devraient permettre de poursuivre l'œuvre entreprise dans une voie vers laquelle le Royaume-Uni semble aussi s'engager de plus en plus résolument aujourd'hui.

2.2. *Les politiques de lutte contre le chômage au Royaume-Uni*

L'analyse du tableau VIII.3 montre que le Royaume-Uni dépense proportionnellement beaucoup plus que les Etats-Unis pour lutter contre le chômage et que ce sont les jeunes qui, plus encore que les adultes victimes des évolutions économiques d'un monde auquel leur formation initiale ne les avait pas préparés, sont les principaux bénéficiaires des mesures actives. Les mesures passives, à savoir l'indemnisation des chômeurs, absorbent cependant plus de 70 % des sommes allouées au marché du travail. Mais en dehors de ces actions spécifiques, les pouvoirs publics ont mis en œuvre tout un arsenal de dispositions visant à encourager le travail et l'embauche.

Pour inciter les individus à travailler, le pouvoir conservateur s'est attaché à supprimer les obstacles à la mobilité de la main-d'œuvre, qui était jugée insuffisante à la fin des années 70. La mobilité géographique a ainsi été encouragée par des mesures qui favorisent l'achat, la vente et la location de logements : c'est dans ce contexte qu'il faut comprendre le vaste programme de privatisation des logements sociaux qui a permis à plus d'un million d'anciens locataires de devenir propriétaires, alors que les déménagements et les transferts étaient facilités par la mise en place d'un bureau national de la mobilité (*National Mobility Office*). Toutefois les écarts

18. Robert Reich (113) et (114). Sur l'appréciation portée par le patronat américain, cf. Arlene A. Johnson et Fabian Linden, « Availability of a Quality Work Force », Report n° 1010, The Conference Board, 1992, 21 p.

considérables entre le coût de l'immobilier dans les différentes régions, en particulier entre le Nord et le Sud-Est, restent aujourd'hui encore très dissuasifs. De même, si la mobilité professionnelle et la mobilité d'emploi ont été facilitées par la loi sur la Sécurité sociale de 1985, qui réduit sensiblement les différences existant précédemment entre les retraites des salariés ayant travaillé toute leur vie pour la même entreprise et les autres, les résultats atteints ne semblent pas encore à la mesure des espérances, du fait de l'importance, dans ce domaine, de facteurs tenant autant à la psychologie individuelle et aux mentalités qu'aux incitations d'ordre économique.

Un certain nombre d'autres mesures, de nature essentiellement financière, ont eu pour objectif de modifier le comportement des individus en matière d'offre et de demande de travail[19], alors que, soucieux de ne pas encourager, par une politique d'assistance trop généreuse, les individus à tomber dans le piège du chômage[20] et conscient du poids du financement de ces mesures d'assistance sur les finances publiques, le gouvernement s'engageait dans une réduction progressive de l'indemnisation des sans-emploi. D'une part les conditions à remplir pour pouvoir bénéficier d'allocations sont devenues plus rigoureuses : il faut à présent avoir travaillé pendant deux ans pour être éligible. De plus, alors que les personnes qui perdent leur emploi pouvaient bénéficier, avant 1981, de prestations au titre de l'assurance nationale pendant une durée maximale de douze mois, puis passer sous le régime des prestations complémentaires, calculées en fonction des gains antérieurs, ces prestations complémentaires ont été réduites, puis supprimées en 1982. A partir de cette même année, les allocations sont devenues imposables. Leur montant a par ailleurs été réduit, puisque contrairement aux systèmes en vigueur dans la plupart des autres pays, l'indemnité n'est plus calculée sur la base des gains antérieurs, son taux est uniforme (*flat rate*), ce qui signifie qu'elle est la même pour tous les chômeurs. Son montant s'élevait, en février 1993, à 43,10 £ par semaine,

19. Cf. *supra*, chapitres III et V.

20. En vertu de l'éthique protestante du travail à laquelle adhèrent les conservateurs, et dont le discours de Margaret Thatcher reproduit dans le chapitre II fournit une bonne illustration, il ne saurait y avoir de dignité humaine que dans l'exercice d'un travail ou d'une profession. L'inactif est par définition un être socialement inutile et moralement indigne.

auxquelles pouvait s'ajouter un complément en fonction du nombre d'enfants à charge et de la charge éventuelle du remboursement d'emprunts hypothécaires. Encore cette indemnité n'est-elle versée que pour une durée maximale d'un an, les chômeurs ne pouvant plus compter, au-delà de cette période, que sur une garantie de revenu calculée en fonction de l'âge et de la situation familiale[21]. Ainsi le taux de remplacement, qui était l'un des plus élevés de l'OCDE en 1985 (76 %), a-t-il été réduit de façon très significative[22]. Il est aujourd'hui faible par rapport à ceux de la France ou de l'Allemagne et l'on estime qu'en 1990-1991, sur 14 millions d'actifs chefs de famille, 15 000 seulement auraient été dans une meilleure situation s'ils n'avaient pas travaillé[23].

Les pouvoirs publics se sont par ailleurs attachés à améliorer la qualité de la formation de la main-d'œuvre, qui devenait un enjeu d'autant plus crucial que l'évolution des structures économiques entraînait une augmentation du niveau de qualification requis par les entreprises auquel le système éducatif britannique ne répondait que très partiellement : très efficace dans la sélection d'une élite numériquement très restreinte, celui-ci s'avérait incapable d'élever les qualifications de la plus grande masse des individus, dans le domaine de la formation générale comme dans celui de la formation professionnelle. A la fin des années 70, le Royaume-Uni était ainsi le seul pays développé dans lequel une majorité d'adolescents quittaient l'école à 16 ans sans poursuivre leur formation par une période d'apprentissage. D'où une situation paradoxale qui faisait coexister un chômage élevé, notamment chez les jeunes, et un volume important d'offres d'emploi non satisfaites, tout simplement parce que les employeurs ne parvenaient pas à recruter de salariés dont les savoirs et les savoir-faire correspondaient à leurs besoins.

C'est cette inadéquation de l'offre à la demande qui a poussé les pouvoirs publics à mettre en place, et ce dès la fin des années 70, une série

21. Celle-ci s'élevait en février 1993 à 42,45 £ par semaine pour un chômeur de 25 ans célibataire et sans enfants. Chiffres cités par *The Economist*, 6 février 1993.

22. Sur ce point, cf. « Unemployment benefits: On the Crumb-line », *The Economist*, 11 mai 1991, p. 40-41. La remise en cause de l'Etat Providence est analysée de façon plus globale dans un autre article du même hebdomadaire, « The State of Welfare », *The Economist*, 24 février 1990, p. 27-29.

23. Chiffres cités dans OCDE (45), 1991, chapitre IV.

de programmes qui, à côté d'actions visant à la création ou à la sauvegarde d'emplois, privilégient la formation. Désignés par des sigles plus ou moins barbares, ils visent tout à la fois les jeunes et les adultes victimes de chômage structurel[24]. Du côté des jeunes de 16 à 18 ans, le *Youth Opportunity Programme* (YOP), lancé en 1978, a été relayé en 1983 par le *Youth Training Scheme (YTS)*, lui-même remplacé en 1990 par *Youth Training (YT)*, qui instaure un système fonctionnant sur la base de la formation en alternance. Les adultes au chômage se sont vu proposer des travaux d'utilité collective dans le cadre du *Community Enterprise Programme*, créé en 1980 et auquel vint se substituer, deux ans plus tard, le *Community Programme*, alors que ceux qui souhaitaient créer une entreprise y étaient incités par le biais de l'*Enterprise Allowance Scheme*. Lancé à titre expérimental dans 9 régions en 1985, le programme *Restart* vise quant à lui à faciliter la réorientation des chômeurs de longue durée en leur proposant un bilan personnalisé effectué par un membre de l'agence de l'emploi (*Job Centre*) dont ils dépendent, suivi éventuellement de cours de formation. En 1988, ces différents programmes concernant les chômeurs adultes ont été refondus dans le programme de formation à l'emploi baptisé *Employment Training*.

L'année 1990 a vu la mise en place des premiers *Training and Enterprise Councils* : financés à la fois par des fonds publics et par des fonds privés, gérés par les employeurs, ces conseils se voyaient chargés de coordonner l'ensemble de l'action des pouvoirs publics en direction des jeunes et des adultes au chômage de façon à développer sa qualité, son efficacité et son adaptation au marché du travail. Pour permettre aux actions de formation et de réinsertion d'être davantage en prise avec les réalités économiques que cela n'avait pu être le cas précédemment, les TEC devaient travailler en association avec les établissements d'enseignement ou de formation professionnelle, les collectivités locales et les organisations patronales. L'objectif était, on le voit, ambitieux et le dispositif nouveau au Royaume-Uni, où les employeurs s'étaient jusqu'alors essentiellement

24. Pour une description sommaire de ces programmes successifs, cf. OCDE (45), 1983, Annexe II, et OCDE (45), 1986, Annexe I. Cf. aussi Santini (50), p. 90-96. Le chapitre sur l'emploi de Britain in *199-* (3) permet d'actualiser les informations sur la formation professionnelle. Cf. aussi Central Office of Information, Reference services, « Training Policy in Britain », 1990.

contentés d'accueillir des stagiaires et éventuellement de les faire bénéficier d'une formation interne à l'entreprise, sans s'impliquer dans la conception et la gestion d'actions plus globales. On comprend donc l'espoir qu'avaient placé les pouvoirs publics dans ces conseils, dont le succès a été compromis par l'ampleur de la récession qui a frappé le Royaume-Uni quelques mois après leur lancement : comment ces tout jeunes organismes auraient-ils pu faire face à la demande de chômeurs de plus en plus nombreux alors que la contribution des entreprises avait tendance à se tarir et que ni l'Etat ni les collectivités locales ne voulaient ni ne pouvaient assumer seuls le coût du dispositif[25] ?

Au total donc, malgré le volontarisme affiché des autorités en matière de formation, force est de constater que les résultats ne sont pas encore à la mesure des espérances et de l'effort financier consenti. En 1990-1991, sur les quelque 328 000 jeunes ayant bénéficié d'un programme de formation, 38 % avaient obtenu une qualification, 29 % seulement avaient trouvé un emploi à l'issue de cette formation, et 20 % restaient au chômage[26]. Il n'était donc pas surprenant, dans ces conditions, que malgré l'accroissement spectaculaire du nombre des chômeurs enregistré depuis le début de la récession, les vacances d'emploi n'aient pas reculé de façon significative[27]. Il n'était pas surprenant non plus que le gouvernement cherche à réaliser des économies budgétaires en s'engageant de plus en plus résolument dans la voie du *workfare*. L'emploi était incontestablement l'un des principaux défis auquel restait encore confronté le Royaume-Uni.

25. Cf. par exemple « The Training Gap », *The Economist*, 21 avril 1990, p. 33-34, « Still Stuck over Training, » *The Economist*, 5 janvier 1991, p. 27-28, et « Training : In Trouble Again », *The Economist*, 23 mai 1992, p. 47.

26. Chiffres cités dans *Social Trends*, 1993, p. 66.

27. *Ibid*. Sur la nécessité pour les pays occidentaux de consentir un effort de formation pour élever le niveau de qualification de leur main-d'œuvre, cf. « Gone fishing », *The Economist*, 6 janvier 1990, p. 57-58.

DOCUMENT VIII.1. : UK UNEMPLOYMENT

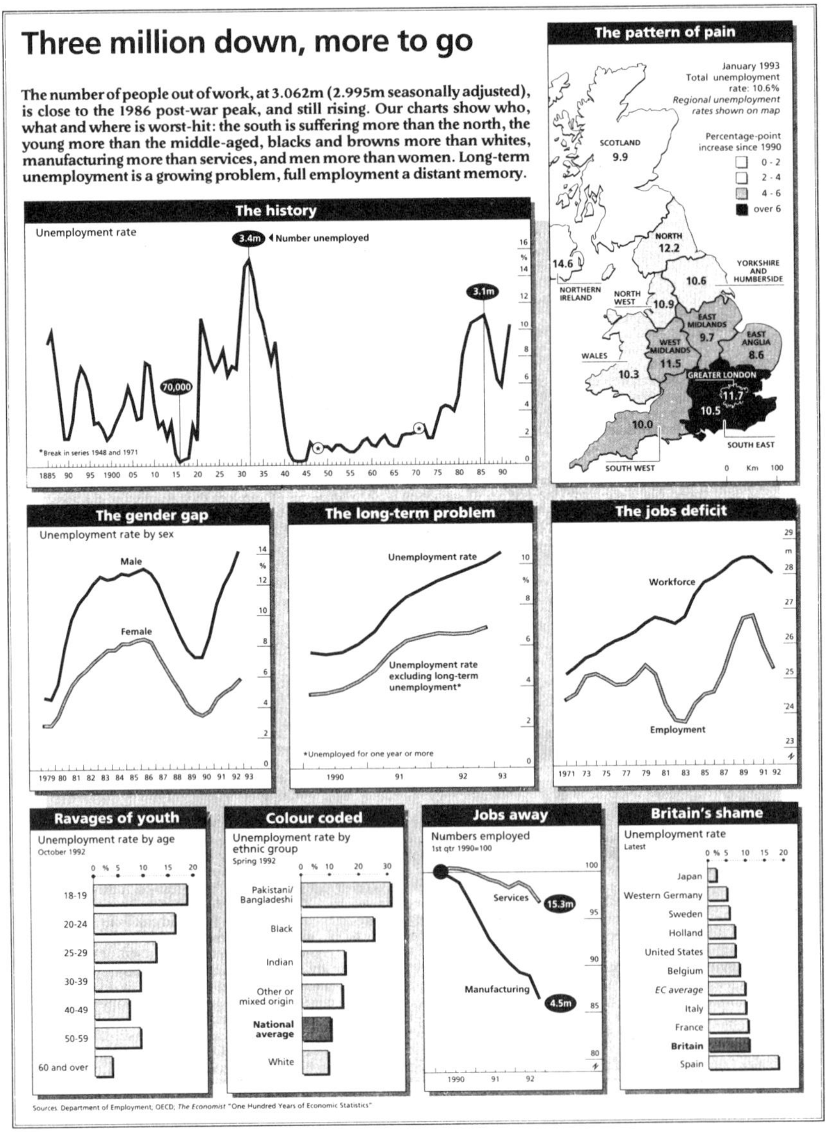

Three million down, more to go

The number of people out of work, at 3.062m (2.995m seasonally adjusted), is close to the 1986 post-war peak, and still rising. Our charts show who, what and where is worst-hit: the south is suffering more than the north, the young more than the middle-aged, blacks and browns more than whites, manufacturing more than services, and men more than women. Long-term unemployment is a growing problem, full employment a distant memory.

Source : *The Economist*, 20 février 1993, p. 35.

DOCUMENT VIII.2. : UK UNEMPLOYMENT RATES, BY SEX AND AGE

Percentages

	1986	1991	1992
Males			
16-19	21.8	16.5	18.7
20-29	15.7	12.3	15.3
30-39	9.4	7.8	10.4
40-49	7.8	5.8	7.8
50-64	9.3	8.4	10.4
65 and over	9.3	5.9	4.9
All males aged 16 and over	11.7	9.2	11.5
Females			
16-19	19.8	13.2	13.8
20-29	14.4	9.4	9.4
30-39	10.1	6.9	7.2
40-49	6.7	4.9	5.0
50-59	6.1	5.1	5.0
60 and over	5.1	4.4	3.1
All females aged 16 and over	10.7	7.2	7.2

1 Unemployment based on the ILO definition as a percentage of everyone economically active. At Spring each year

Source: Labour Force Survey, Employment Department

Source : *Social Trends,* 1993.

DOCUMENT VIII.3. : THE UNEMPLOYED IN THE UK: BY SEX AND PREVIOUS OCCUPATION GROUP, 1991 AND 1992

Percentages and thousands

	Males		Females		All	
	1991	1992	1991	1992	1991	1992
Percentage of the unemployed in each occupation group						
Managers and administrators	5.8	6.9	4.0	4.8	5.2	6.2
Professional occupations	2.1	2.5	2.2	2.0	2.1	2.3
Associate professional and technical	3.7	4.1	4.0	2.9	3.8	3.8
Clerical and secretarial	4.6	5.2	16.2	16.7	9.0	8.9
Craft and related	22.9	23.5	4.1	4.2	15.9	17.3
Personal and protective services	4.4	4.7	9.9	10.2	6.5	6.5
Sales	4.5	3.7	9.0	9.7	6.2	5.7
Plant and machine operatives	13.9	13.9	8.3	8.0	11.8	12.0
Other occupations	13.4	12.2	7.1	8.0	11.0	10.9
All non-manual	19.4	20.5	35.9	37.3	25.6	26.0
All manual	56.0	56.1	28.9	29.3	45.9	47.4
Total unemployed[3] (= 100%) (thousands)	1,494	1,846	891	886	2,385	2,732

1 Unemployment is based on the ILO definition. At Spring each year.

2 Previous occupation, based on the Standard Occupational Classification, of those who had left their last job within the last three years.

3 Includes those who did not state their previous occupations and those who have been unemployed for more than 3 years.

Source: Labour Force Survey, Employment Department

Source : *Social Trends,* 1993.

DOCUMENT VIII.4. : UK UNEMPLOYMENT CLAIMANTS: BY DURATION AND SEX, 1991 [1]

Percentages and numbers

	2 weeks or less	Over 2 and up to 8 weeks	Over 8 and up to 13 weeks	Over 13 and up to 26 weeks	Over 26 weeks and up to 1 year	Over 1 and up to 2 years	Over 2 and up to 3 years	Over 3 and up to 5 years	Over 5 years	Total (= 100%) (numbers)
Males										
United Kingdom	8.0	16.3	11.9	18.5	16.9	11.9	4.5	4.2	7.8	1,480,771
North	6.5	15.1	11.4	18.4	17.3	12.3	5.4	4.4	9.2	104,725
Yorkshire & Humberside	7.5	16.5	11.6	18.8	16.5	12.4	4.8	4.3	7.6	141,863
East Midlands	9.0	17.4	12.4	18.4	17.2	11.7	4.0	3.6	6.4	89,041
East Anglia	10.7	20.4	14.6	20.1	15.5	10.2	2.6	2.2	3.9	36,754
South East	9.9	18.0	13.1	19.8	17.6	10.9	3.3	3.0	4.3	365,003
South West	11.0	20.4	14.6	20.0	15.4	9.4	2.9	2.4	3.9	98,708
West Midlands	8.2	16.0	11.2	17.8	17.5	11.9	4.5	4.3	8.8	132,544
North West	6.8	14.6	10.8	17.5	17.0	13.4	5.7	5.0	9.4	199,066
England	8.6	17.0	12.3	18.8	17.0	11.6	4.2	3.7	6.6	1,167,704
Wales	7.4	16.5	13.3	20.2	17.6	11.6	4.2	3.3	5.9	78,938
Scotland	5.7	15.0	10.6	17.5	16.9	12.8	6.0	5.6	9.8	158,840
Northern Ireland	4.0	8.5	6.7	12.6	13.9	13.7	7.3	9.8	23.5	75,289
Females										
United Kingdom	11.5	17.4	12.2	19.8	17.4	9.6	3.5	3.6	5.0	478,976
North	10.5	16.7	11.8	19.8	17.3	10.3	3.9	3.8	5.8	30,857
Yorkshire & Humberside	11.3	17.2	11.2	19.4	17.5	9.9	3.8	4.1	5.6	43,248
East Midlands	12.4	17.2	12.0	19.6	18.3	8.8	3.1	3.5	5.0	30,359
East Anglia	14.5	19.6	13.8	21.0	16.0	7.2	2.1	2.4	3.3	12,620
South East	13.0	18.4	13.5	21.0	17.2	8.6	2.5	2.6	3.3	122,079
South West	13.9	20.2	14.9	20.3	15.0	7.3	2.5	2.4	3.5	34,607
West Midlands	11.2	16.3	11.0	19.7	19.0	9.7	3.4	3.7	6.1	44,520
North West	10.7	16.4	11.0	19.0	17.8	10.9	4.3	4.2	5.7	61,372
England	12.1	17.6	12.4	20.1	17.4	9.3	3.2	3.3	4.6	379,662
Wales	11.8	19.0	13.5	20.9	15.8	8.8	3.1	3.1	4.0	22,514
Scotland	9.1	17.2	11.9	18.2	18.2	10.8	4.3	4.5	5.9	53,821
Northern Ireland	7.2	11.4	9.0	18.9	16.3	12.6	6.5	7.2	11.0	22,979

1 At January

Source: Employment Department

Source : *Regional Trends*, 1992.

Tableau VIII.5. : *Unemployed workers in the US, summary from 1980 to 1991*

[**In thousands, except as Indicated.** For civilian noninstitutional population 16 years old and over. Annual averages of monthly figures.

ITEM AND CHARACTERISTIC	1980	1984	1985	1986	1987	1988	1989	1990	1991
UNEMPLOYED									
Total [1]	**7,637**	**8,539**	**8,312**	**8,237**	**7,425**	**6,701**	**6,528**	**6,874**	**8,426**
Labor force time lost [2] (percent)	7.9	8.6	8.1	7.9	7.1	6.3	5.9	6.2	7.6
16 to 19 years old	1,669	1,499	1,468	1,454	1,347	1,226	1,194	1,149	1,290
20 to 24 years old	1,835	1,838	1,738	1,651	1,453	1,261	1,218	1,221	1,477
25 to 44 years old	2,964	3,709	3,681	3,761	3,410	3,095	3,010	3,273	4,106
45 to 64 years old	1,075	1,394	1,331	1,279	1,135	1,032	1,016	1,124	1,407
65 years and over	94	97	93	91	78	87	91	107	116
Male	4,267	4,744	4,521	4,530	4,101	3,655	3,525	3,799	4,817
16 to 19 years old	913	812	806	779	732	667	658	629	709
20 to 24 years old	1,076	1,023	944	899	779	676	660	666	849
25 to 44 years old	1,619	2,050	1,950	2,054	1,858	1,657	1,572	1,774	2,331
45 to 64 years old	600	806	766	741	684	606	585	668	862
65 years and over	58	53	55	58	49	49	49	61	66
Female	3,370	3,794	3,791	3,707	3,324	3,046	3,003	3,075	3,609
16 to 19 years old	755	687	661	675	616	558	536	519	581
20 to 24 years old	760	815	794	752	674	585	558	555	628
25 to 44 years old	1,345	1,659	1,732	1,708	1,552	1,439	1,437	1,498	1,775
45 to 64 years old	473	589	566	539	453	427	430	456	575
65 years and over	36	45	39	33	30	38	41	46	50
White [3]	5,884	6,372	6,191	6,140	5,501	4,944	4,770	5,091	6,447
16 to 19 years old	1,291	1,116	1,074	1,070	995	910	863	856	977
20 to 24 years old	1,364	1,282	1,235	1,149	1,017	874	856	844	1,063
Black [3]	1,553	1,914	1,864	1,840	1,684	1,547	1,544	1,527	1,679
16 to 19 years old	343	353	357	347	312	288	300	258	270
20 to 24 years old	426	504	455	453	397	349	322	335	362
Hispanic [3 4]	620	800	811	857	751	702	750	769	963
16 to 19 years old	145	149	141	141	136	148	132	131	149
20 to 24 years old	138	164	171	183	152	145	158	135	172
Full-time workers	6,269	7,057	6,793	6,708	5,979	5,357	5,211	5,541	6,932
Part-time workers	1,369	1,481	1,519	1,529	1,446	1,343	1,317	1,332	1,494
UNEMPLOYMENT RATE (percent) [5]									
Total [1]	**7.1**	**7.5**	**7.2**	**7.0**	**6.2**	**5.5**	**5.3**	**5.5**	**6.7**
16 to 19 years old	17.8	18.9	18.6	18.3	16.9	15.3	15.0	15.5	18.6
20 to 24 years old	11.5	11.5	11.1	10.7	9.7	8.7	8.6	8.8	10.8
25 to 44 years old	6.0	6.4	6.2	6.1	5.4	4.8	4.5	4.8	6.0
45 to 64 years old	3.7	4.8	4.5	4.3	3.8	3.3	3.2	3.5	4.4
65 years and over	3.1	3.3	3.2	3.0	2.5	2.7	2.6	3.0	3.3
Male	6.9	7.4	7.0	6.0	6.2	5.5	5.2	5.6	7.0
16 to 19 years old	18.3	19.6	19.5	19.0	17.8	16.0	15.9	16.3	19.8
20 to 24 years old	12.5	11.9	11.4	11.0	9.9	8.9	8.8	9.1	11.7
25 to 44 years old	5.6	6.3	5.9	6.0	5.3	4.6	4.3	4.8	6.2
45 to 64 years old	3.5	4.8	4.5	4.4	4.0	3.5	3.3	3.7	4.7
65 years and over	3.1	3.0	3.1	3.2	2.6	2.5	2.4	3.0	3.3
Female	7.4	7.6	7.4	7.1	6.0	5.0	5.4	5.4	6.3
16 to 19 years old	17.2	18.0	17.6	17.6	15.9	14.4	14.0	14.7	17.4
20 to 24 years old	10.4	10.9	10.7	10.3	9.4	8.5	8.3	8.5	9.8
25 to 44 years old	6.4	6.6	6.6	6.2	5.5	4.9	4.8	4.9	5.7
45 to 64 years old	4.0	4.9	4.6	4.2	3.5	3.2	3.1	3.2	3.9
65 years and over	3.1	3.8	3.3	2.8	2.4	2.9	2.9	3.1	3.3
White [3]	6.3	6.5	6.2	6.0	5.3	4.7	4.5	4.7	6.0
16 to 19 years old	15.5	16.0	15.7	15.6	14.4	13.1	12.7	13.4	16.4
20 to 24 years old	9.9	9.3	9.2	8.7	8.0	7.1	7.2	7.2	9.2
Black [3]	14.3	15.9	15.1	14.5	13.0	11.7	11.4	11.3	12.4
16 to 19 years old	38.5	42.7	40.2	39.3	34.7	32.4	32.4	31.1	36.3
20 to 24 years old	23.6	26.1	24.5	24.1	21.8	19.6	18.0	19.9	21.6
Hispanic [3 4]	10.1	10.7	10.5	10.6	8.8	8.2	8.0	8.0	9.9
16 to 19 years old	22.5	24.1	24.3	24.7	22.3	22.0	19.4	19.5	22.9
20 to 24 years old	12.1	12.4	12.6	12.9	10.6	9.8	10.7	9.1	11.6
Experienced workers [6]	6.9	7.1	6.8	6.6	5.8	5.2	5.0	5.3	6.5
Women maintaining families [1]	9.2	10.4	10.5	9.9	9.3	8.2	8.1	8.2	9.1
White	7.3	7.8	8.1	7.8	6.8	6.0	6.1	6.3	7.2
Black	14.0	16.7	16.4	15.4	15.4	13.7	13.0	13.1	13.9
Married men, wife present [1]	4.2	4.6	4.3	4.4	3.9	3.3	3.0	3.4	4.4
White	3.9	4.3	4.0	4.0	3.6	3.0	2.8	3.1	4.2
Black	7.4	8.1	8.0	8.0	6.5	5.8	5.8	6.2	6.5
Percent without work for—									
Less than 5 weeks	43.1	39.2	42.1	41.9	43.7	46.0	48.6	46.1	40.1
5 to 10 weeks	23.4	20.6	22.2	22.6	21,6	22.2	22.2	23.5	22.9
11 to 14 weeks	9.0	8.1	8.0	8.4	7.9	7.8	8.1	8.6	9.5
15 to 26 weeks	13.8	12.9	12.3	12.7	12.7	12.0	11.2	11.8	14.5
27 weeks and over	10.7	19.1	15.4	14.4	14.0	12.1	9.9	10.1	13.0
Unemployment duration, average (weeks)	11.9	18.2	15.6	15.0	14.5	13.5	11.9	12.1	13.8

[1] Includes other races, not shown separately. [2] Aggregate hours lost by the unemployed and persons on part time for economic reasons as a percent of potentially available labor force hours. [3] Includes other ages, not shown separately. [4] Persons of Hispanic origin may be of any race. [5] Unemployed as percent of civilian labor force in specified group. [6] Wage and salary workers.

Source: U.S. Bureau of Labor Statistics, *Employment and Earnings*, monthly, January issues; and unpublished data.

Source : *Statistical Abstract of the United States,* 1992.

DOCUMENT VIII.6. : US UNEMPLOYMENT RATES, BY INDUSTRY, 1975 TO 1991, AND BY SEX, 1980 AND 1991

[**In percent.** For civilian noninstitutional population 16 years old and over. Annual averages of monthly figures. Rate represents unemployment as a percent of labor force in each specified group. Beginning 1985, data not strictly comparable with earlier years due to changes in industrial classification]

INDUSTRY	1975	1980	1985	1988	1989	1990	1991	MALE		FEMALE	
								1980	1991	1980	1991
All unemployed [1]	**8.5**	**7.1**	**7.2**	**5.5**	**5.3**	**5.5**	**6.7**	**6.9**	**7.0**	**7.4**	**6.3**
Industry: [2]											
Agriculture	10.4	11.0	13.2	10.6	9.6	9.7	11.6	9.7	11.6	15.1	11.8
Mining	4.1	6.4	9.5	7.9	5.8	4.8	7.7	6.7	8.6	4.5	3.4
Construction	18.0	14.1	13.1	10.6	10.0	11.1	15.4	14.6	15.9	8.9	10.1
Manufacturing	10.9	8.5	7.7	5.3	5.1	5.8	7.2	7.4	6.5	10.8	8.6
Transportation and public utilities	5.6	4.9	5.1	3.9	3.9	3.8	5.3	5.1	5.5	4.4	4.6
Wholesale and retail trade	8.7	7.4	7.6	6.2	6.0	6.4	7.6	6.6	7.2	8.3	8.0
Finance, insurance, and real estate	4.9	3.4	3.5	3.0	3.1	3.0	4.0	3.2	3.8	3.5	4.0
Services	7.1	5.9	6.2	4.9	4.8	5.0	5.7	6.3	6.4	5.8	5.3
Government	4.1	4.1	3.9	2.8	2.7	2.6	3.2	3.9	3.3	4.3	3.1

[1] Includes the self-employed, unpaid family workers, and persons with no previous work experience, not shown separately.
[2] Covers unemployed wage and salary workers.

Source : *Statistical Abstract of the United States*, 1992.

DOCUMENT VIII.7. : US UNEMPLOYMENT AND UNEMPLOYMENT RATES BY OCCUPATION, 1983 TO 1991, AND BY SEX, 1991

[**For civilian noninstitutional population 16 years old and over.** Beginning 1985, annual averages of monthly data; 1983 data estimated, see text, section 13. Rate represents unemployment as a percent of the labor force for each specified group. Based on Current Population Survey; see text, section 1 and Appendix III]

OCCUPATION	NUMBER (1,000)			UNEMPLOYMENT RATE				
						1991		
	1983	1985	1991	1983	1985	Total	Male	Female
Total [1]	**10,717**	**8,312**	**8,426**	**9.6**	**7.2**	**6.7**	**7.0**	**6.3**
Managerial and professional specialty	795	645	886	3.3	2.4	2.8	2.7	2.9
Executive, administrative, and managerial	396	329	494	3.5	2.6	3.2	3.0	3.5
Professional specialty	399	316	393	3.0	2.3	2.4	2.4	2.4
Technical sales, and administrative support	2,116	1,694	1,941	6.3	4.9	5.1	4.7	5.3
Technicians and related support	152	110	132	4.7	3.3	3.4	3.8	2.9
Sales occupations	850	702	838	6.7	5.3	5.7	4.4	7.0
Administrative support, including clerical	1,114	882	971	6.4	4.9	5.0	5.7	4.9
Service occupations	1,697	1,386	1,292	10.9	8.8	7.5	8.0	7.1
Private household	79	69	55	7.4	6.4	6.5	10.4	6.3
Protective service	120	85	99	6.7	4.7	4.6	4.4	5.3
Service except private household and protective	1,498	1,233	1,139	11.8	9.5	8.0	9.3	7.3
Precision production, craft, and repair	1,466	1,038	1,130	10.6	7.2	7.9	7.9	7.8
Mechanics and repairers	344	225	242	7.6	4.8	5.2	5.2	4.6
Construction trades	709	531	644	14.2	10.1	11.8	11.8	12.0
Other precision production, craft, and repair	412	281	244	9.6	6.4	5.9	5.2	8.0
Operators, fabricators, and laborers	2,955	2,140	2,011	15.5	11.3	10.5	10.3	11.1
Machine operators, assemblers, inspectors	1,411	980	883	15.4	11.1	10.3	9.5	11.4
Transportation and material moving occupations	596	422	392	12.4	8.5	7.4	7.5	6.4
Handlers, equipment cleaners, helpers, laborers	948	739	736	18.6	14.3	13.8	14.1	12.5
Construction laborers	207	186	198	25.8	21.3	22.1	22.0	(B)
Farming, forestry, and fishing	407	315	286	9.9	8.3	7.6	7.6	8.1

B Base is less than 35,000. [1] Includes persons with no previous work experience and those whose last job was in the Armed Forces.

Source: U.S. Bureau of Labor Statistics, *Employment and Earnings,* monthly, January issues..

Source : *Statistical Abstract of the United States*, 1992.

DOCUMENT VIII.8. US UNEMPLOYMENT RATES BY STATE (data not seasonally adjusted)

State	Aug. 1990	Aug. 1991	Aug. 1992P	State	Aug. 1990	Aug. 1991	Aug. 1992P
Alabama	7.5	7.3	7.5	Montana	4.6	5.9	6.0
Alaska	5.4	6.9	7.8	Nebraska	2.2	2.8	3.3
Arizona	5.8	6.2	7.0	Nevada	4.5	4.9	6.8
Arkansas	6.4	7.3	6.6	New Hampshire	5.6	7.1	6.9
California	5.4	7.2	9.5				
				New Jersey	4.6	6.3	9.1
Colorado	4.7	4.1	5.5	New Mexico	6.2	6.4	6.8
Connecticut	5.1	7.6	7.1	New York	4.8	7.2	8.2
Delaware	5.2	6.4	5.4	North Carolina	3.5	5.5	5.8
District of Columbia	6.7	7.3	8.3	North Dakota	3.4	4.1	4.6
Florida	6.8	8.3	9.4				
				Ohio	4.7	6.0	6.9
Georgia	5.6	5.0	7.3	Oklahoma	5.2	6.4	6.2
Hawaii	2.6	2.5	4.2	Oregon	5.2	5.7	6.7
Idaho	5.1	5.0	5.7	Pennsylvania	4.3	6.5	7.5
Illinois	6.3	7.2	6.5	Rhode Island	6.4	9.0	9.2
Indiana	6.2	4.9	5.9				
				South Carolina	4.4	6.1	6.1
Iowa	4.0	4.6	3.6	South Dakota	3.3	3.6	2.8
Kansas	4.6	4.4	4.1	Tennessee	4.9	6.5	6.2
Kentucky	5.2	7.7	6.9	Texas	5.9	6.3	6.7
Louisiana	6.2	7.6	8.0	Utah	4.0	5.2	5.3
Maine	4.4	6.1	5.6				
				Vermont	4.6	5.4	5.7
Maryland	5.0	5.8	6.6	Virginia	4.2	5.5	6.1
Massachusetts	6.4	8.8	8.0	Washington	4.2	5.7	6.3
Michigan	7.4	8.7	8.5	West Virginia	9.0	11.1	11.0
Minnesota	4.6	4.7	4.5	Wisconsin	3.8	4.5	4.7
Mississippi	8.0	8.7	9.2				
Missouri	5.8	6.8	6.2	Wyoming	4.2	3.7	4.4

P = preliminary

Source : chiffres rassemblés par l'auteur d'après *Monthly Labor Review*, novembre 1991 et novembre 1992.

DOCUMENT VIII.9. WORKFARE*?

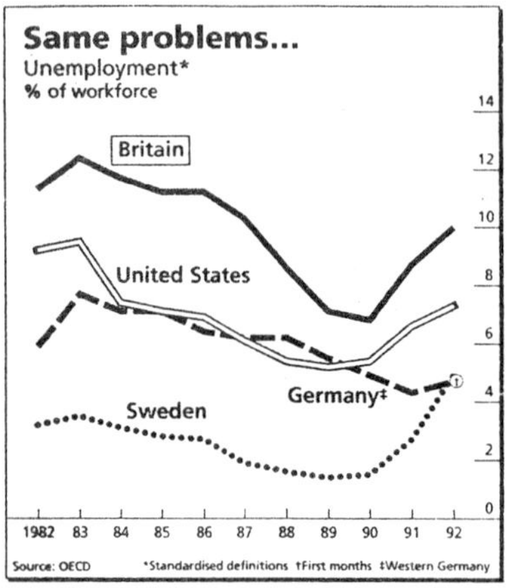

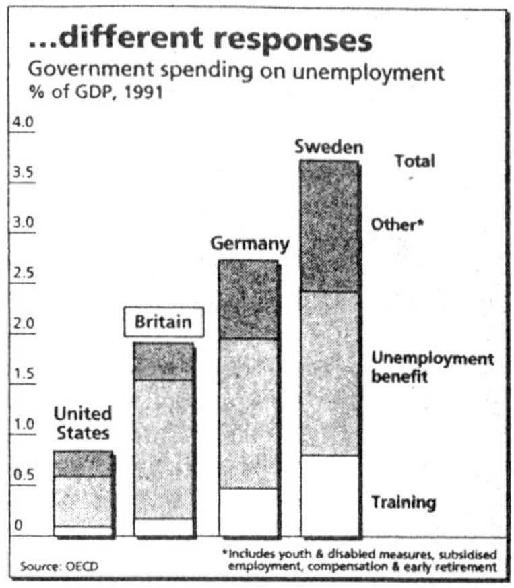

With the number of unemployed rising inexorably above 3m, each person costing around £8,000 ($11,000) a year in benefits and forgone tax revenue,* Peter Lilley, the social security secretary, has ordered a review of the benefits system. John Major suggested on February 3rd that the government is considering introducing "workfare",* which links welfare* payments* to participation in work schemes. Opposition leaders expressed ritual outrage. But all industrialised countries are searching for ideas to tackle unemployment without busting their budgets.

In its treatment of unemployment, as in many areas, Britain hangs between America and continental Europe. It spends less than most West European countries, but more than America. The government intervenes more in the labour market than the American administration but less than other European countries. Britain's one peculiarity is in having a flat-rate* benefit* from unemployment insurance*: other countries relate benefits to previous salary. Any Briton who has been working for two years and loses his job gets unemployment benefit of £43.10 a week; dependants*, rent or a mortgage* may entitle him to more. After a year he moves on to means-tested income support* (£42.45 personal allowance for a single man over 25, more for those with dependants).

In the 1980s the government shifted towards Continental-style activism through the well-regarded Restart programme, which involves interviewing people after six months and trying to fit them to job vacancies*. But Britain has been weak in the other area that most Europeans concentrate on-training. A series of initial-plagued schemes — YTS*, YOPs*, ET* — has failed to produce qualifications that impress employers.

Having taken its new ideas in the 1980s from Europe, the government is now toying with an American scheme: workfare. America spends relatively little on its unemployed, and has relatively few of them on its books. Since unemployment insurance*, which is paid for by employers and gives people around 50% of previous salary (with a ceiling), usually runs out after six months, single people, who are not eligible for further benefits, tend to get back into work or drop out of the register.

Beyond insurance is Aid to Families with Dependent Children (AFDC), which the Reagan administration wanted to make available only to those prepared to work — hence workfare. Only some states have introduced it, and it covers only a tiny fraction of welfare claimants*. Poorer state governments are using workfare to fill jobs at 40-60% of the normal cost. Bill Clinton wants to promote an extension of the workfare system, but under a politically correct name.

The Economist, 6 février 1993.

DOCUMENT VIII.10. THE LONG-TERM UNEMPLOYED NEED LONG-TERM HELP

The present US unemployment insurance system fails to protect workers against the risk of long-term joblessness*.

The segment of the unemployed without jobs for longer than 26 weeks has more than doubled since the late 1960s. This explosion in long-term unemployment helps explain why so many of the unemployed now do not qualify for benefits. In 1988, over one fourth of those unemployed had been without work for more than half a year.

Under present laws, benefits begin one week after a worker becomes unemployed. Eligible unemployed people then receive payments for up to 26 weeks, usually collecting a little less than half of what they had been earning. But benefits then cease unless the number of insured unemployed in the state is higher than about 5% of total employment. [...]

Many people who are unemployed for short periods of time manage to scrape by without undue hardship by drawing down savings*, borrowing from relatives and friends, or delaying mortgage payments* and other bills. Those who are seasonally unemployed* or on temporary layoffs* often are expecting to return to their old jobs.

Common sense suggests that the long-term unemployed are less able to cope because they exhaust their savings and their credit with others. They don't have the means to pay for basic needs, let alone anything else.

Clearly, the present system is not doing what it should do: protect the unemployed who need it most. A step in the right direction would be to lengthen the period of eligibility from 26 weeks to perhaps a year. Those unemployed for much longer than that are unlikely to find regular jobs* again, and they should be helped in other ways, such as through the welfare system.

Unemployment compensation* is presently financed from a trust fund* in each state built up by a payroll tax* on the first $7,000 of wages earned in the state. Some members of Congress are calling for higher tax rates* or large increases in the wage base beyond $7,000 to finance an extension of the eligibility period beyond 26 weeks. But there is also much opposition in the Senate and House to higher taxes on payrolls*.

The present system, however, could generate the revenue needed to cover the long-term unemployed without imposing new taxes, if some of the short-term unemployed were made ineligible for benefits. Since those out of work for only a few weeks usually cope fairly well, the money would be better spent on those in greater need of assistance.

If the waiting period to receive benefits were extended to five weeks from the present one, the tax revenue released would be sufficient to allow an increase in coverage to a full year from the present half year. If the unemployed were not eligible before six to eight weeks, the trust would have sufficient funds to bring into the system some others who are not eligible. The fraction of the unemployed who collect benefits is now much lower than the 60% who were covered during recessionary times in the early 1970s. Many of those not eligible now are low-skilled workers who have been unemployed for several months and have trouble making ends meet. The fact that eligibility* begins after just one week tends to encourage abuse of the system. Some companies more readily lay off* workers who will be recalled in a few weeks because they know the trust fund is there to bear the burden. Seasonal employment is also lent a bogus attractiveness because the system covers regular spells of unemployment. These abuses of the system would be greatly curtailed if eligibility for benefits did not begin until after several weeks of unemployment. Although extending benefits to a full year would encourage some of the long-term unemployed to stop looking for work, the vast majority want to find jobs soon to prevent further erosion of their skills.

Other government safety-net* programs are also too generous early on, but not generous enough at later, much more difficult stages of adversity. The welfare system should have a longer waiting period before a family becomes eligible, providing instead greater benefits to the long-term poor who have few prospects of improving their circumstances. The aim of Social Security* and medicare* is to protect the elderly against long-term illnesses and other serious risks of old age. In contrast, we give too much to the well-off elderly and to those with short-term illnesses, and we are too stingy with the sick and poor.

Tax* and budgetary* pressures are forcing a re-examination of all government programs in the search for more effective policies. A good start can be made with the unemployment-compensation system by removing the short-term unemployed from coverage and extending assistance to those out of work for a long time. An unemployment insurance fund* should mitigate the economic hardships of workers who are facing the prospect of protracted, even permanent, privation through no fault of their own.

Gary S. Becker, *Business Week*, 20 mai 1991.

CONCLUSION

Des déséquilibres persistants

Les Etats-Unis et le Royaume-Uni qui ont subi, au cours des quinze dernières années, une évolution conjoncturelle marquée par une succession de phases extrêmement contrastées, devront faire face, d'ici à la fin du siècle, à de puissants défis résultant des déséquilibres persistants dont souffrent leurs économies.

La période sur laquelle a porté cette étude a été riche en contrastes, puisque les années de croissance soutenue enregistrées entre 1983 et 1989 ont été encadrées par deux phases de récession au cours desquelles les incidences de la conjoncture internationale (le deuxième choc pétrolier en 1979, l'effondrement du bloc soviétique et la crise du Golfe en 1990) se sont conjuguées aux effets des politiques appliquées des deux côtés de l'Atlantique pour induire une chute du niveau de l'activité plus marquée que dans les autres pays développés : ainsi le resserrement du crédit mis en œuvre par le *Fed* à partir d'octobre 1979, de même que le relèvement des taux d'intérêt et de TVA décidés dans l'année qui suivit l'accession au pouvoir de Margaret Thatcher, contribuèrent-ils pour une très large part à la récession du début des années 80. Mais la longue période d'expansion qui s'ouvrit en 1982-1983 fut elle aussi largement imputable aux effets des mesures mises en œuvre dans le cadre de la révolution libérale, et c'est ce qui explique que beaucoup d'experts aient alors estimé que les économies anglo-saxonnes étaient en voie de surmonter les difficultés auxquelles elles étaient confrontées à la fin des années 70. Beaucoup n'hésitèrent pas, à cette époque, à parler de miracle. Miracle d'une croissance américaine soutenue pendant huit années consécutives, sans que l'inflation ne dérape ni que la création d'emplois ne s'essouffle. Miracle d'une économie britannique qui enregistrait des gains de productivité supérieurs à la moyenne des pays de l'OCDE, où le déficit chronique des finances publiques faisait place à un excédent et où les masses laborieuses, converties au capitalisme populaire, se détournaient des syndicats et renonçaient aux modalités traditionnelles de l'action revendicative.

Ce climat d'euphorie prit brutalement fin en 1990 : la chute du mur de Berlin et l'effondrement du bloc soviétique, célébrées comme les signes d'une victoire historique du capitalisme sur le communisme, ne tardèrent pas à révéler leurs effets pervers. Au lieu de bénéficier des « dividendes de la paix, » les Etats-Unis et le Royaume-Uni devaient faire face à des suppressions massives d'emplois dans l'industrie de l'armement, en même temps que le déclenchement de la crise du Golfe, elle-même largement issue de la redistribution des cartes géopolitiques à l'échelle planétaire, laissait planer un climat d'incertitude qui suscitait l'inquiétude et l'attentisme des agents économiques et plongeait l'activité dans un état de léthargie. Le dénouement favorable que connut, pour la coalition alliée, cette crise, le renouveau de confiance qu'elle suscita au sein des populations permirent de croire, au printemps 1991, que les conditions étaient réunies pour que puisse se produire une reprise vigoureuse. Mais ces espoirs furent vite déçus, puisque la croissance enregistrée aux Etats-Unis demeura molle jusqu'au milieu de l'année 1992, le Royaume-Uni restant encore enlisé, au début de l'année 1993, dans une récession d'une longueur sans précédent depuis les années 30.

Les clés de ce brutal retournement conjoncturel ne sont pas à chercher ailleurs que dans l'accumulation, au cours des années 80, de déséquilibres structurels dont le lecteur aura déjà pu cerner les contours. Ainsi, au Royaume-Uni, la progression de la productivité fut plus acquise grâce à des restructurations passant par une réduction des effectifs salariés que par une augmentation du volume de la production, alors que la croissance spectaculaire enregistrée de 1982 à 1989 était essentiellement tirée par une consommation développée à la faveur de la déréglementation du crédit qui conduisit les ménages à s'endetter lourdement et, compte tenu des faiblesses persistantes de l'industrie britannique, contribua à une dégradation rapide du solde commercial. L'endettement des ménages s'accrut également du fait de l'accession de beaucoup d'entre eux à la propriété de leur logement, à un moment où les prix de l'immobilier s'envolaient et où les entreprises faisaient largement appel aux banques et aux marchés des capitaux pour financer la modernisation de leur appareil productif, s'engager dans des opérations financières potentiellement lucratives, ou bien tout simplement, dans le cas de la multitude d'entreprises individuelles dont les pouvoirs publics encourageaient le développement, pour trouver les fonds nécessaires au démarrage de leur activité.

Aussi la hausse des taux d'intérêt, qui fut la conséquence de la politique monétaire restrictive mise en œuvre par le gouvernement à partir de 1988 pour tenter de juguler une inflation renaissante et d'endiguer la surchauffe de l'économie, heurta-t-elle de plein fouet ménages et entreprises, l'adhésion de la livre au mécanisme de change du SME ne faisant qu'aggraver une situation déjà très difficile en 1990. Il n'est guère étonnant, dans ces conditions, que le retournement de la conjoncture se soit accompagné d'une augmentation spectaculaire des faillites (près de 45 000 en 1991, dont 22 632 concernaient des entrepreneurs indépendants) et que quelque 40 000 ménages aient été contraints d'abandonner aux établissements qui leur avaient consenti des prêts les logements dont ils ne parvenaient plus à financer les remboursements.

On le voit, en dépit des effets bénéfiques de certaines des mesures mises en œuvre depuis 1979, des dysfonctionnements et des déséquilibres fondamentaux subsistent : si la réduction du poids du secteur public dans l'économie a permis d'alléger les contraintes qui pesaient sur bon nombre d'entreprises, si le processus de privatisation et de déréglementation de secteurs comme les transports, l'énergie, les services financiers ou le marché du travail a accru l'efficience des marchés et la compétitivité de certains secteurs d'activité, si la réforme de la fiscalité a créé un contexte plus favorable au travail et à l'embauche, bien du chemin reste encore à parcourir pour permettre une véritable renaissance de l'économie britannique. La hausse des salaires et des prix est en particulier demeurée, sur l'ensemble de la période, très supérieure à la moyenne enregistrée par les pays de l'OCDE, la réglementation des monopoles privatisés et le fonctionnement des marchés financiers restent à améliorer, alors que le marché du travail se révèle toujours incapable de résoudre le problème du chômage des jeunes et des adultes victimes de la suppression massive d'emplois dans l'industrie manufacturière.

Même si les gouvernements en place depuis 1979 les ont longtemps considérés comme inéluctables, voire souhaitables, ce déclin de l'industrie manufacturière au profit d'activités de services et l'orientation de la société britannique vers une société de type postindustriel ne vont pas sans poser un certain nombre de problèmes que la dernière récession a mis en lumière avec une singulière acuité. Ce phénomène, qui a affecté la plupart des pays avancés, a en effet été particulièrement marqué au Royaume-Uni, où la production industrielle a chuté après 1973 pour ne retrouver qu'en 1988 son niveau antérieur au premier choc pétrolier. La part du secteur manufacturier dans l'emploi total, qui se situait à 36 % en 1971, n'était plus que de 28,4 % en 1981, et de 21 % en 1992, alors que sa contribution au PIB régressait elle aussi, bien que moins rapidement, passant de 28 % en 1970 à 25,1 % en 1981 et à 21 % en 1991. On relève de surcroît des évolutions très contrastées d'une branche à l'autre puisque, à côté d'activités qui ont connu une forte croissance et qui s'affirmaient, à la fin des années 1980, comme les points forts de l'industrie britannique (c'était le cas de la chimie, de la pharmacie et de l'aérospatiale, dont une bonne partie de la production pouvait être exportée)[1], d'autres qui, comme le papier, l'imprimerie, l'édition, les produits alimentaires, les boissons et le tabac, s'avéraient relativement dynamiques, des secteurs aussi importants que l'électronique grand public, la métallurgie, l'automobile, ou encore le textile et l'habillement faisaient preuve d'une cruelle faiblesse, au point que les trois derniers d'entre eux représentent aujourd'hui la moitié du déficit qu'enregistre le Royaume-Uni pour les échanges de produits manufacturés.

1. En ce qui concerne l'aérospatiale, la fin de la guerre froide et les difficultés auxquelles reste aujourd'hui confrontée l'industrie du transport aérien ont coûté cher aux entreprises britanniques : British Aerospace a été contrainte de fermer en 1993 son usine de Hatfield, spécialisée dans l'aviation civile (2 000 emplois), Rolls Royce a également annoncé 2 000 licenciements au sein de sa division de production de moteurs d'avions, et Vsel, qui construit le sous-marin nucléaire « Trident », risque de perdre 5 000 emplois, soit la moitié de ses effectifs, d'ici à 1994.

Cette régression de la production industrielle au profit du développement des activités tertiaires a ainsi conduit à une dégradation de l'équilibre extérieur. Le Royaume-Uni n'est plus que la cinquième puissance commerciale du monde, le solde de ses échanges invisibles ne lui permettant plus, depuis 1987, de compenser son déficit commercial : la balance des opérations courantes enregistre depuis lors un déficit, qui s'élevait à 6,3 milliards de livres en 1991, soit 1,3 % du PIB. Or cette dégradation provient essentiellement de l'incapacité de l'économie britannique de produire des biens capables de satisfaire la demande intérieure, dont les 3/4 trouve son origine dans la consommation des ménages. Alors que les échanges de produits manufacturés étaient excédentaires depuis le XIXe siècle, ils sont devenus déficitaires depuis 1983 ; les exportations britanniques ne représentent plus, pour cette catégorie de biens, que 7 % des échanges mondiaux, soit deux fois moins qu'en 1964. Ainsi, bien que le Royaume-Uni, qui était traditionnellement un gros importateur de denrées alimentaires ait presque atteint, dans ce domaine, l'autosuffisance, sa balance commerciale hors pétrole accuse un déficit qui est devenu structurel depuis 1983 et qui a culminé à 24,7 milliards de livres en 1989. S'il s'est réduit, depuis, à 10,2 milliards de livres en 1991, ce chiffre restait néanmoins très élevé dans un contexte de récession.

Les importations de produits manufacturés ont en effet progressé à un rythme extrêmement rapide pendant les années 80, leur part sur leur marché intérieur passant de 26,9 % en 1979 à 36,7 % en 1989. La dépendance à l'égard des importations est particulièrement forte pour les machines de bureau et le matériel informatique (95 % en 1989), l'automobile (51 %), le textile (48 %) et l'habillement (40 %), et si la facture a pu, pendant un temps, être compensée par les exportations pétrolières, cela n'est plus le cas aujourd'hui. Les effets de la manne pétrolière auront donc été de courte durée puisqu'il ne faut pas oublier que jusqu'en 1975 le Royaume-Uni importait tout son pétrole et que ce n'est qu'à la suite du second choc pétrolier qu'il accéléra la mise en valeur des ressources de la mer du Nord au point de devenir, dès 1980, un exportateur net d'or noir. Mais la production a atteint un sommet au milieu des années 80 pour refluer ensuite, et la part du pétrole dans les exportations de biens et de services est passée de 21,4 % en 1985 à 6,8 % en 1991. Notons par ailleurs que la mise en exploitation des champs pétrolifères de la mer du Nord n'aura pas eu que des effets bénéfiques puisqu'elle provoqua, au début des années 80, une vive appréciation de la livre qui renchérit les exportations de produits manufacturés et limita leur volume, accentuant par là même les difficultés auxquelles était confrontée l'industrie manufacturière. A l'inverse, la dévaluation consécutive à la sortie de la livre du mécanisme de change du SME a conduit à une augmentation des exportations, rendues compétitives en termes de prix. Reste cependant à savoir si la qualité des produits leur permettra de rivaliser avec leurs concurrents étrangers pour gagner durablement des parts de marchés dans les pays qui sont devenus les principaux clients du Royaume-Uni : les Etats-Unis et la Communauté européenne, vers laquelle se dirigent à l'heure actuelle plus de la moitié des exportations britanniques.

La capacité du Royaume-Uni à relever ce défi sera déterminante pour l'avenir des régions qui ont été touchées de plein fouet par la désindustrialisation de l'économie britannique. L'industrie manufacturière est en effet restée l'activité principale du centre et du nord de l'Angleterre, alors que les services occupent une place plus importante dans le Sud, et que ces marches que constituent à bien des égards le pays de Galles, l'Ecosse et l'Irlande du Nord se trouvent dans une situation intermédiaire. Du fait de ces spécificités régionales, les mutations structurelles qui ont affecté l'ensemble de l'économie n'ont pas touché au même degré les différentes régions, et les zones où l'industrie manufacturière était relativement forte ont été confrontées à de graves problèmes d'ajustement. On le sait, la division Nord-Sud est très ancienne au Royaume-Uni et elle fut amplement décrite, au XIXe siècle, par Disraeli, Dickens ou Elizabeth Gaskell[2]. Toutefois, alors que les travaillistes avaient tenté de réduire les inégalités de développement régional par une politique volontariste, la réduction des aides publiques enregistrée depuis 1979, conjuguée à l'accélération du déclin industriel, explique que les disparités régionales se soient significativement accrues depuis cette date, ou du moins jusqu'en 1990 puisque la récession, dont les effets ont été plus dévastateurs dans le Sud que dans le Nord, a inversé cette tendance[3].

2. La ligne de partage va de l'embouchure de la Severn au sud du pays de Galles à celle de la Humber au sud du comté du Humberside. Il s'agit donc plus, à proprement parler, d'une division Nord-Ouest - Sud-Est. Cf. la carte reproduite dans la cinquième partie.

3. Cf. David Smith (53). Sur les évolutions récentes, se référer aux dernières éditions de *Regional Trends*.

Le Sud continue cependant à bénéficier d'une situation privilégiée par rapport au Nord, en particulier si l'on se réfère au niveau moyen du revenu par tête ou à la situation du marché du travail et de l'emploi. Ainsi, en 1990, Londres et le Sud-Est comptaient à eux seuls pour 36 % du PIB britannique, le PIB par tête y était de 20 % supérieur à la moyenne nationale (l'écart était même de 29 % pour la seule capitale), alors que le pays de Galles et les comtés du Nord se situaient respectivement à 15,4 % et 13,4 % en dessous de cette moyenne. Il n'est pas étonnant, dans ces conditions, que les quinze villes les plus prospères du Royaume-Uni se trouvent au Sud, et les quinze villes les moins prospères au Nord ; pas étonnant non plus qu'en 1991 les dépenses hebdomadaires des ménages aient atteint en moyenne 210,52 livres dans le Nord contre 292 livres dans le Sud ; que l'emploi, dont la croissance annuelle moyenne s'est établie à 5,9 % de 1979 à 1990, ait augmenté dans le Sud (+ 11,5 %) alors qu'il a diminué dans le Nord (– 2,9 %) ; et que le chômage, enfin, soit beaucoup plus élevé au Nord qu'au Sud : ainsi le taux moyen de 10,5 % recensé en février 1993 recouvrait-il de fortes disparités entre l'Irlande du Nord et les comtés du Nord, où les chiffres s'établissaient respectivement à 14,7 % et à 12,2 %, et l'East Anglia qui, avec 8,5 % de chômeurs, réalisait le meilleur score du Royaume-Uni.

Les activités qui ont jusqu'à présent le plus souffert des restructurations et de la désindustrialisation sont en effet implantées dans le Nord du pays, que l'on songe à la métallurgie lourde, aux chantiers navals, aux charbonnages ou à la sidérurgie. A l'inverse, les activités créatrices d'emploi, qu'il s'agisse des industries de haute technologie ou des services, se sont surtout développées dans le Sud, en particulier dans la région de Londres ou dans le parc scientifique qui s'est créé autour de l'université de Cambridge. Cette situation pourrait cependant être modifiée à l'avenir par l'incidence des investissements étrangers au Royaume-Uni. Ceux-ci se sont en effet fortement accrus ces dernières années, notamment parce que les entreprises américaines et japonaises voyaient dans le Royaume-Uni une terre d'accueil sur laquelle l'abaissement de la fiscalité et de l'augmentation de la flexibilité de la main-d'œuvre créaient des conditions favorables à la rentabilité du capital[4],

4. Cela a valu au Royaume-Uni d'être accusé par ses partenaires européens de « dumping social », notamment à la suite de l'annonce par l'Américain Hoover, en janvier 1993, quelques jours après l'ouverture du marché unique, de sa décision de fermer une usine implantée en France pour la transférer en Ecosse.

doublée d'une tête de pont à partir de laquelle elles pourraient, à compter de l'ouverture du marché unique, contourner les remparts érigés autour de la forteresse Europe. Résultat : les sociétés étrangères contrôlent aujourd'hui 15 % de l'emploi et 21 % des investissements dans le secteur manufacturier ; l'industrie automobile est largement passée sous contrôle américain (depuis la reprise de Jaguar par Ford) et japonais (grâce à l'implantation de Honda, de Nissan et de Toyota), alors que Plessey et Rowntree ont été rachetés par l'Allemand Siemens et le Suisse Nestlé.

Or ces investissements étrangers se sont portés en priorité vers les comtés périphériques, où les coûts de main-d'œuvre, tout comme le prix des terrains et de l'immobilier, sont bien plus bas que dans le Sud-Est du pays : cette région, dont la part dans le PIB était de 37 % pour la période 1988-1990 n'a bénéficié que de 4 % des investissements étrangers, alors que l'Ecosse et les Midlands de l'Ouest, avec 8 % du PIB chacun, en recevaient respectivement 23 % et 19,5 %. Cela explique en partie que le taux de chômage ait été, en 1992, inférieur à la moyenne nationale en Ecosse et au pays de Galles, et si cette tendance se confirmait au cours des années futures, elle pourrait confirmer la renaissance économique de ces régions et conduire à une correction du déséquilibre régional.

Resterait encore à corriger les inégalités sociales, qui se sont beaucoup accrues au cours des quinze dernières années. Ainsi, alors qu'en 1979 le 1/5 le plus pauvre de la population (quintile inférieur) disposait de 9,5 % du revenu total des ménages, contre 40 % pour le quintile supérieur, les proportions étaient passées, en 1989, à 6,9 % et 41 %. En 1991, le quintile supérieur disposait d'un revenu hebdomadaire de 825 livres, contre 76 livres pour le quintile inférieur, qui bénéficiait en revanche des 3/4 des dépenses sociales. En 1987, au moment où les performances réalisées par l'économie britannique semblaient si encourageantes, 11 millions d'individus vivaient en dessous du seuil de la pauvreté[5], alors que 10 % de la population disposait de la moitié de la richesse négociable de la nation. Depuis 1979, les 10 % de salariés les mieux payés ont par ailleurs vu leurs revenus croître cinq fois plus vite que les 10 % de salariés les moins bien payés, et le Royaume-Uni comptait en janvier 1993 trois millions de chômeurs, dont plus d'un demi-million avaient perdu leur emploi depuis plus d'un an.

5. Selon la définition officielle en vigueur au Royaume-Uni.

Cette polarisation accrue de la société britannique, conjuguée à la prise de conscience de dysfonctionnements et de déséquilibres persistants, a entraîné un désenchantement certain au sein de l'opinion publique, dont le gouvernement Major a fait les frais en voyant son indice de popularité baisser mois après mois depuis les élections législatives d'avril 1992. Selon une enquête réalisée en mars 1991 et publiée dans l'édition de 1992 de *British Social Attitudes*, seul un Britannique sur trois estime que le recours à l'entreprise privée est la meilleure façon de régler les problèmes économiques ; 29 % seulement des personnes interrogées sont d'avis que « moins l'Etat intervient, mieux cela vaut pour l'économie, » alors que, par ailleurs, ceux qui s'affirment partisans de l'instauration d'un contrôle des prix et des salaires et du développement des subventions publiques au secteur privé sont de plus en plus nombreux[6]. On assiste parallèlement, au sein des universités et des centres de recherche, à une remise en cause des principes d'action qui ont influencé les gouvernements au pouvoir depuis 1979, au point que face au regain de faveur dont jouissent actuellement le keynésianisme et la politique industrielle, en particulier depuis l'élection de Bill Clinton à la présidence des Etats-Unis, les adeptes de la révolution libérale en arrivent à adopter une attitude défensive, à ressentir le besoin d'affirmer que le moment n'est pas encore venu d'enterrer leurs thèses[7]. Critiqué par certains membres éminents du parti conservateur, au nombre desquels Margaret Thatcher figure en très bonne place, désemparé par l'ampleur et la longueur de la récession, impuissant à endiguer la montée du chômage et la dégradation des finances publiques, le gouvernement Major donne quant à lui l'impression de naviguer à vue, d'afficher un attachement à des principes qui ne guident plus vraiment son action politique. Le contraste ne saurait être plus marqué avec l'administration installée à Washington en janvier 1993.

6. Cf. « Thatcherism RIP », *The Economist*, 21 novembre 1992, p. 46.

7. Cf. « The Search for Keynes », *The Economist*, 26 décembre-8 janvier 1993, p. 106-108 ; « Monetarism: Back from the Dead », *The Economist*, 16 février 1991, p. 69-70 ; Michael Prowse, « The Conservative Revolution Could Still Have Further to Turn: Report on its Death is an Exaggeration », *Financial Times*, 8 janvier 1993 ; Geoffrey Howe, « The Case for Conservative Economics », *Financial Times*, 9 mars 1993.

Le jugement sévère porté par le candidat Clinton sur la gestion de ses prédécesseurs, les sacrifices que le président a appelé ses concitoyens à consentir pour permettre un « renouveau » de l'Amérique, le programme d'austérité annoncé au printemps 1993 trouvent leur justification dans la persistance de déséquilibres qui préexistaient à l'élection de Ronald Reagan, mais que la politique mise en œuvre depuis 1981 a significativement accentués. Certes, le bilan est loin d'être entièrement négatif : depuis le début des années 80, l'inflation a été maîtrisée, les créations d'emplois sont restées massives jusqu'en 1990, certains secteurs d'activité ont gagné en dynamisme et le PIB réel a augmenté de 2,5 % en moyenne annuelle. Ce chiffre est toutefois inférieur aux 2,8 % enregistrés au cours de la décennie antérieure et bien en deçà des 3,8 % atteints pendant les années 60, ce qui signifie que le ralentissement de la croissance observé dans les années 70 n'a pas pu être endigué, alors que la société américaine devenait plus inégalitaire. Après avoir diminué pendant les années 70, le pourcentage de la population vivant en dessous du seuil de la pauvreté s'est à nouveau accru dans les années 80 : à 13,5 % en 1990, il concernait 33,6 millions individus, dont un enfant noir sur deux. Certaines régions ont également dû faire face à des difficultés aiguës, dont la plupart trouvent d'ailleurs leur origine à l'extérieur des Etats-Unis : on songe au Nord-Est, touché de plein fouet par la récession à laquelle étaient confrontés des secteurs comme la sidérurgie, le textile ou l'automobile ; aux conséquences désastreuses qu'eut le contre-choc pétrolier sur l'économie du Sud ; aux problèmes que suscita dans le Middle West le développement de la concurrence européenne dans le domaine agricole ; ou encore à ceux que pose la reconversion de l'industrie de la défense à la Californie ou aux Etats du Sud.

Tout cela n'a pas été sans incidence sur l'évolution du revenu moyen des ménages : sa stagnation a conduit à une érosion du taux d'épargne et à l'augmentation spectaculaire de l'endettement des individus, lui-même favorisé par la politique des établissements bancaires et financiers. Elle explique aussi que, contrairement à ce qu'avaient prédit les économistes de l'offre, l'abaissement de la fiscalité ait davantage stimulé la consommation que l'épargne et que les entreprises, à la faveur du climat d'euphorie financière suscité par l'émergence de nouveaux instruments financiers (les *junk bonds* en particulier) et par l'interprétation bienveillante que donnait l'administration Reagan de la législation antitrust, se soient laissées aller à leur penchant naturel pour la réalisation de profits à court terme, qui leur permettaient de distribuer de copieux dividendes à leurs actionnaires, et se soient plus volontiers tournées vers les investissements financiers, souvent largement financés par le recours à l'endettement, que vers des investissements productifs susceptibles d'induire une progression significative de la compétitivité des produits américains sur les marchés nationaux et internationaux.

On trouve là l'origine des déficits jumeaux, déficit budgétaire et déficit commercial, dont le volume est devenu de plus en plus préoccupant au fil de la décennie : la réduction des impôts, loin de favoriser les investissements dont on aurait pu attendre une amélioration de la compétitivité américaine, et donc, à terme, un accroissement de la production stimulant le niveau de l'activité et induisant une augmentation des recettes fiscales, a en fait conduit à un gonflement des importations sans exercer d'effets véritablement significatifs sur le volume et la qualité de l'offre intérieure. Les huit années de croissance enregistrées de 1983 à 1990 ont donc été acquises au prix d'une accumulation de déficits budgétaires qui, après s'être contractés de 1987 à 1989, s'établissaient à nouveau à des niveaux inquiétants au début des années 90 : le chiffre record de 290,3 milliards de dollars (soit près de 5 % du PIB) était atteint en 1992, et l'amélioration enregistrée en 1993 (254,9 milliards, soit – 12 %) restait très relative. Le montant de la dette publique a ainsi dépassé 4 000 milliards de dollars en 1992, soit 67 % du PIB, ce qui pèse lourdement sur le niveau des taux d'intérêt à long terme, handicapant l'investissement des entreprises américaines et favorisant les investissements étrangers aux Etats-Unis.

L'origine de ce dérapage a déjà été analysée. Elle réside tout à la fois, on s'en souvient, dans les conséquences des choix de l'administration Reagan (la diminution des recettes fiscales, l'augmentation des dépenses militaires) et dans l'existence de facteurs structurels difficiles à maîtriser : la progression des dépenses sociales, notamment des dépenses de santé, reflète une évolution commune à l'ensemble des sociétés occidentales, alors que l'alourdissement du financement du régime des retraites résulte mécaniquement du vieillissement de la population américaine consécutif à la dénatalité constatée depuis le milieu des années 60.

Le relèvement de la pression fiscale et la mise en chantier d'une réforme du système de santé annoncés en février 1993 par la nouvelle administration démocrate apparaissent ainsi comme une tentative de réponse à des difficultés résultant à la fois de l'héritage républicain et de l'évolution structurelle de l'économie et de la société américaine. Ils marquent très certainement le début d'une ère nouvelle, et l'accueil favorable réservé par l'opinion publique à ces projets indique que les arguments développés pendant la campagne présidentielle par Bill Clinton et l'*outsider* Ross Perot ont fait mouche, provoquant un changement des mentalités et l'émergence d'un nouveau consensus qui permettra peut-être la réalisation de ces objectifs ambitieux.

Si le retour à l'équilibre budgétaire est présenté comme la priorité absolue de la nouvelle administration, celle-ci s'accompagne d'initiatives visant à rétablir l'équilibre des échanges commerciaux en stimulant l'offre intérieure, mais aussi en limitant l'accès du marché domestique aux produits étrangers tout en tentant d'obtenir des partenaires des Etats-Unis qu'ils ouvrent plus largement leurs frontières aux produits américains. Le déficit commercial, qui avait culminé à 159,5 milliards de dollars en 1987 et s'était ensuite résorbé jusqu'en 1991, s'est en effet à nouveau aggravé en 1992 sous l'effet d'une accélération des importations et d'un ralentissement des exportations dus au déphasage entre la conjoncture américaine et celle des principaux partenaires commerciaux des Etats-Unis. Lié aux évolutions de la conjoncture, le déficit a aussi varié en réponse aux fluctuations du taux de change, puisqu'après s'être apprécié de 60 % entre la fin de l'année 1979 et le début de l'année 1985 le dollar a ensuite lentement reflué pour atteindre, à la fin de l'année 1992, un niveau sensiblement équivalent, en termes réels, à celui où il se situait quelque douze années auparavant. Ces fluctuations ont bien entendu contribué à aggraver, puis à résorber, le déficit[8], sans toutefois permettre d'éliminer sa composante structurelle, à laquelle la nouvelle administration entend s'attaquer en mettant en œuvre une politique visant à stimuler les exportations de produits pour lesquels les Etats-Unis disposent, ou peuvent disposer, d'un avantage comparatif, tout en réduisant la dépendance américaine à l'égard du

8. Les effets de courbe en J expliquent cependant qu'il y ait généralement un déphasage entre, par exemple, la dépréciation d'une devise et l'amélioration de la balance commerciale, comme ce fut le cas, aux Etats-Unis, entre 1985 et 1987.

pétrole étranger, dont les importations satisfont actuellement près de 50 % de la demande intérieure[9], et de certains produits manufacturés.

La compétitivité de pans entiers de l'industrie américaine a en effet été mise à mal depuis le début des années 70. C'est en particulier le cas pour les semi-conducteurs, l'électronique grand public, ou l'automobile (où les importations représentent actuellement 33 % du marché intérieur), alors que d'autres secteurs, telle la chimie, ont mieux su répondre, depuis le milieu des années 80, à la concurrence étrangère. Certains, comme la sidérurgie, sont en voie de redressement, alors que d'autres, pour laquelle la prééminence américaine semblait hier encore incontestée (aéronautique, informatique) sont entrés dans une période de turbulences depuis la fin des années 80. Les restructurations, la modernisation de l'appareil productif consentie grâce aux fermetures d'usines dans la ceinture de la rouille (*rust belt*) et les délocalisations opérées au profit des Etats du Sud et de l'Ouest, dans lesquels les entreprises bénéficient de terrains meilleur marché, mais aussi de coûts salariaux plus faibles et d'une main-d'œuvre moins encadrée par les syndicats que dans le Nord-Est, ont certes permis à l'industrie américaine d'enregistrer depuis 1981 des gains de productivité supérieurs en moyenne à ceux des années 70 (3 % contre 2 %), qui lui donnent une avance d'environ 20 % sur l'industrie allemande ou japonaise, et de 40 % sur celle du Royaume-Uni. Ces chiffres moyens masquent toutefois d'assez fortes disparités entre des secteurs comme le textile, où la productivité américaine est de 43 % supérieure à la productivité japonaise, et d'autres où les producteurs japonais sont plus productifs que leurs homologues américains, comme dans le cas dans la métallurgie, où l'écart est de 28 %, et dans l'automobile, où il est de 18 %.

Devant la dégradation de leur position extérieure, la politique commerciale menée par les Etats-Unis depuis le début des années 80 s'est progressivement éloignée, dans les faits, des thèses libre-échangistes affichées dans le discours officiel, la promotion de la liberté cédant la place à la défense de la loyauté des échanges (*fair trade vs. free trade*). Des accords d'autolimitation obtenus des Japonais aux menaces agitées à l'intention

9. En 1991, la facture pétrolière s'élevait à 51,2 milliards de dollars, soit 10,5 % du montant total des importations américaines. A elle seule, elle représentait 70 % du déficit commercial et plus que le montant du déficit enregistré par les Etats-Unis dans leurs échanges avec le Japon (47,2 milliards de dollars).

des représentants européens aux négociations du GATT (*Uruguay Round*), en passant par le vote, en 1988, d'une loi commerciale qui autorise les Etats-Unis à prendre des sanctions unilatérales à l'égard des pays qui refusent d'ouvrir leurs marchés aux produits américains, le « commerce administré » (*managed trade*) n'a donc pas attendu la nomination de Laura Tyson au poste de chef des conseillers économiques du président pour être appliqué par les Etats-Unis [10]. Il est toutefois vraisemblable que la nouvelle administration ira encore plus loin dans ce sens que ne l'ont fait celles qui l'ont précédée et que la politique commerciale sera l'un des volets de la politique industrielle qu'elle entend mettre en œuvre pour redresser durablement l'économie.

Cette politique industrielle, telle qu'a pu la définir Bill Clinton dans son discours sur l'état de l'Union de février 1993, semble s'orienter autour de quelques grands axes qui lui ont valu le qualificatif de « nouvelle économie de l'offre » : outre l'incitation à l'investissement que devrait permettre la baisse des taux d'intérêt à long terme induite par la réduction du déficit budgétaire (qui passerait de 5,4 % du PIB en 1993 à 2,7 % en 1997), il s'agirait de mettre en œuvre des dispositions fiscales favorisant de façon sélective les initiatives destinées à améliorer la productivité et à conforter l'avance des Etats-Unis dans le secteur de la haute technologie. De consentir, aussi, un important effort d'investissement public pour financer la rénovation ou l'extension des infrastructures existantes (routes, ponts, aéroports, trains), mais aussi le développement d'infrastructures nouvelles (trains à grande vitesse, « autoroutes informatiques ») et la recherche fondamentale et appliquée. De mettre l'accent, enfin, sur l'enseignement et la formation professionnelle de façon à améliorer la qualité du « capital humain » dont dispose l'économie américaine et à l'orienter, dans le cadre d'une nouvelle division internationale du travail, vers la production de biens plus complexes, requérant une main-d'œuvre qualifiée et donc mieux rémunérée que ne l'est souvent la main-d'œuvre américaine, aujourd'hui massivement employée dans les services.

Il ne s'agit pas pour l'Etat fédéral, on le voit, de se substituer aux entreprises, mais plutôt de créer un environnement plus propice à leur succès. Ainsi serait endiguée la stagnation des salaires réels dont souffrent les Etats-

10. Ces thèses sont exposées dans Laura Tyson (121).

Unis depuis les années 70 ; ainsi pourraient être estompées les inégalités sociales qui se sont creusées pendant les douze années de gestion républicaine. Conciliant volonté de justice sociale et souci d'efficacité économique, le programme de la nouvelle administration, dont la plate-forme électorale, intitulée *Putting People First*, plaçait les hommes au cœur du débat, situe la puissance publique au centre d'un dispositif destiné à promouvoir l'intérêt des individus en même temps que celui de la collectivité nationale. Le projet, on le voit, ne manque pas d'ambition. L'approche, qui rompt avec le credo ultra-libéral que l'Amérique avait fait sien au début des années 1980, a le mérite de l'originalité. Il lui reste désormais à faire la preuve de son efficacité.

CINQUIÈME PARTIE

Repères

Repères chronologiques, janvier 1979-janvier 1993

Date	Conjoncture internationale	Royaume-Uni	Etats-Unis
1979 janvier		Assouplissement de la politique salariale du gouvernement travailliste.	Le salaire horaire minimum passe à $ 2,90. Augmentation des impôts finançant les retraites.
avril		Dissolution du Parlement.	Le Président Carter annonce une déréglementation progressive des prix du pétrole sur une période allant de juin 1979 à septembre 1981.
mai		Victoire des conservateurs aux élections générales. Margaret Thatcher devient premier ministre. Geoffrey Howe est nommé chancelier de l'Echiquier.	
juin	Augmentation des prix du pétrole par l'OPEP	Succès des conservateurs aux élections européennes. Présentation du premier budget de Geoffrey Howe.	

Date	Conjoncture internationale	Royaume-Uni	Etats-Unis
juillet		Abolition de la Commission des prix.	Paul Volcker est nommé président du Conseil des gouverneurs du *Fed*.
octobre		Abolition du contrôle des changes.	Paul Volcker annonce la mise en œuvre de sa « révolution monétariste. »
novembre		Début de la privatisation de British Petroleum.	Début de l'affaire des otages en Iran.
décembre	Nouvelle augmentation des prix du pétrole par l'OPEP Signature à Genève des accords commerciaux clôturant le Tokyo Round. Invasion de l'Afghanistan par l'Union soviétique.		L'Etat fédéral accorde un prêt de 1,5 milliard de $ à Chrysler.
1980 janvier		Début de 13 semaines de grève dans la sidérurgie.	En représailles à l'invasion soviétique en Afghanistan, les Etats-Unis décident un embargo sur les ventes de céréales et de haute technologie à l'URSS.

mars		Présentation du second budget de G. Howe. Lancement de la Stratégie financière à moyen terme.	Le Président annonce de nouvelles mesures destinées à lutter contre l'inflation. Adoption de la loi sur la déréglementation des institutions de dépôt (*Depository Institutions Deregulation and Monetary Control Act*).
avril		Majoration des cotisations de Sécurité sociale. Entrée en vigueur de la loi sur la concurrence.	Adoption de la loi sur l'imposition des superprofits des compagnies pétrolières.
mai	Augmentation par l'Arabie Saoudite du prix de son pétrole brut (qui atteint $ 28 dollars le baril).	Accord intérimaire (pour 1980-81) sur la contribution britannique à la CEE : celle-ci est réduite des 2/3. Majoration de 18 % des traitements de la fonction publique.	Adoption par le Congrès de la loi instituant l'*Energy Mobilisation Board* et prévoyant le développement des combustibles de synthèse.
juin		Abolition du corset bancaire.	
juillet		Majoration de 17 % des salaires des agents du secteur public industriel.	Annonce de mesures en faveur de l'industrie automobile. Vote de la loi assouplissant la réglementation des transports routiers.

Date	Conjoncture internationale	Royaume-Uni	Etats-Unis
septembre			Vote de la loi assouplissant la réglementation des chemins de fer.
novembre			Election de Ronald Reagan.
1981			
janvier			Investiture de R. Reagan.
			Libération des otages américains à Téhéran.
			Annonce d'une augmentation des garanties de prêts accordés par l'Etat à Chrysler.
février		Margaret Thatcher déclare à Washington qu'elle souhaite un dollar « fort et crédible. »	R. Reagan annonce son programme de redressement économique.
mars		Présentation du 3ᵉ budget de G. Howe.	
avril		Création du Parti social-démocrate	R. Reagan lève l'embargo américain sur les céréales à destination de l'URSS.
			Annonce de mesures d'autolimitation volontaire des importations d'automobiles japonaises.

juillet		Augmentation du nombre des bénéficiaires du *Youth Opportunities Programme*.	
			R. Reagan décide le licenciement des contrôleurs aériens en grève.
août		Entrée en vigueur des nouvelles modalités de contrôle monétaire.	Vote par le Congrès de l'*Economic Recovery Tax Act*.
novembre		Entrée en vigueur de la nouvelle législation sur les relations du travail.	
décembre	Instauration de la loi martiale en Pologne		
1982			
janvier		Entrée en vigueur du *Young Workers Scheme*.	Le message sur l'état de l'Union insiste sur la notion de nouveau fédéralisme. Augmentation du taux de cotisation retraite. Règlement à l'amiable du procès intenté par le ministère de la Justice contre AT&T.

Date	Conjoncture internationale	Royaume-Uni	Etats-Unis
mars		Présentation du 4e budget de G. Howe.	Nouvel accord d'autolimitation des exportations d'automobiles japonaises.
2 avril	Invasion des îles Malouines par les troupes argentines.		
juin	Fin de la guerre des Malouines.		
septembre			Le Sénat passe outre le veto de R. Reagan sur la loi prévoyant 14,1 milliards de dollars de dépenses sociales supplémentaires.
novembre	Mort de Leonid Brejnev.		Aux élections intermédiaires, les démocrates gagnent 26 sièges à la Chambre des représentants (269 d./166 r.) ; les républicains conservent la majorité au Sénat (54 r./46 d.)
1983			
mars		Présentation du 5e budget de G. Howe.	
mai	Sommet du G5 à Williamsburg.	Dissolution du Parlement.	
juin		Victoire des conservateurs aux élections générales.	

		G. Howe remplace Francis Pym aux Affaires étrangères. Nigel Lawson lui succède au poste de chancelier de l'Echiquier.	R. Reagan renouvelle Paul Volcker dans ses fonctions de président du *Fed*.
juillet		N. Lawson annonce des coupes budgétaires.	
1984 février	Mort de Iouri Andropov.		
mars		Début de la grève des mineurs. Présentation du premier budget de N. Lawson.	
mai		Annonce de la privatisation de Jaguar.	
juin	Sommet du G5 à Londres Sommet européen de Fontainebleau : un accord est trouvé sur le montant de la contribution britannique.		
juillet		Grève des dockers. Entrée en vigueur du *Trade Union Act*.	Plan fédéral de sauvetage de la Continental Bank.

Date	Conjoncture internationale	Royaume-Uni	Etats-Unis
novembre		Lancement de la privatisation de British Telecom.	Réélection de R. Reagan. La Chambre des représentants conserve sa majorité démocrate.
1985 janvier		Crise de la livre sterling.	James Baker est nommé Secrétaire au Trésor. Début du second mandat de R. Reagan.
février			Beryl Sprinkel est nommé chef des conseillers économiques du Président.
mars	Mort de Constantin Tchernenko. Mickaïl Gorbatchev devient président du PCUS.	Présentation du 2e budget de Nigel Lawson.	
mai	Sommet du G5 à Bonn.	Privatisation partielle de la British Gas Corporation.	
septembre	Accords du Plaza.		
décembre			Vote par le Congrès de la loi Gramm-Rudman-Hollings.

1986 18 mars		Présentation du 3ᵉ budget de Nigel Lawson.	
mai	Sommet du G7 à Tokyo		
septembre	Lancement des négociations de l'Uruguay Round à la conférence de Punta del Este (Uruguay).		Approbation de la réforme fiscale par le Congrès.
octobre	Rencontre Reagan-Gorbachev à Reykjavik.	*Big Bang* à la Bourse de Londres.	
novembre		Publication de la loi sur les services financiers.	Aux élections intermédiaires, les démocrates conquièrent la majorité au Sénat (55 d./45 r.). Vote de la loi sur la réforme et le contrôle de l'immigration.
1987 février	Accords du Louvre.		
mars		Présentation du 4ᵉ budget de Nigel Lawson.	

Date	Conjoncture internationale	Royaume-Uni	Etats-Unis
juin	Sommet du G7 à Venise.	Troisième victoire consécutive des conservateurs aux élections législatives.	Alan Greenspan succède à Paul Volcker à la tête du *Fed*.
octobre		Les *building societies* sont autorisées à élargir la gamme de leurs services. Crise boursière consécutive au lundi noir de Wall Street.	Lundi noir (le 19) à Wall Street.
décembre	Sommet Reagan-Gorbachev à Washington.		
1988 janvier			La commission Brady, nommée par R. Reagan pour étudier les raisons du krach d'octobre 1987, publie son rapport.
février		Le gouvernement annonce un programme de formation des chômeurs de longue durée. Annonce d'un programme de réforme de la fonction publique prévoyant une gestion par des agences semi-autonomes.	

mars		Présentation du 5ᵉ budget de Nigel Lawson.	La First Republic Bank requiert une aide fédérale de 4 milliards de $ pour éviter la faillite.
avril		Adoption par le Parlement de la *Community Charge bill.*	
29 mai-2 juin	Sommet Reagan-Gorbachev à Moscou		
juin	Sommet du G7 à Torento.		La *SEC* entame des poursuites judiciaires contre Drexel, Burnham, Lambert et Michael Milken. La *FDIC* accorde les 4 milliards de $ nécessaires au sauvetage de la First Republic Bank.
août	Entrée en vigueur du cessez-le-feu entre l'Iran et l'Irak.		R. Reagan signe l'*Omnibus Trade and Competitiveness Act*.
septembre		Grève dans les services de la Poste.	
octobre		Le secrétaire d'Etat aux transports annonce des mesures prévoyant la participation du secteur privé dans les liaisons routières et ferroviaires.	

Date	Conjoncture internationale	Royaume-Uni	Etats-Unis
novembre		Proposition de privatisation des services de l'électricité et de l'eau.	Election de George Bush à la présidence des Etats-Unis. La chambre des représentants et le Sénat restent démocrates.
décembre		Privatisation de British Steel. Le gouvernement annonce son intention de supprimer les *wages councils*	Rachat de NJR Nabisco par Kohlberg, Kravis et Roberts pour la somme de 25 milliards de $, la plus grosse OPA de l'histoire des Etats-Unis.
1989 janvier			Entrée en vigueur de l'accord de libre-échange entre les Etats-Unis et le Canada. Investiture de George Bush.
février mars		Présentation du 6e budget de Nigel Lawson. Un Livre vert sur les relations professionnelles propose de limiter plus strictement le droit de grève de soli-	

		darité et de mettre fin au monopole syndical en matière d'embauche.	
juin	Au sommet de la CEE à Madrid, M. Thatcher fixe les conditions d'entrée de la Grande-Bretagne dans le mécanisme de change européen.		
juillet		Début de la grève des dockers : 60 ports sont touchés.	
août		Le gouvernement alloue 25 milliards de £ pour effacer la dette des sociétés de distribution d'eau et 1 milliard de £ pour les aider à améliorer l'environnement.	Adoption du projet de loi sur le sauvetage des caisses d'épargne.
			Vague d'OPA et de mouvements sociaux dans l'industrie du transport aérien.
septembre		Annonce des conditions de privatisation des services de distribution d'électricité.	Des grèves affectent les 7 compagnies de téléphone régionales nées du démantèlement d'AT&T.

Date	Conjoncture internationale	Royaume-Uni	Etats-Unis
			Celle engagée par les employés de NYNEX se prolongera jusqu'en décembre.
octobre		Entrée en vigueur de la nouvelle structure du système de cotisations salariales à l'assurance nationale. John Major remplace Nigel Lawson, démissionnaire, au poste de chancelier de l'Echiquier.	
novembre	Chute du mur de Berlin.	Le Discours de la Reine propose de renforcer la concurrence dans les services nationaux de santé, de prendre des mesures plus strictes pour lutter contre la pollution et de limiter le pouvoir des syndicats.	Accord entre le Président et le Congrès sur le budget de l'année fiscale 1990, commencée depuis le 1er octobre. Le Congrès vote une augmentation du salaire minimum, qui passera de 3,35 $ à 4,25 $ d'ici à la fin 1992, et institue un « salaire de formation » inférieur au salaire minimum pour les jeunes travailleurs.
décembre	Premier sommet Bush-Gorbachev à Malte	Privatisation du secteur de la distribution d'eau.	Fin d'une grève de 7 semaines pour les 57 000 salariés de Boeing.

1990 janvier		La Banque d'Angleterre prend de nouvelles mesures de libéralisation du marché des emprunts commerciaux. Le Parlement adopte un programme de restructuration des finances des collectivités locales en Angleterre et au pays de Galles qui institue notamment la *poll tax*.	
février		Le gouvernement annonce des mesures de contrôle des tarifs de l'électricité destinées à amortir l'effet de la privatisation de ce secteur.	La société de titres Drexel, Burnham, Lambert licencie la plupart de ses 6 000 salariés et se place sous la protection du chapitre 11 de la loi sur les faillites.
mars		John Major présente son budget au Parlement.	
juin			Le Président revient sur son engagement électoral de ne pas augmenter les impôts.

Date	Conjoncture internationale	Royaume-Uni	Etats-Unis
août	Invasion du Koweït par l'Irak. Début de la crise du Golfe. Le prix du pétrole passe de 17 $ à 27 $.		Les Etats-Unis envoient 50 000 hommes pour défendre l'Arabie Saoudite.
septembre		Début de la campagne de privatisation de 12 compagnies générales d'électricité en Angleterre et au pays de Galles.	
octobre	Réunification de la RFA et de la RDA.	Entrée de la £ dans le mécanisme de change du SME avec un cours pivot de 2,95 marks pour une £ et une marge de fluctuation de 6 %.	
novembre		Démission de Margaret Thatcher. John Major lui succède au poste de premier ministre. Norman Lamont est nommé chancelier de l'Echiquier.	Le président signe l'*Omnibus Reconciliation Act* qui se substitue à la loi Gramm-Rudman-Hollings et institue un nouveau mécanisme de réduction du déficit budgétaire. Aux élections intermédiaires, les démocrates conservent la majorité au Sénat et à la Chambre des Représentants.

1991			
janvier	Déclenchement de la guerre du Golfe.	Rolls Royce annonce son intention de licencier 10 % du personnel employé dans ses usines de Derby. Jaguar annonce son intention de supprimer 1 000 emplois.	La Bank of New England passe sous le contrôle de la FDIC.
février	Victoire de la coalition alliée contre l'Irak.		
mars		Le gouvernement met fin au duopole BT-Mercury dans le secteur des télécommunications. Présentation du premier budget de Norman Lamont. Michael Heseltine annonce l'abandon de la *poll tax*.	
juin			Renouvellement de l'accord sur les semi-conducteurs entre les Etats-Unis et le Japon.

Date	Conjoncture internationale	Royaume-Uni	Etats-Unis
			Le Président avalise un crédit de 1,5 milliard de $ destiné à permettre la fourniture d'une aide alimentaire à l'Union soviétique. Ouverture officielle des négociations entre les Etats-Unis, le Canada et le Mexique en vue de constituer une zone nord-américaine de libre-échange (NAFTA).
juillet	Sommet du G7 à Londres	La Banque d'Angleterre ferme la BCCI.	4e sommet Bush-Gorbachev à Moscou. Les EU accordent à l'URSS la clause de la notion la plus favorisée.
août	Coup d'Etat manqué en URSS.	Séjour de John Major dans la résidence privée de George Bush dans le Maine.	
septembre		Voyage de J. Major à Moscou, Pékin et Hongkong.	
octobre			Face à la crise allemande de l'informatique, IBM et Apple annoncent leur alliance.

décembre	Conférence de Maastricht sur l'Union européenne. Création de la CEI. Démission de Mikhaïl Gorbatchev.		General Motors annonce la fermeture de 21 usines et 74 000 suppressions d'emplois.
1992 janvier			Washington établit des relations diplomatiques avec la Russie de Boris Eltsine.
février	Signature du traité de Maastricht.		Boris Eltsine effectue son premier voyage aux Etats-Unis, en tant que président de la Fédération de Russie.
mars		Norman Lamont présente son 2ᵉ budget.	
avril	Signature entre la CEE et l'AELE du traité donnant naissance à l'EEE (espace économique européen).	Victoire des conservateurs aux élections générales.	Déclenchement des émeutes de Los Angeles qui font 59 morts et 2 300 blessés.

Date	Conjoncture internationale	Royaume-Uni	Etats-Unis
juin			Sommet Bush-Eltsine à Washington.
août			Accord entre les EU, le Canada et le Mexique sur la création d'une zone de libre-échange.
septembre		Mercredi noir (le 16) : la livre sort du SME.	Le $ atteint son plus bas niveau historique de l'après-guerre sur l'ensemble des places financières.
octobre		L'annonce d'un plan de licenciement de 30 000 mineurs provoque des manifestations contre la politique économique du gouvernement.	Signature à San Diego du traité instituant l'ALENA.
novembre			Changement de direction chez General Motors suite à la démission du PDG Robert Stempel. Bill Clinton est élu 42e Président des Etats-Unis.
décembre	Sommet européen à Edimbourg.		
1993 janvier			Investiture de Bill Clinton.

ANNEXES

Cartes, statistiques et graphiques

Carte A : Les régions du Royaume-Uni

Source : *Regional Trends,* 1991.

Tableau A. *Performances économiques du Royaume-Uni, 1950-1992*

Années	Croissance du PIB (moyenne annuelle, en %)	Hausse des prix à la consommation (moyenne annuelle, en %)	Taux de chômage (moyenne annuelle, en %)	Balance des opérations courantes (en % du PIB)
1950	3,6	2,9	1,6	2,3
1951	1,9	9	1,3	-2,5
1952	0,8	9,4	2,2	1
1953	3,9	3,1	1,8	0,9
1954	4,2	1,7	1,5	0,7
1955	3,6	4,6	1,2	-0,8
1956	1,4	5	1,3	1
1957	1,7	3,6	1,6	1,1
1958	-0,2	3,2	2,2	1,5
1959	4	0,6	2,3	0,7
1960	5,6	1,1	1,7	-0,9
1961	2,7	3,3	1,6	0,1
1962	1,4	4,2	2,1	0,5
1963	4	2	2,6	0,4
1964	5,6	3,2	1,7	-1,1
1965	2,9	4,8	1,4	-0,2
1966	1,9	3,9	1,5	0,3
1967	2,2	2,4	2,3	-0,7
1968	4,4	4,8	2,4	-0,6
1969	2,5	5,4	2,4	1
1970	2	6,3	2,5	1,6
1971	1,7	9,4	2,5	1,9
1972	2,8	7,3	2,9	0,9
1973	7,4	9,1	2,1	-1,3
1974	-1,5	16	2	-3,8
1975	-0,8	24,2	3	-1,4
1976	2,6	16,5	4,1	-0,6
1977	2,6	15,9	4,4	0
1978	2,9	8,2	4,4	0,7
1979	2,8	13,4	4,1	-0,2
1980	-2	18	5,1	1,2
1981	-1,2	11,9	8,1	2,6
1982	1,7	8,6	9,5	1,7
1983	3,8	4,5	10,5	1,2
1984	1,8	5	10,7	0,6
1985	3,8	6	10,9	0,8
1986	3,6	3,4	11,1	0
1987	4,4	4,2	10	-1
1988	4,7	4,9	8,1	-3,2
1989	2,1	7,8	6,3	-3,7
1990	0,5	9,5	5,8	-2,5
1991	-2,1	6	7,9	-1,3
1992	-0,8	3,7	10,9	-2,9
1950-1959	2,5	4,3	1,7	0,6
1960-1969	3,3	3,5	2	-0,1
1970-1979	2,2	12,6	3,2	-0,2
1980-1989	2,3	7,4	9	0

Source : statistiques rassemblées par l'auteur d'après *Economic Trends, Annual Supplement,* 1992 ; *Financial Statement and Budget Report*, 1991 ; OCDE, *Etudes économiques : Royaume-Uni*, 1993.

Graphique A

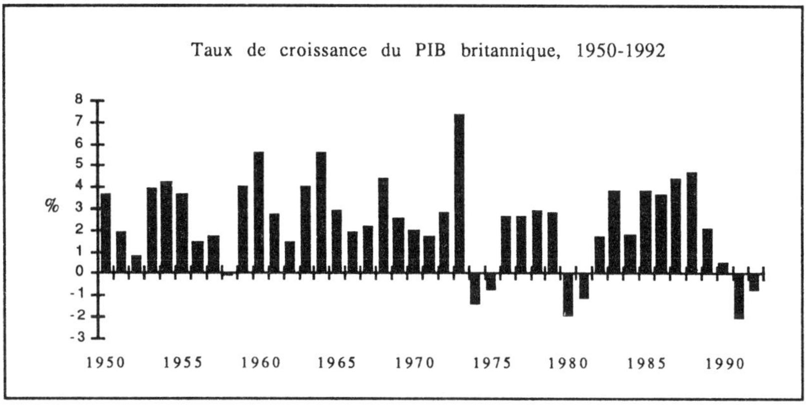

Graphique B

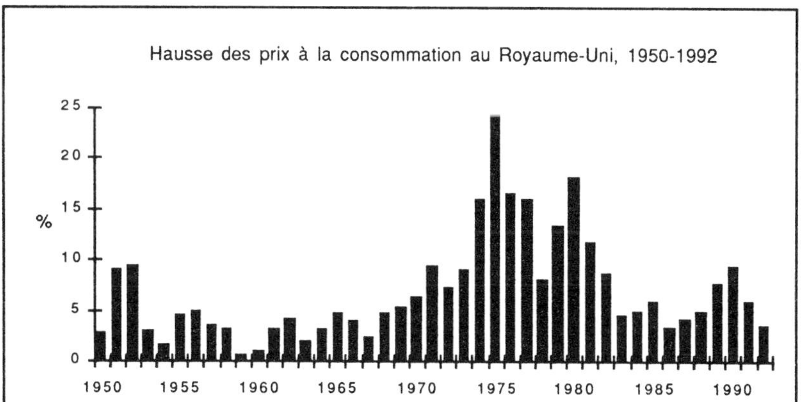

Graphique C

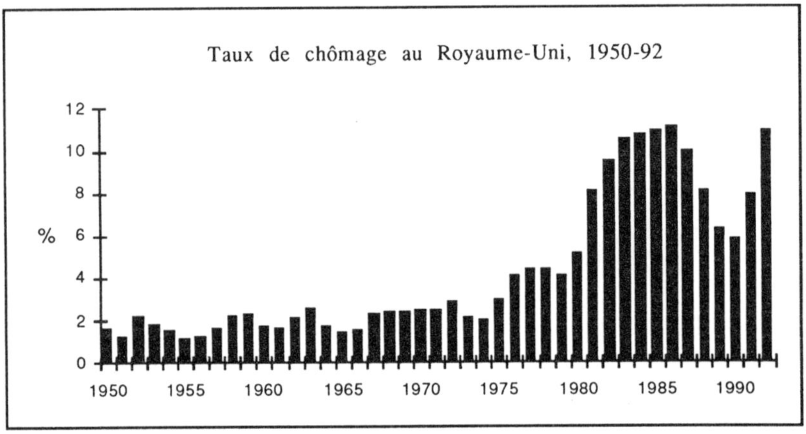

Graphique D

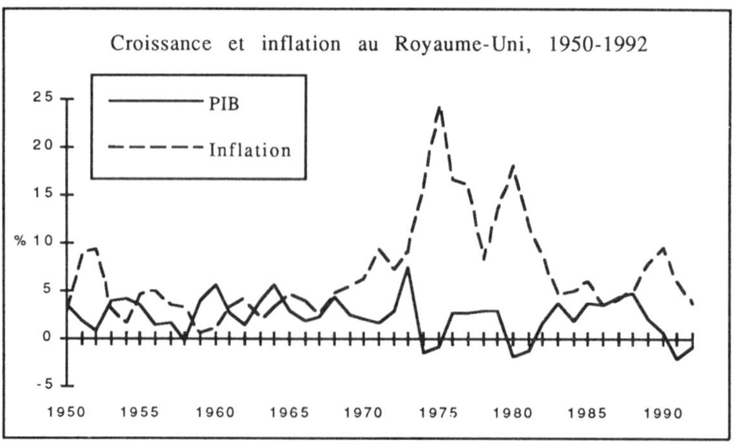

Graphique E

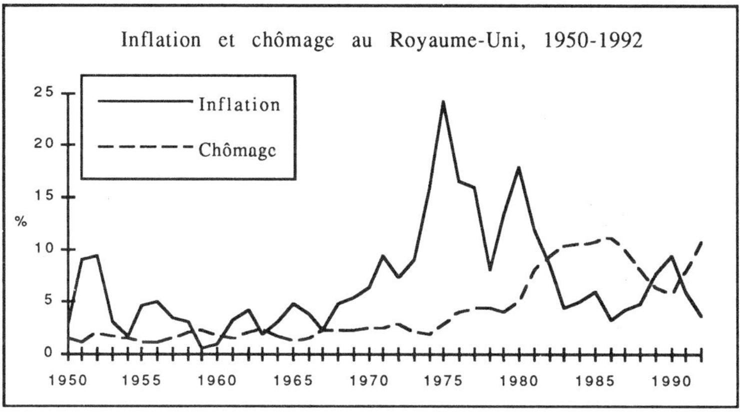

Source des graphiques A à E : tableau A.

Carte B. *Les régions des Etats-Unis*

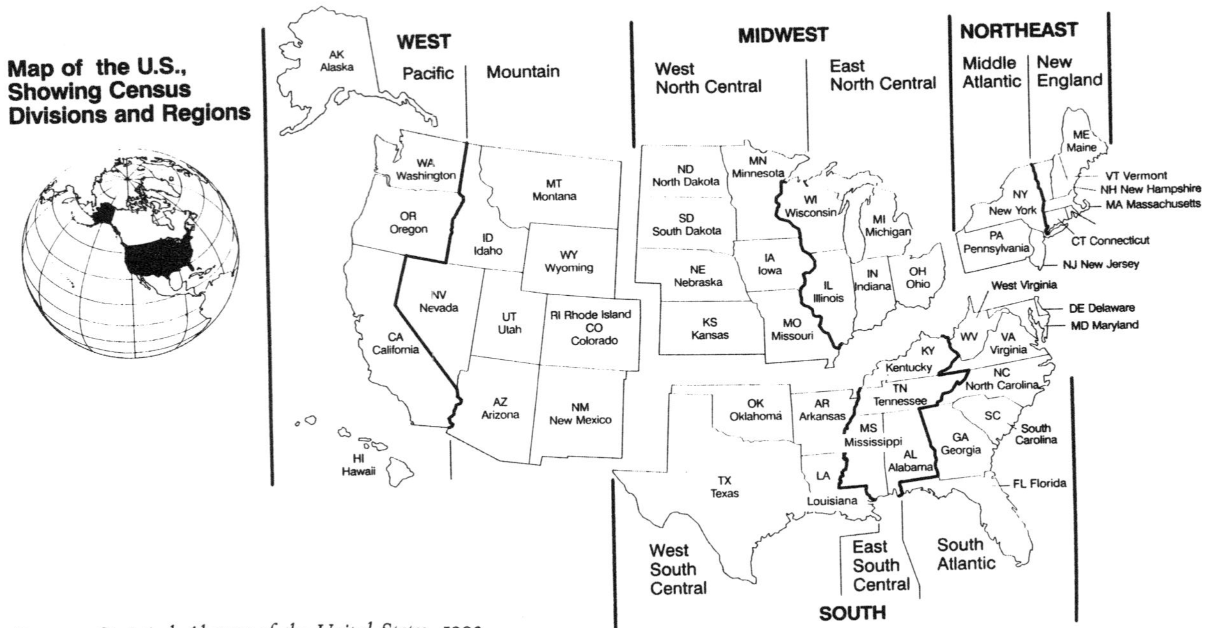

Source : *Statistical Abstract of the United States*, 1992.

Tableau B. *Performances économiques des Etats-Unis, 1950-1992*

Années	Croissance du PIB (moyenne annuelle, en %)	Hausse des prix à la consommation (en glissement annuel)	Taux de chômage (moyenne annuelle, en %)	Balance des opérations courantes (en % du PIB)
1950	8,5	5,8	5,2	-0,6
1951	10,3	5,9	3,2	0,3
1952	3,9	0,9	2,9	0,2
1953	4	0,6	2,8	-0,3
1954	-1,3	-0,5	5,4	0
1955	5,6	0,4	4,3	0,1
1956	2,1	2,9	4	0,6
1957	1,7	3	4,2	1,1
1958	-0,8	1,8	6,6	0,2
1959	5,8	1,7	5,3	-0,2
1960	2,2	1,4	5,4	0,5
1961	2,7	0,7	6,5	0,7
1962	5,1	1,3	5,4	0,6
1963	4,1	1,6	5,5	0,7
1964	5,6	1	5	1
1965	5,6	1,9	4,4	0,8
1966	6	3,5	3,7	0,4
1967	2,6	3	3,7	0,3
1968	4,1	4,7	3,5	0
1969	2,7	6,2	3,4	0
1970	0	5,6	4,8	0,2
1971	3,1	3,3	5,8	-0,1
1972	4,8	3,4	5,5	0,5
1973	5,2	8,7	4,8	0,5
1974	-0,6	12,3	5,5	0,1
1975	-0,8	6,9	8,3	1,1
1976	4,9	4,9	7,6	0,2
1977	4,5	6,7	6,9	-0,7
1978	4,8	9	6	-0,7
1979	2,5	13,3	5,8	0
1980	-0,5	12,5	7	0
1981	1,8	8,9	7,5	0,2
1982	-2,2	3,8	9,5	-0,2
1983	3,9	3,8	9,5	-1,2
1984	6,2	3,9	7,4	-2,6
1985	3,2	3,8	7,1	-3
1986	2,9	1,1	6,9	-3,4
1987	3,1	4,4	6,1	-3,5
1988	3,9	4,4	5,4	-2,5
1989	2,5	4,6	5,2	-2
1990	0,8	6,1	5,4	-1,7
1991	-1,2	3,1	6,7	0
1992	2,1	3,0	7,4	-0,9
1950-1959	4	2,6	4,4	0,1
1960-1969	4	2,5	4,6	0,5
1970-1979	2,8	7,4	6,1	0
1980-1989	2,5	5,1	7,2	-1,8

Source : statistiques rassemblées par l'auteur d'après *Economic Report of the President*, 1992.

Graphique F

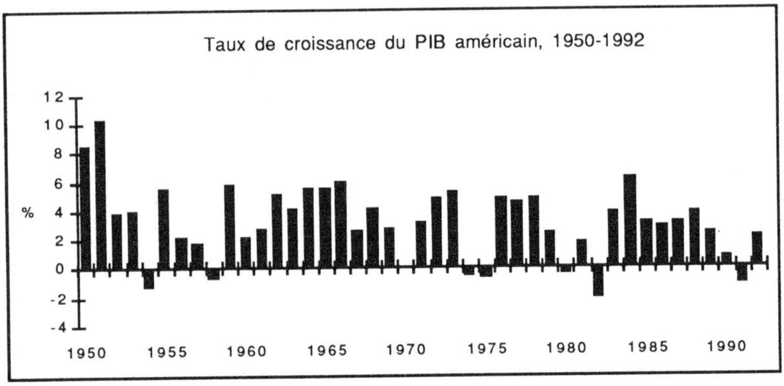

Graphique G

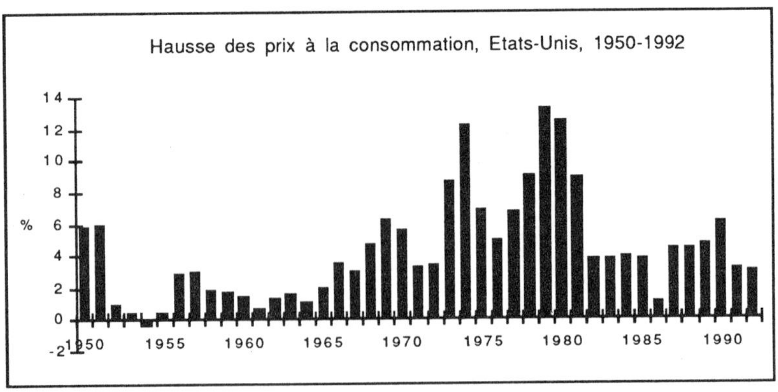

Graphique H

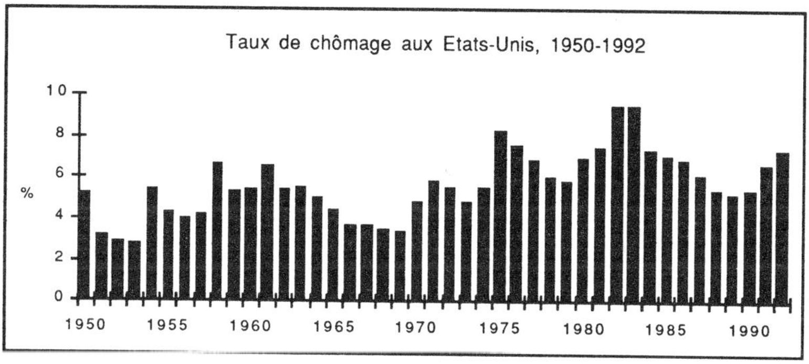
Taux de chômage aux Etats-Unis, 1950-1992
%
0
2
4
6
8
10
1950
1955
1960
1965
1970
1975
1980
1985
1990

Graphique I

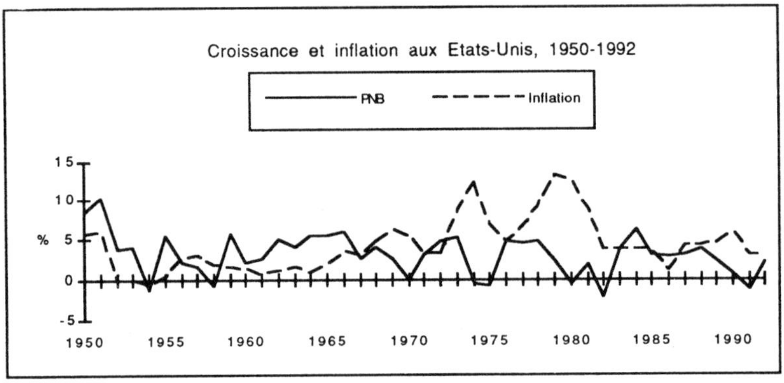
Croissance et inflation aux Etats-Unis, 1950-1992
PNB
Inflation
%
15
10
5
0
-5
1950
1955
1960
1965
1970
1975
1980
1985
1990

Graphique J

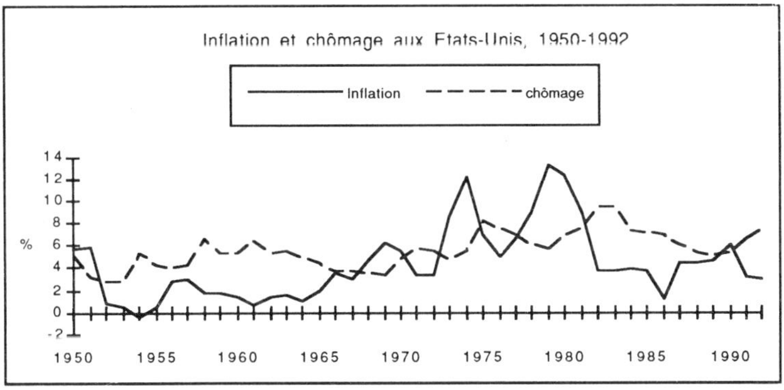

Source des graphiques F à J : tableau B.

AFDB : (UK) : Association of Futures Brokers and Dealers
AFDC : (US) : Aid to Families with Dependent Children
CAB : (US) : Civil Aeronautics Board
CBO : (US) : Congressional Budget Office
CD : Certificate of deposit
CPI : (US) : Consumer price index
DOE : (UK) : Department of Employment
DTI : (UK) : Department of Trade and Industry
EMS : European Monetary System
ERM : Exchange Rate Mechanism
ET : (UK : Employment Training
FAC : (US) : Federal Advisory Council
FCC : (US) : Federal Communications Commission
FDIC : (US) : Federal Deposit Insurance Corporation
FIMBRA : (UK) : Financial Intermediaries, Managers and Brokers Association
FOMC : (US) : Federal Open Market Committee
FSLIC : (US) : Federal Savings and Loan Insurance Corporation
GAO : (US) : General Accounting Office
GDP : Gross domestic product
GNP : Gross national product
ICC : (US) : Interstate Commerce Commission
IMRO : (UK) : Investment Management Regulatory Organisation
ITC : (US) : International trade Commission
LAUTRO : (UK) : Life Assurance and Unit Trust Organisation
LBO : Leveraged buy-out
LIFFE : (UK) : London International Financial Futures Exchange
LSE : (UK) : 1. London School of Economics 2. London Stock Exchange
LTOM : (UK) : London Traded Options Market
M&A : Mergers and acquisitions
MLBO : Management leveraged buy-out

MMC : (UK) : Monopolies and Mergers Commission
MMDA : (US) : Money market deposit account
MMF : (US) : Money market fund
MMMF : (US) : Money market mutual fund
NAIRU : Non accelerating inflation rate of unemployment
NOW (account) : (US) : Negotiable order of withdrawal (account)
OECD : Organisation for Economic Co-operation and Development
OFT : (UK) : Office of Fair Trading
PEP : (UK) : Personal equity plan
PSBR : (UK) : Public sector borrowing requirement
PSDR : (UK) : Public sector debt repayment
RPI : (UK) : Retail price index
S&L : (US) : Savings and loan association
SEAQ : (UK) : Stock Exchange Automated Quotation
SEC : (US) : Securities and Exchange Commission
SFO : (UK) : Serious Fraud Office
SIB : (UK) : Securities and Investment Board
SRO : (UK) : Self-regulatory organisation
TEC : (UK) : Training and Enterprise Council
TESA : (UK) : Tax exempt savings accounts
TSA : (UK) : The Securities Association
USM : (UK) : Unlisted Securities Market
YOP : (UK) : Youth Opportunity Programme
YT : (UK) : Youth Training
YTS : (UK) : Youth Training Scheme

GLOSSAIRE

Accountability : 1. responsabilité (financière), obligation (de rendre des comptes) 2. contrôle (financier) 3. justification, transparence, fiabilité
Acccountable : responsable, comptable, redevable
Age group : classe d'âge
Aggregate : 1.(n) agrégat 2. (adj.) global
— *demand* : demande globale
Ailing : 1. malade, souffrant 2. (éco) en difficulté
— *industry* : secteur en difficulté
Alternative energy (sources) : énergies de substitution
Asset : actif
—*s and liabilities* : actif et passif
financial —*s* : actifs financiers
Association of Futures Brokers and Dealers : (UK) : association des intervenants sur les marchés à terme
Autumn Statement : (UK) : Déclaration d'automne
Bailout : plan de sauvetage
Balance : 1. équilibre 2. balance 3. solde
— *of payments* : balance des paiements
— *of payments on current account* : balance des opérations courantes
— *of trade* : balance commerciale, solde commercial
— *sheet* : bilan
Bank : banque
central — : banque centrale, institut d'émission
clearing — : (UK) : grande banque commerciale, banque de *clearing*
commercial — : banque commerciale
deposit — : banque de dépôt
discount — : (UK) : maison d'escompte
investment — : (US) : banque d'affaires
retail — : banque de dépôt
savings — : caisse d'épargne

Banker's acceptance : acceptation de banque
Banking : 1. (adj.) bancaire 2. (n.) secteur bancaire
— *corset* : (UK) : corset bancaire
branch — : développement bancaire par création d'agences et de succursales
interstate — : (US) : système qui permettrait à une banque d'ouvrir des agences dans plusieurs Etats
unit — : (US) : système de banque à établissement unique
Bankruptcy : dépôt de bilan, faillite
Base rate : (UK) : taux de base bancaire
Benchmark : repère, cote, donnée de référence
Benefit : 1. bénéfice, avantage, intérêt 2. indemnité, prestation, allocation
health care benefits : prestations d'assurance-maladie
non-wage —*s* : avantages qui viennent s'ajouter au salaire
unemployment —*s* : allocation chômage
Bid : soumission (à un appel d'offre), enchère, offre, mise, prix auquel on est acheteur
Bill : 1. note, addition, facture 2. traite, effet de commerce 3. bon 4. projet de loi
bank — : effet de banque
Treasury — : (US) : bon du Trésor à court terme (moins d'un an)
Bond : 1. lien 2. bon 3. obligation
junk — : obligation de pacotille, obligation à haut risque
Treasury — : bon du Trésor (à plus de deux ans)
— *rate* : taux obligataire
Boom : 1. (n.) augmentation rapide, phase de forte croissance 2. (v.) croître rapidement
Boost : 1. (n.) relance 2. (v.) stimuler, donner de l'élan, activer
Breach of law : violation de la loi
Breakdown : 1. défaillance, panne 2. répartition, ventilation
Break-up : (of a holding company) : éclatement, démembrement
Broker : courtier, agent de change
Budget : budget
— *bill* : projet de loi de finances
— *deficit* : déficit budgétaire, impasse budgétaire
— *surplus* : excédent budgétaire
Budgetary : budgétaire
Building society : (UK) : société de crédit immobilier
Business : 1. relatif aux entreprises, au monde des affaires 2. économique 3. activité, métier
— *circles* : milieux d'affaires

— *cycle* : cycle économique
— *confidence* : confiance des entreprises
— *profits* : bénéfices des entreprises
— *services* : services aux entreprises
Bust : récession
to go — : faire faillite, échouer
Buy-out : rachat, reprise
leveraged — : *(LBO)* : rachat avec effet de levier
leveraged management — : *(LMBO)* : rachat d'entreprise par ses salariés
Cap : plafond, limite
Capacity : capacité
manufacturing — : capacités de production
single — : (UK) : capacité unique, spécialisation des tâches entre *brokers et jobbers* à la Bourse de Londres avant le *Big Bang*
Capital : 1. capital 2. capitaux
— *intensive* : capitalistique
— *investment* : investissement en capital
— *flows* : flux de capitaux, flux financiers
— *gain* : plus-value
— *gains tax* : impôt sur les plus-values
— *market* : marché financier
— *project* : projet d'investissement
— *ratio* : ratio de fonds propres
human — : capital humain, ressources humaines
Cash : argent liquide, liquidités
— *flow* : marge brute d'autofinancement, capacité d'autofinancement
Central planning : planification centralisée
Certificate of deposit : certificat de dépôt
Check (US), *cheque* (UK) : chèque
— *clearing* : compensation des chèques
Claimant : bénéficiaire, allocataire
— *count* : (UK) : décompte des bénéficiaires d'allocations chômage ou d'aides publiques
Clearing : compensation
— *bank* : (UK) : banque de compensation, banque de dépôt
— *rate* : taux d'équilibre
Closed shop system : monopole syndical de l'embauche
Commercial paper : papier commercial, billet de trésorerie
Commodity : 1. bien, produit 2. matière première, produit de base

Common stock : action ordinaire
Company (UK) : société de capitaux
  — *law* : droit des sociétés
Compensate (to) : dédommager, indemniser, compenser
Compensation : indemnité, rémunération
Competition : concurrence
Competitive : compétitif, concurrentiel
  anti- — : contraire aux lois de la concurrence, faussant le jeu de la concurrence
Competitiveness : compétitivité
Consolidate (to) : regrouper, fusionner, unifier
  —*d balance-sheet* : bilan consolidé
Consumer : consommateur
  — *credit* : crédit à la consommation
  — *durable* : bien de consommation durable
  — *good* : bien de consommation
  — *price* : prix à la consommation
  — *price index* (US) : indice des prix à la consommation
  — *spending* : dépenses de consommation
Consumption : consommation
Contingent : contingent, conditionnel, aléatoire
  — *workers* : travailleurs en situation précaire
Core : noyau, cœur, élément de base, essentiel
  — *inflation* : noyau dur de l'inflation
  — *staff* : noyau dur de main-d'œuvre (dans une entreprise)
  — *unemployment* : chômage incompressible
Corporate (adj.) : relatif aux sociétés de capitaux, ou sociétés par actions
  — *profits* : bénéfices des sociétés de capitaux
  — *sector* : secteur privé
Corporation : (US) : société de capitaux (par actions)
Crowding out effect : effet d'éviction
Crude (oil) : (pétrole) brut
Currency : monnaie, devise
  foreign — : devise étrangère
Current account : 1. opérations courantes, paiements courants 2. compte d'exploitation 3. compte courant, compte chèque
  — *balance* : balance des opérations courantes
  — *déficit* : déficit de la balance des opérations courantes
  — *surplus* : excédent de la balance des opérations courantes
Current Population Survey : (US) : enquête mensuelle sur la population active

Damages : dommages et intérêts
to sue for — : intenter une action en dommages et intérêts
Date : 1. date 2. échéance
long-dated/short-dated (adj.) : à longue échéance, à courte échéance
Dealer : distributeur, concessionnaire, vendeur, négociant, opérateur, intervenant (sur un marché), courtier, agent de change
primary — : spécialiste en valeurs du trésor, opérateur primaire
security — : courtier en valeurs mobilières
Debt : dette, endettement
public — : dette publique
— *sales* : placement de la dette, vente de titres de la dette publique
Deflate (to) : 1. provoquer une déflation 2. déflater 3. exprimer en prix constants 4. ajuster, corriger à la baisse
Deindustrialisation, disindustrialisation : désindustrialisation
Demand : 1. demande 2. exigence 3. revendication
the law of supply and — : la loi de l'offre et de la demande
wage —*s* :revendications salariales
Dependant (dependent) : personne à charge
Dependency : dépendance, besoin d'assistance
Deposit : dépôt
— *account* : compte de dépôt
sight, demand — : dépôt à vue
small/large time — : (US) : dépôt à court/long terme
Deprivation : privation, carence, état de dénuement
Deregulate (to) : déréglementer
Deregulation : déréglementation
Deterrent : mesure, disposition dissuasive
Director : 1. directeur 2. administrateur
board of —*s* : conseil d'administration
Discount rate : taux d'escompte
Discretion : 1. discrétion, réserve 2. discrétion, liberté d'agir
Discretionary : discrétionnaire
Disintermediation : désintermédiation
Dislocation : désorganisation, bouleversement
Disposable : 1. disponible 2. jetable
— *employee* : salarié en situation précaire
— *income* : revenu disponible
Divestiture : 1. démembrement, démantèlement 2. transfert d'actions 3. passation de pouvoirs 4. désengagement, désinvestissement

Documentary proof : pièce justificative
Dole : allocation chômage
to be on the — : être au chômage
Domestic : domestique, intérieur
Double digit : à deux chiffres
Downgrade (to) : déclasser, abaisser
Downsize (to) : réduire la taille, les effectifs
Downsizing : réduction d'effectifs, compression de personnel
Downswing : phase descendante du cycle économique, récession
Downturn : ralentissement, fléchissement de l'activité, amorce d'une récession
Earnings : 1. gains, revenus, salaires 2. bénéfices
retained — : bénéfices reportés
Economic : économique, relatif à l'économie
Economical : économique, bon marché
Economies of scale : économies d'échelle
Eligibility : 1. admissibilité 2. conditions à remplir, conditions d'accès, critères d'attribution
Eligible : qui remplit certaines conditions, ayant droit à
Entitlement : droit à prestation
— *benefits* : prestations (sociales)
— *payments* (US) : dépenses obligatoires (de l'Etat fédéral)
Equity : action ordinaire
shareholders '— : fonds propres
Exchange : 1. échange 2. change 3. devise (étrangère) 4. Bourse
foreign — : devises étrangères
foreign — *markets* : marchés des changes
— *controls* : contrôle des changes
— *rate* : taux de change
— *rate mechanism* : mécanisme de change
— *rate movements* : variations du taux de change
fixed — *rate* : taux de change fixe
floating — *rate* : taux de change flottant
managed — *rate* : gestion du taux de change
stock- — : Bourse
Expectations : anticipations, attentes
inflation (inflationary) — : anticipations inflationnistes
wage and price — : anticipations sur l'évolution des prix et des salaires
Fail (to) : 1. échouer, rater 2. faire faillite
Fair : loyal

— *trade/trading practices* : pratiques commerciales loyales
Office of Fair Trading : (UK) : Bureau des pratiques commerciales loyales
Falter (to) : hésiter, chanceler
a —ing recovery : une reprise hésitante, mal assurée
Federal funds rate (US) : taux de l'argent au jour le jour
Federal Reserve Board : (US) : Conseil du Système de réserve fédérale
Federal Reserve System (US) : Système de réserve fédérale
Financial Intermediaries', Managers' and Brokers' Regulatory Association : (UK) : association de réglementation des intermédiaires financiers indépendants
Financial Statement and Budget Report (UK) : projet de loi de finances
Financial year (UK) : année budgétaire
Fine tune (to) : pratiquer une politique de réglage conjoncturel
Fine tuning : réglage conjoncturel
Fiscal : 1. fiscal 2. budgétaire
— *policy* : politique budgétaire
— *year* (US) : année fiscale, exercice fiscal
Free-lancer : travailleur indépendant
Free market economist : économiste libéral, adepte de l'économie de marché
Freeze : 1. (n.) gel, blocage (des prix, des salaires) 2. (v.) geler, bloquer
Fund : 1. caisse 2. (v.) financer
pension — : caisse de retraite
trust — : fonds de prévoyance
unemployment insurance — : caisse d'assurance chômage
Fundamentals : données fondamentales (de l'économie)
General Government Expenditure (UK) : dépenses de l'administration centrale et des collectivités locales
Gilt, gilt-edged securitiy : fonds d'Etat
Global : mondial
Gold exchange standard : étalon (de change) or
Gross : brut
— *domestic product* : produit intérieur brut
— *fixed capital formation* : formation brute de capital fixe (FBCF)
— *national product* : produit national brut
Growth : croissance, accroissement
Handout : allocation, distribution
Health : santé
— *insurance* : assurance maladie
— *plan coverage* : plan de couverture des dépenses de santé
Help-wanted ads : offres d'emplois (par petites annonces)

Hire : 1. louer 2. embaucher
— *purchase* : achat à crédit, à tempérament
— *purchase industry* : secteur du crédit à la consommation
hiring : l'embauche
Idle : 1. oisif 2. inactif 3. au chômage
Incentive : incitation
Income : revenu
—*s policy* : politique des revenus
— *support* : garantie de revenu
— *tax* : impôt sur le revenu
— *tax year* (UK) : année fiscale
Independent contractor : travailleur indépendant
Industrial : 1. industriel 2. du travail, relatif aux relations professionnelles
— *action* : grève
— *dispute* : conflit du travail
— *relations* : relations professionnelles
Industrialist (n.) : industriel
Industry : 1. industrie 2. secteur d'activité
manufacturing — : industrie manufacturière
service — : secteur des services
temporary help — : industrie du travail temporaire
Ineligible : qui ne remplit pas les conditions, qui n'a pas droit à
Inflation : inflation
core — : socle d'inflation, noyau dur de l'inflation
cost-push — : inflation par les coûts
demand-pull — : inflation par la demande
Inflationary : inflationniste
Inflow : entrée
capital — : entrée de capitaux
Inland Revenue Service : (UK) : administration fiscale
Insider trading : délit d'initié
Interest-bearing (account, deposit) : rémunéré
Inventory : 1. inventaire 2. (au pl.) : stocks
— *building/cutting* : gonflement des stocks, déstockage
to take — : faire l'inventaire
Investment : investissement
— *bank* : (US) : banque d'affaires
— *spending* : dépenses d'investissement
— *tax credit* : crédit d'impôt pour investissement

Investment Management Regulatory Organisation : Organisme de réglementation des sociétés d'investissement
Job : travail, emploi
  —centre : agence locale de l'emploi
  — counseling : aide personnalisée à l'orientation professionnelle
  — holder : titulaire d'un emploi
  —less : sans emploi, au chômage
  —lessness : chômage
  —less worker : chômeur
  — market : marché du travail
  — search : recherche d'emploi
  — search assistance : aide personnalisée à la recherche d'emploi
  — seeker : demandeur d'emploi
  — vacancy : vacance d'emploi, offre d'emploi
  blue collar/white collar — : emploi de col bleu/de col blanc
  dead-end — : emploi sans avenir, sans perspective de promotion
  multiple — - holding : cumul d'emplois
Jobber : (UK) : contrepartiste
  —'s turn : rémunération du *jobber*
Labour (UK) *labor* (US) : 1. travail 2. main-d'œuvre
  — force : population active
  — intensive : à forte intensité de main-d'œuvre, gros consommateur de main-d'œuvre
  — market : marché du travail
Labour Force Survey (UK) : enquête sur la population active
Lag : 1. (n.) retard, déphasage 2. (v.) prendre du retard
Law of markets : (the) : loi des débouchés
Lay off : 1. (n.) mise à pied, licenciement 2. (v.) mettre à pied, licencier
  temporary — : chômage technique
Lean : maigre
  — payroll : effectif minimum
Leave : congé
  family — : congé parental
  paid — : congé payé
  sick — : congé maladie
Level off (to) : se stabiliser
Liability : 1. charge, engagement, responsabilité 2. dette, élément du passif, exigibilité
  liabilities : (le) passif

Liquid : liquide
— *assets* : liquidités, disponibilités, actif liquide, réalisable
— *reserve ratio* : coefficient de réserves obligatoires
Liquidity : liquidité
— preference : préférence pour la liquidité
Living :
— *costs* : coût de la vie
— *standard : (= standard of —)* : niveau de vie
London International Financial Futures Exchange (UK) : marché à terme d'instruments financiers
London Traded Options Market (UK) : marché de contrats d'options
Long : (adv.) : à long terme
to borrow — : emprunter à long terme
Manufacturing : 1. fabrication 2. industrie manufacturière
— *capacity* : capacités de production de l'industrie manufacturière
Marginal : marginal
— *tax rate* : taux marginal d'imposition
Market :
free- — economy : économie de marché
free- —eer : partisan de l'économie de marché, libéral
over the counter — : marché de gré à gré
stock- — : marché des valeurs mobilières, Bourse
— *power* : puissance commerciale, poids sur le marché, part de marché
Marketable : négociable
— *security* : titre négociable
Maturity : échéance
Medicaid (US) : programme d'assistance médicale en faveur des personnes défavorisées
Medicare (US) : programme d'assurance maladie concernant les personnes âgées et les handicapés
Medium Term Financial Strategy : (UK) : stratégie financière à moyen terme
Merger : fusion
Mismatch : décalage, écart, inadéquation, inadaptation
Monetarism : monétarisme
Monetarist : monétariste
Monetary : monétaire
— *policy* : politique monétaire
— *restraint* : politique monétaire restrictive
— *targetry* : fixation d'objectifs quantitatifs de croissance de la masse monétaire

Money : 1 argent 2. monnaie
— *market* : marché monétaire
— *market fund* : fonds de placement sur le marché monétaire
— *market deposit account* (US) : compte de dépôt dont la rémunération est indexée sur les taux du marché monétaire
— *supply (= money stock)* : masse monétaire
broad — : monnaie au sens large (M2)
narrow — : monnaie au sens étroit (M1)
soft — policy : politique de l'argent bon marché
tight — policy : politique monétaire restrictive, politique de l'argent rare, cher
to ease — : assouplir la politique monétaire
to tighten — : resserrer la politique monétaire
Monopolies and Mergers Commission (UK) : Commission sur les monopoles et les fusions
Mortgage : 1. (n.) prêt assorti d'une hypothèque 2. (v.) : hypothéquer
— *lending* : crédit hypothécaire, prêt au logement
— *payments* : remboursements de prêt au logement
— *rate* : taux hypothécaire
Mutual fund (company) : fonds commun de placement
National insurance : (UK) : assurance nationale
— *contributions* (UK) : cotisations au titre de l'assurance nationale, charges sociales
— *surcharge* (UK) : taxe de financement des régimes sociaux
Note : billet
bank — : billet de banque
promissory — : billet à ordre
Treasury — : (US) : bon du Trésor à moyen terme (entre un et deux ans)
NOW account : (US) : *negotiable order of withdrawal account* : compte courant rémunéré
Office of Fair Trading : (UK) : Bureau des pratiques commerciales loyales
Outflow : sortie
capital — : sortie de capitaux
Outlays : dépenses
Output : production
Overheat (to) : être en état de surchauffe
—ed demand : demande excessive
—ing economy : économie en état de surchauffe
Overkill (to) : aller bien au-delà de l'effet recherché, casser l'expansion
Overmanning : maintien de personnel en sureffectif

Overnight : 1. (adv.) du jour au lendemain 2. (adj.) au jour le jour
— repurchase agreement : prise en pension au jour le jour
Overtime : heures supplémentaires
to work — : faire des heures supplémentaires
Paperwork : travail administratif, paperasserie
Par (n.) : pair, parité
— value : valeur au pair
above — : au-dessus du pair, de la valeur nominale
below — : au-dessous du pair, de la valeur nominale
on a — with : sur le même plan que, à égalité avec
Part-time (adj. ou adv.) : à temps partiel
— job : emploi à temps partiel
— work : travail à temps partiel
Payout : versement
Payroll : dépenses de salaires, masse salariale
Pay settlement : accord salarial
Peak : sommet, pic
Personal Equity Plan : (UK) : plan d'épargne en actions
Phase (to) :
— in : introduire progressivement, passer progressivement à
— out : supprimer progressivement, passer progressivement à
Picketing : organisation de piquets de grève
secondary — : organisation de piquets secondaires
Plummet (to) : s'effondrer
Poll tax : impôt par capitation
Precautionary demand : demande de précaution
Price : 1. (n.) prix, cours (des actions) 2. (v.) fixer un prix
buying — : prix d'achat
selling — : prix de vente
predatory —ing : fixation d'un prix abusif
Prime rate : (US) : taux de base bancaire
Proceedings : poursuites judiciaires
criminal — : poursuites pénales
Proceeds : recettes
— from taxation : recettes fiscales
Profitability : rentabilité
Propensity : propensité
— to consume : propensité à consommer

Public Sector Borrowing Requirement (PSBR) : (UK) : besoin d'emprunt du secteur public, déficit budgétaire, impasse budgétaire

Public Sector Debt Repayment (PSDR) : (UK) : remboursement de la dette du secteur public excédent budgétaire

Public purse : finances publiques

Pump-priming : mesures, politique de relance

Purchasing power : pouvoir d'achat

Quantity theory of money : théorie quantitative de la monnaie

Quantity theorist : adepte de la théorie quantitative de la monnaie, quantitativiste

Raid : OPA sauvage

Raider : prédateur

Rate : 1. (n.) taux 2. (v.) évaluer

base — : (UK) : taux de base bancaire

birth — : taux de natalité

discount — : taux d'escompte

exchange — : taux de change

federal funds rate : (US) : taux de l'argent au jour le jour entre banques

fertility — : taux de fécondité

flat — : taux uniforme

inflation — : taux d'inflation

jobless — : taux de chômage

mortgage — : taux hypothécaire

natural rate of unemployment : taux de chômage naturel

non accelerating inflation rate of unemployment : taux de chômage non accélérateur de l'inflation

participation — : taux de participation (à la population active)

prime — : (US) : taux de base bancaire

savings — : taux d'épargne

tax — : taux d'imposition

unemployment — : taux de chômage

credit rating agency : agence de notation, de classement

Rational expectations : anticipations rationnelles

Real estate : immobilier

— *developer* : promoteur immobilier

Recipient : bénéficiaire, allocataire

Recovery : reprise

Red :

to be in the — : être en déficit

— *tape* : bureaucratie, paperasserie

Registration fees : droits d'enregistrement
Regulation : réglementation
Regulator, regulatory agency : agence de réglementation
self-regulatory organisation : organisme professionnel de contrôle
Relief : assistance
Reserve requirements : réserves obligatoires
Restructuring : restructuration(s)
Resume : curriculum vitae
Retail : de détail
— *price index* [ou *RPI*] (UK) : indice des prix à la consommation
— *depositor* : petit déposant
— *investor* : petit investisseur
—*er* : petit commerçant
—*ing* : commerce de détail
Return (on an investment) : rendement, rentabilité (d'un investissement)
financial — : rendement financier
total — : rendement global (d'une action)
Reverse purchase (repurchase) agreement : prise en pension
Revival : 1. résurrection, renaissance 2. relance
Revive (to) : relancer
Rig : 1. gréement 2. (*oil*) plate-forme pétrolière
Rig (to) : 1. gréer 2. truquer
— *the market* : provoquer une hausse ou une baisse artificielle des cours.
Safety net : filet de sécurité
Savings : épargne
— *and loan association* [ou S & L] (US) : caisse d'épargne spécialisée dans le crédit immobilier aux particuliers
— *bank* (UK) : caisse d'épargne
Seasonally adjusted : calculé après ajustements saisonniers, après correction des variations saisonnières, désaisonnalisé
Securitisation : sécuritisation, titrisation
Security : titre
Securities Association (UK) : association professionnelle de contrôle du marché des valeurs boursières
Securities and Exchange Commission (US) : Commission de contrôle des marchés boursiers
Securities and Investment Board : (UK) Conseil de surveillance des activités boursières et financières
Self-employed worker : travailleur indépendant

Self employment : travail indépendant
Sell out (to) : 1. vendre (une affaire), liquider (son stock) 2. vendre, réaliser (des titres)
Sequestration : (US) : procédure de réduction automatique des dépenses budgétaires
Serious Fraud Office (UK) : Bureau de répression des fraudes
Share : 1. part 2. action
  —holder : actionnaire
  —holding : détention d'actions, participation, actionnariat
  crossshareholding : participations croisées
Short (adv.) : à court terme
  to borrow — : emprunter à court terme
Sight : à vue
  — *deposit* : dépôt à vue
Skill : 1. talent 2. qualification
  —ed : qualifié
  — *shortage* : pénurie de main-d'œuvre qualifiée
  low-—ed : peu qualifié
  unskilled : sans qualification
Slack : 1. (adj.) mou, faible, lent 2. (n.) ralentissement, période creuse, marasme
Slowdown : ralentissement (de l'activité)
Sluggish : mou, lent, apathique
  —ness : croissance molle, ralentie
Slump : crise, récession, marasme
Social Security (US) : régime de retraites publiques
Special deposits (UK) : réserves obligatoires
Spending : dépenses
  consumer — : dépenses de consommation
  investment — : dépenses d'investissement
  public — : dépenses publiques
Squeeze : resserrement, compression, contraction, coup de frein
  credit — : resserrement du crédit
  wage — : coup de frein à la progression des salaires
  profits — : réduction des bénéfices
Standard : 1. étalon, norme, règle 2. critère 3. niveau, qualité
  — *of living* : niveau de vie
  — *of employment* : qualité de l'emploi
  gold exchange — : étalon de change or
Statute : loi du Parlement
Statutory : régi par un texte de loi

— *agency* : organisme créé par un texte de loi
Stock : 1. stock 2. action
common — : action ordinaire (*equity*)
preference/preferred — : action de préférence
voting — : action avec droit de vote
— *broker* : courtier, agent de change
— *exchange* : marché des valeurs mobilières, Bourse
— *market* : marché des valeurs mobilières, Bourse
— *market crash* : krach boursier
Stock Market Automated Quotation (UK) : système de cotation informatisé
Stop and go : succession de phases de stabilisation et de relance
Streamline (to) : rationaliser, moderniser, simplifier, réorganiser, dégraisser
Subcontract (to) : sous-traiter
—*or* : sous-traitant
—*ed employment* : emploi sous-traité
—*ing* : sous-traitance
Subsidy : subvention
Supply : offre
— *-side economics* : économie de l'offre
— *-side economist,* — *-sider* : économiste de l'offre
Swing : forte fluctuation, forte variation
Take off (to) : décoller
Take-off : décollage
Takeover : 1. (v.) prendre le contrôle, racheter, absorber 2. prise de contrôle, rachat, absorption
— *bid* : offre publique d'achat, OPA
hostile —bid : OPA inamicale, hostile
— *candidate* : opéable
Target : 1. (n.) cible, objectif quantitatif 2. (v.) fixer un objectif quantitatif
monetary — : objectif quantitatif de croissance monétaire
— *range* : fourchette retenue comme objectif (de croissance monétaire)
Tax : impôt
— *avoidance* : évasion fiscale
— *burden* : poids de la fiscalité, des prélèvements obligatoires
— *collections* : recettes fiscales
— *cut* : réduction d'impôt
— *evasion* : fraude fiscale
— *hike, increase* : augmentation d'impôts
— *payer* : contribuable

— *policy* : politique fiscale
— *rate* : taux d'imposition
— *receipts (revenues)* : recettes fiscales
— *shelter* : avantage fiscal
business/corporation — : impôt sur les sociétés
personal/individual — : impôt sur les personnes physiques
payroll — : prélèvements (impôts ou cotisations sociales) sur les salaires
Tax Exempt Special Savings Account : (UK) : compte d'épargne spécial exonéré d'impôt
Thrift : 1. sens de l'épargne 2. (US) caisse d'épargne
Tied product agreement : accord d'achats liés
Tradable : 1. échangeable 2. exportable
Trade : commerce, échanges
— *balance* : solde commercial
free — : libre échange
managed — : échanges administrés, commerce dirigé
Trader : négociant, opérateur
currency — : cambiste
free- — : partisan du libre échange
Trade-off : 1. choix, arbitrage, mise en balance 2. relation inverse, corrélation négative 3. compromis, dilemme
employment-inflation — : relation inverse, dilemme chômage-inflation
time-income — : arbitrage entre temps libre et revenu
Trading : 1. négociations, transactions 2. échange, commerce 3. courtage 4. arbitrage
— *practices* : pratiques commerciales
fair/unfair — : *practices* : pratiques commerciales loyales/déloyales
insider — : délit d'initié
programme — : opérations d'arbitrage programmées sur ordinateur
Training : formation
— *scheme* : programme de formation
job/vocational — : formation professionnelle
re— : reconversion
youth — : formation des jeunes
Transfer payments : dépenses de transfert, transferts sociaux
Trim (to) : réduire
Trough : creux
Trustbuster : artisan de la lutte antitrust
Turnover : 1. rotation 2. chiffre d'affaires

Undercut (to) : vendre à des prix défiant toute concurrence
Underemployment : sous-emploi
— *equilibrium* : équilibre de sous-emploi
Underfunded : sous capitalisé, insuffisamment financé
Underlying : sous-jacent
Undertaking : engagement, promesse
Unemployed : au chômage
— *worker* : chômeur
seasonally — : en chômage saisonnier
Unemployment : chômage
— *pay/benefits/compensation* : allocations chômage
— *insurance* : assurance chômage
core — : noyau dur du chômage, chômage incompressible
— *office* : bureau de l'emploi
Unlisted Securities Market (UK) : second marché
Upswing : phase ascendante du cycle économique, période de croissance
Upturn : redémarrage, reprise de l'activité
Utility : service public
Vacancy : voir *job vacancy*
Velocity of circulation : vélocité, vitesse de circulation (de la monnaie)
Venture capital : capital risque
Wage : salaire
— *freeze* : gel, blocage des salaires
— *round/bargaining* : négociations salariales
—*s council* (UK) : conseil des salaires
Watchdog : 1. chien de garde 2. agence de réglementation, autorité de tutelle, « gendarme »
Welfare : assistance
— *costs* : charges sociales
— *spending* : dépenses sociales
— *payments* : transferts sociaux
Wholesale : en gros
— *dealer* : grossiste
— *investor* : gros investisseur
Work : travail
—*fare* : programmes associant aide sociale et aide à l'emploi, traitement social du chômage
—*force* : population active
—*week* : semaine de travail

community — : travail d'utilité collective
—*ing week* : semaine de travail
—*ing age* : âge actif
—*ing hours* : horaires de travail
—*ing population* : population active
public —*s* : grands travaux
Worker : travailleur, employé
blue/white collar — : col bleu, col blanc
dislocated — : travailleur victime de chômage structurel
displaced — : travailleur victime de licenciement économique
salaried — : salarié
self-employed — : travailleur indépendant
Write off (to) : déduire, passer par profits et pertes
Yield : rendement

BIBLIOGRAPHIE

I. Dictionnaires de référence

Banque de France. *Dictionnaire économique de l'anglais et du français.*
volume 1 : *le système bancaire : institutions, activités et dépôt, surveillance*, Paris, Economica, 1992. Autres volumes à paraître.

Dictionnaire économique et juridique français-anglais, anglais-français, Paris, LGDJ, 3e éd., 1992.

Le Robert et Collins du management commercial, financier, économique et juridique, Paris, 1992.

OCDE, *Glossaire de l'économie*, Anglais/français, Paris, OCDE, 1992.

II. Royaume-Uni

A. Sources primaires

1. *Annual Abstract of Statistics*, Londres, Central Statistical Office. Annuel.

2. *Bank of England Quarterly Bulletin*, Londres, Bank of England. Trimestriel.

3. *Britain 19--. An Official Handbook*, Foreign and Commonwealth Office. Annuel.

4. *Economic Progress Report*, Londres, H. M. Treasury. Mensuel.

5. *Economic Trends*, Londres, Central Statistical Office. Mensuel. Supplément annuel.

6. *Employment Gazette*, Londres, Department of Employment. Mensuel.

7. *Monthly Digest of Statistics*, Londres, Central Statistical Office. Mensuel.

8. *Regional Trends*, Londres, Central Statistical Office. Annuel.

9. *Social Trends*, Central Statistical Office. Annuel.

B. Sources secondaires - Ouvrages

10. Allen John et Massey Doreen (ed.), *The Economy in Question*. Londres, Sage Publications, 1988.

11. Barker Terry et Dunne Paul, *The British Economy after Oil : Manufacturing or Services ?* Londres, Croon Helm, 1988.

12. Barou Yves, *Le Royaume-Uni, une économie à contre-courant*, Paris, Hatier, 1981.

13. Blackaby Francis, (ed.), *De-industrialisation*, Londres, Heineman, 1978.

14. Bowen David, *Shaking the Iron Universe: British Industry in the 1980s*, Londres, Hodder and Stoughton, 1990.

15. Cairncross Frances et Keeley Phil, *The Guardian Guide to the Economy*, Londres, Methuen, 1981.

16. Caves R. E., et Krause Lawrence (ed.), *Britain's Economic Performance*, Washington, D. C., The Brookings Institution, 1980.

17. Chaline Claude, *Le Royaume-Uni : Economie et régions*, Paris, Masson, 1991.

18. Charlot Monica, *L'Angleterre 1945-1980 : Le temps des incertitudes*, Paris, Imprimerie nationale, 1981.

19. Charlot Monica, *L'effet Thatcher*, Paris, Economica, 1989.

20. Clutterbuck David et Crainer Stuart, *The Decline and Rise of British Industry*, Londres, W. H. Allen, 1988.

21. Coates David et Hillard John (ed.), *The Economic Decline of Modern Britain. The Debate between Left and Right*, Londres, Harvester Wheatsheaf, 1986.

22. Curwen Peter (ed.), *Understanding the UK Economy*, Londres, Macmillan, 1990.

23. Dangeard Frank-Emmanuel, *Nationalisations et dénationalisations en Grande-Bretagne*, Paris, La Documentation française, *Notes et études documentaires*, n° 4739-4740, 14 novembre 1983.

24. Donaldson Peter et Farquhar John, *Understanding the British Economy*, Penguin, 1988.

25. Eatwell John, *Whatever Happened to Britain? The Economics of Decline*, Londres, BBC Publications, 1982.

26. Eltis Walter et Bacon Robert, *Britain's Economic Problem: Too Few Producers*, Londres, Macmillan, 1976.

27. Eyraud François, *Travail et travailleurs en Grande-Bretagne*, Paris, La Découverte, 1985.

28. Farnetti Richard, *Le déclin de l'économie britannique de Victoria à Thatcher*, La Garenne-Colombes, Editions de l'espace européen, 1991.

29. Gamble Andrew, *Britain in Decline*, Londres, Macmillan, 1re éd. 1981, 3e éd. 1990.

30. Green Francis, *The Restructuring of the UK Economy*, Londres, Harvester Wheatsheaf, 1989.

31. Guillaume André et Esposito Marie-Claude, *Londres, Histoire d'une place financière*, Paris, PUF, 1993.

32. Hardy Peter, *A Right Approach to Economics? Margaret Thatcher's United Kingdom,* Londres, Hodder and Stoughton, 1991.

33. Hare Paul et Kirby Maurice, *An Introduction to British Economic Policy*, Brighton, Harvester Press, 1984.

34. Holz Jean-Paul, *L'expérience Thatcher : Succès et limites de la politique économique britannique*, Paris, Economica, 1985.

35. Johnson Christopher, *Measuring the Economy : A Guide to Understanding Official Statistics*, Penguin, 1re éd. 1988, rééd. 1990.

36. Johnson Christopher, *The Economy under Mrs Thatcher 1979-1990*, Penguin, 1991.

37. Lawson Nigel, *The View from No. 11 : Memoirs of a Tory Radical*, Londres, Bantam Press, 1992.

38. Leruez Jacques, *Le phénomène Thatcher*, Bruxelles, Editions Complexe, 1991.

39. Leruez Jacques, *Le thatchérisme. Doctrine et action*, Paris, La Documentation française, *Notes et études documentaires*, n° 4765, 1984.

40. Lorenz Andrew, *A Fighting Chance : The Revival and Future of British Manufacturing Industry*, Londres, Hutchinson Business, 1989.

41. Martin Ron et Rowthorn Bob (ed.), *The Geography of De-industrialisation*. Londres, Macmillan, 1986.

42. Maynard Geoffrey, *The Economy under Mrs Thatcher*, Oxford, Blackwell, 1988.

43. Monet Hervé et Santini Jean-Jacques, *L'économie britannique : le libéralisme à l'épreuve des faits*, Paris, Nathan, collection Circa, 1992.

44. Morris Derek (ed.), *The Economic System in the United Kingdom*, Oxford, Oxford University Press, 1979.

45. OCDE, *Etudes économiques : Royaume-Uni*. Annuel.

46. Pedden G. C. *British Economic and Social Policy. Lloyd George to Margaret Thatcher*, Londres, Philip Allan, 1re éd. 1985, rééd. 1991.

47. Pollard Sidney, *The Wasting of the British Economy. British Economic Policy 1945 to the Present*, New York, Saint Martin's Press, 1982.

48. Ravier Jean-Pierre et Davie Anne, *Economic Options*, Paris, Longman France, 1991.

49. Riches Véronique, *L'économie britannique depuis 1945*, Paris, La Découverte, 1992.

50. Sampson Anthony, *The Essential Anatomy of Britain : Democracy in Crisis*, Londres, Hodder and Stoughton, 1992.

51. Santini Jean-Jacques, *L'économie britannique : le choix libéral*, Paris, La Documentation française, *Notes et études documentaires*, n° 4853, 1988.

52. Smith David, *From Boom to Bust : Trial and Error in British Economic Policy*, Penguin, 1992.

53. Smith David, *North and South : Britain's Growing Divide*, Penguin, 1989.

54. Smith David, *The Rise and Fall of Monetarism : The Theory and Politics of an Economic Experiment*, Penguin, 1re éd. 1987, rééd. 1991.

55. Smith Keith, *The British Economic Crisis : Its Past and Future*, Penguin, édition 1989.

56. Tomlinson Jim, *British Macroeconomic Policy 1945 to the Present*, Londres, Croon Helm, 1985.

57. Walters Alan, *Britain's Economic Renaissance : Margaret Thatcher's Reforms 1979-1984*, Oxford University Press, 1986.

58. Wiener Martin J., *English Culture and the Decline of the Industrial Spirit 1850-1980*, 1re éd. 1981, éd. Pelican 1985.

C. Périodiques

59. *The Economist*. Hebdomadaire.

60. *The Financial Times*. Quotidien.

61. *The Independent*. Quotidien

III. Etats-Unis

A. Sources primaires

62. *Economic Indicators*, Council of Economic Advisers. Mensuel.

63. *Economic Report of the President*, US Government Printing Office. Annuel.

64. *Federal Reserve Bulletin*, Board of Governors of the Federal Reserve System. Mensuel.

65. *Monthly Labor Review*, US Department of Labor. Mensuel.

66. *Public Papers of the Presidents of the United States*, US Government Printing Office. Plusieurs volumes par an.

67. *Statistical Abstract of the United States*, US Department of Commerce, Bureau of the Census. Annuel.

68. *Survey of Current Business*, US Department of Commerce. Mensuel.

69. *US Industrial Outlook*, Department of Commerce. Annuel.

B. Sources secondaires - Ouvrages

70. Aglietta Michel, *Régulation et crise du capitalisme : l'exemple des Etats-Unis*, Paris, Calmann-Lévy, 1982.

71. Bartley Robert L., *The Seven Fat Years, and How to Do it Again*, New York, The Free Press, 1992.

72. Beauté Jean, *La présidence Reagan. Premier mandat 1981-1985*, Paris, La Documentation française, *Notes et études documentaires*, n° 4787, 1985.

73. Beauté Jean, *La présidence Reagan. Second mandat 1985-1989*, Paris, La Documentation française, *Notes et études documentaires*, n° 4931, 1991.

74. Bell Daniel, *The Coming of Post-Industrial Society*, New York, Basic Books, 1973.

75. Bellon Bertrand et Jorge Niosi, *L'industrie américaine fin de siècle*, Paris, Seuil, 1987.

76. Bergsten C. Fred, *America in the World Economy : A Strategy for the 90s*, Washington, D.C., Institute for International Economics, 1988. Traduction française, *L'Amérique dans l'économie mondiale : Une stratégie pour les années 1990*, Paris, Economica, 1992.

77. Béthemont Jacques et Breuil Jean-Michel, *Les Etats-Unis, une géographie régionale*, Paris, Masson, 1989.

78. Birch David, *Job Creation in America*, New York, The Free Press, 1987.

79. Bluestone Barry et Harrison Bennett, *The De-industrialisation of America*, New York, Basic Books, 1982.

80. Buchanan James M. *et al.*, *Reaganomics and After*, Londres, Institute of Economic Affairs, 1989.

81. Chaban-Delmas Jean-Jacques et Pons Jean-François, *La protection sociale aux Etats-Unis*, Paris, La Documentation française. *Notes et études documentaires*, n° 4743, 4e trimestre 1983.

82. Clark David, *Post-Industrial America*, Londres, Methuen, 1985.

83. Cohen Stephen C. et Zysman John, *Manufacturing Matters : The Myth of the Post-Industrial Economy*, New York, Basic Books, 1987.

84. Collomp Catherine, Debouzy Mariane, Le Bars Sylvie, *Les salariés dans l'Amérique de Reagan*, Nancy, Presses Universitaires de Nancy, 1987.

85. Debouzy Marianne, *Travail et travailleurs aux Etats-Unis*, Paris, La Découverte, 1989.

86. Dertouzos M. L., Lester R. K. et Solow R. M., *Made in America : Regaining the Productive Edge*, Cambridge, Mass., The MIT Press, 1989.

87. Dorel Gérard, Gauthier A., Reynaud A., *Les Etats-Unis*, 5e édition, Paris, Bréal, 1988.

88. Ecalle François, *La révolution tertiaire aux Etats-Unis*, Paris : La Documentation française, *Notes et études documentaires*, n° 4814, 1986.

89. Feldstein Martin *et al.*, *The American Economy in Transition*, Chicago : University of Chicago Press, 1980.

90. Foirry Jean-Pierre, *Economie des Etats-Unis*, Paris, A. Colin, collection Curssus, 1991.

91. Fouet Monique, *L'économie des Etats-Unis*, Paris, La Découverte, 1989.

92. Fouet Monique, *Les Etats-Unis, une économie dominante dans une période de transition*, Paris, La Documentation française, *Notes et études documentaires*, nos 4573-4574, mai 1980.

93. Frayssé Olivier, *Les Etats-Unis et le monde : où en est l'empire américain ?* Paris, La Documentation française, *Problèmes politiques et sociaux*, n° 590, 2 septembre 1988.

94. Frayssé Olivier, *La société américaine face à de nouveaux défis*, Paris, La Documentation française, *Problèmes politiques et sociaux*, n° 654, 12 avril 1991.

95. Friedman Benjamin, *Day of Reckoning : The Consequences of American Economic Policy under Reagan and After*, 1re éd. 1988, 2e éd. Londres, Pan Books, 1990.

96. Friedman Milton, *Bright promises, Dismal Performance : An Economist's Protest*, New York, Harcourt Brace Jovanovich, 1983.

97. Friedman Milton, *Capitalism and Freedom*, Chicago : University of Chicago Press, 1re éd. 1962, Rééd. 1982.

98. Graham Edward M. et Krugman Paul, *Foreign Direct Investment in the United States*, Washington, D. C., Institute for International Economics, 1989.

99. Kemp Tom, *The Climax of Capitalism : The US Economy in the 20th Century*, Londres, Longman, 1990.

100. Krugman Paul, *The Age of Diminished Expectations: US Economic Policy in the* 1990s, Cambridge, Mass, The MIT Press, 1990.

101. Lanteri Marc, *Les investissements directs Etats-Unis-Europe*, Paris, La Documentation française, *Notes et études documentaires*, n° 4771, 1er trimestre 1985.

102. Lawrence Robert Z., *Can America Compete?* Washington, D.C., The Brookings Institution, 1984.

103. Lennkh Annie et Toinet Marie-France (sous la dir. de), *L'état des Etats-Unis*, Paris, La Découverte, 1990.

104. Melandri Pierre, *Une crise d'identité ? 1974-1992*, in *Histoire documentaire des Etats-Unis*, collection dirigée par J.-M. Bonnet et J.-P. Vincent, Nancy, Presses Universitaires de Nancy, 1992.

105. Mennis Edmund A., *How the Economy Works. An Investor's Guide to Tracking the Economy*, New York, New York Institute of Finance, 1991.

106. Nau Henry R., *The Myth of America's Decline*, New York, Oxford University Press, 1990.

107. Nye Joseph S., Jr., *Bound to Lead : The Changing Nature of American Power*. New York, Basic Books, 1990. Traduction francaise : *Le leadership américain : Quand les règles du jeu changent*, Nancy, Presses Universitaires de Nancy, 1992.

108. OCDE, *Etudes économiques : Etats-Unis*, disponible en anglais ou en français, Paris, OCDE. Annuel.

109. OCDE, *Les mécanismes de la création d'emplois : l'exemple américain*, Paris, OCDE, 1989.

110. Perquel Jean-Jacques, *Les bourses américaines*, Paris, Vuibert, 1992.

111. Pisani-Ferry Jean, *L'épreuve américaine. Les Etats-Unis et le libéralisme*, Paris, Syros, 1988.

112. Rainelli Michel, *Les investissements étrangers aux Etats-Unis*, Paris, Economica, 1990.

113. Reich, Robert B., *The Next American Frontier*, 1re éd. 1983, Penguin, 1984.

114. Reich Robert B., *The Work of Nations. Preparing Ourselves for 21st-Century Capitalism*, 1re éd. 1991, New York, Vintage Books, 1992.

115. Rivière Jean, *Les Etats-Unis à l'horizon de la troisième révolution industrielle*, Nancy, Presses Universitaires de Nancy, 1986.

116. Rosecrance Richard, *America's Economic Resurgence*, New York, Harper Collins, 1990.

117. Saussois Jean-Michel, *Etats-Unis : le soutien fédéral à l'industrie*, Paris, La Documentation française, *Notes et études documentaires*, n° 4789, 4e trimestre 1985.

118. Swann Denis, *The Retreat of the State : Deregulation and Privatization in the UK and US*, New York, Harvester Wheatsheaf, 1988.

119. Toinet Marie-France, *L'Etat en Amérique*, Paris, Presses de la Fondation nationale des sciences politiques, 1989.

120. Toinet Marie-France, Kempf Hubert et Lacorne Denis, *Le libéralisme à l'américaine*, Paris, Economica, 1989.

121. Tyson Laura d'Andrea, *Who's bashing Whom ? Trade Conflict in High-Technology Industries,* 1992.

C. Périodiques

122. *Business Week*. Hebdomadaire.

123. *Economie Prospective Internationale*, Paris, CEPII, La Documentation française, n° 36, spécial Etats-Unis, 4e trimestre 1988. N° 37, 1er trimestre 1989.

124. *Fortune*. Bi-mensuel.

125. *Revue française d'Etudes américaines*. Trimestriel. Nancy, Presses Universitaires de Nancy. N° 47, février 1991, « La classe moyenne écartelée ».

126. *Revue française de Science politique*, vol. 39, n° 4, août 1989, « Le reaganisme à l'œuvre ».

127. *The New York Times*. Quotidien.

128. *The Wall Street Journal*. Quotidien.

INDEX

actionnariat populaire, 149, 152
activités bancaires, aux Etats-Unis, 98-100, 101-102, 131-135, 142-143
Airline Deregulation Act, 125
Allemagne, 13, 16, 18, 22, 23, 171, 199, 219
alternance politique,
anticipations rationnelles, 39, 42-44, 114
Association of Futures Brokers and Dealers, 162
assurance chômage, 212-213, 218-219, 228, 229, 230, 231
AT&T, 135-138, 140, 143-145

baby boom, 183, 184
baby bust, 184
Banque d'Angleterre, 93-94, 95, 148, 162, 174, 175
Barro Robert, 43
Big Bang, 159, 161, 173
Bourse de Londres, 160-161
British Aerospace, 150, 168, 236
British Airways, 150, 153-154, 168
British Coal, 151, 169
British Gas, 150, 153
British Petroleum, 148, 150, 154
British Rail, 151, 168, 169
British Steel, 150, 153, 168
British Telecom, 150, 153, 154
Britoil, 150, 154, 168
Bus Regulatory Reform Act, 129
Bush George, 35, 74, 87, 114, 124, 169, 212
Business Expansion Scheme, 69

caisses d'épargne, aux Etats-Unis, 132, 133, 134, 142-143
Callaghan James, 5, 11, 19, 35, 67
capacité unique, 160, 162
capitalisme populaire, voir actionnariat populaire
Carter Jimmy, 5, 11, 15, 21, 35, 41, 47, 124
chancelier de l'Echiquier, 42, 65, 93, 94 (voir aussi *G. Howe, N. Lawson, J. Major, N. Lamont*)
choc pétrolier,
premier, 16, 21
deuxième, 17

chômage, 205-231
au Royaume-Uni, 206-208, 209, 210, 217-221, 222-224, 228-229
aux Etats-Unis, 206, 208, 209, 210, 212-217, 225-227, 229-231
conjoncturel, 208-209, 212
des femmes, 210, 223, 225, 226
des hommes, 210, 223, 225, 226
des jeunes, 209, 214, 219, 220, 223, 225, 236
durée du, 210, 224
structurel, 211, 213, 220, 225, 236
mesure du, 205-208, 209, 222-227
Civil Aeronautics Board, 125, 126
Clinton Bill, 5, 7, 77, 202, 216, 229, 241, 242, 243, 246
Community Enterprise Programme, 220
Competition Act, 156
Competition and Services Act, 154
compétitivité
des Etats-Unis, 47, 142, 245
du Royaume-Uni, 17, 18, 209, 235
comportements d'activité, 186-189
concentration, voir fusions et acquisitions
concurrence étrangère, 17, 182, 209
Congrès, 45, 71, 72, 75, 76, 77, 98, 100, 122, 124, 128, 131, 133, 143, 230
Congressional Budget Office, 72
consensus keynésien, 35, 36, 47
contrôle des changes (levée du), 95, 159, 161, 172
corset bancaire, 92, 95, 108, 173
courbe de *Laffer*, 46
courbe de *Phillips*, 13, 41
Courts and Legal Services Act, 155
coûts du travail, 166-167
créations d'emplois, 189-190
Déclaration d'Indépendance, 121
déclin de l'esprit d'entreprise, 20
déficit budgétaire,
au Royaume-Uni, 66, 71, 80-83, 234
aux Etats-Unis, 24, 47, 73-77, 84-85, 86-87, 217, 243, 246
déficit commercial,
aux Etats-Unis, 21, 22, 115, 243, 244
au Royaume-Uni, 235, 237
Department of Trade and Industry, 174, 175
dépendance énergétique, des Etats-Unis, 245
dépenses militaires, aux Etats-Unis, 74, 84-85
dépenses publiques
aux Etats-Unis, 75-77, 84-85, 243
au Royaume-Uni, 68, 79, 81-83, 149, 170
Depository Institutions Deregulation and Monetary Control Act, 101, 133
déréglementation,
aux Etats-Unis, 101, 123-145
au Royaume-Uni, 91, 92, 95, 108-109, 159, 164-167, 170, 171-173, 194, 234, 235
désintermédiation, 132, 133
dette publique, 77, 84-85, 86-87, 243
disparités régionales, au Royaume-Uni, 238-239, 240
dollar, 22, 25, 172, 244

Economic Dislocation and Worker Adjustment Act, 216
Economic Recovery Tax Act, 47, 73
économie de l'offre, 39, 45-47, 56-58, 67, 73, 74, 242
économistes du vaudou, 47, 74

effet d'éviction, 24, 86, 104, 151
emploi à temps partiel, 193-194, 200, 201
emploi agricole, 191, 192
emploi dans les services, 191, 192, 193, 196, 197
emploi indépendant, 191, 195, 200, 235
emploi industriel, 165, 188, 191, 192, 196, 197, 202, 234
endettement, 235, 242
Employment Training, 220
Enterprise Allowance Scheme, 220
épargne, 23, 24, 46, 47, 173, 242
Etat (rôle dans la vie économique), 24, 73, 121-122, 149
évolution du cycle économique, 5, 6, 181-182, 190, 208, 233-235

Fair Trading Act, 156
Family Support Act, 216
Federal Deposit Insurance Corporation, 99, 133, 134, 143
Federal Open Market Committee, 99, 100
Federal Reserve Board, Federal Reserve System (Fed), 40, 41, 42, 87, 98-103, 110, 114-115, 133, 233
Federal Savings and Loan Insurance Corporation, 134
femmes, sur le marché du travail, 187, 188, 193, 194, 197-198
Financial Institutions Reform Recovery and Enforcement Act, 134
Financial Intermediaries, Managers and Brokers Association, 162
Financial Services Act, 162, 174
Financial Statement and Budget Report, 66
Fisher Irving, 39, 40, 55
Ford Gerald, 5, 21, 33, 124
Ford Motors, 154
formation professionnelle, 213, 219, 220-221, 246
France, 16, 18, 22, 168, 198, 199, 219
frein fiscal, 45
Friedman Milton, 32-34, 37, 39, 40, 41, 42, 44, 54, 55, 56, 94, 101, 115, 211
fusions et acquisitions,
  aux Etats-Unis, 127, 130
  au Royaume-Uni, 153-154, 156-159

Galbraith J.K., 49-50
Glass-Steagall Act, 131, 132, 134
Gramm Rudman-Hollings Act, 75-76
Grants Act, 67
Greenspan Alan, 87

Hayek Friedrich von, 37, 58, 171
Heath Edward, 5, 37
hommes, sur le marché du travail, 187, 188, 194, 197-199
Household Goods Transportation Act, 129
Howe Geoffrey, 42, 65, 69

impôt sur les personnes physiques,
  au Royaume-uni, 18, 69-70
  aux Etats-Unis, 24, 73-75, 77
impôt sur les sociétés,
  au Royaume-Uni, 18, 70-71
  aux Etats-Unis, 24, 73-75, 77
industrie manufacturière, 188
  au Royaume-Uni, 17, 236, 238, 239
  aux Etats-Unis, 25, 242, 245
inégalités sociales
  au Royaume-Uni, 16, 17, 70, 109, 240-241
  aux Etats-Unis, 242

inflation, 6, 40, 41-43, 44
au Royaume-Uni, 19, 42, 95, 96, 97, 98, 104, 105, 108, 109, 160, 169
aux Etats-Unis, 22, 24, 42, 100, 101, 102, 103, 111, 114, 115, 132, 234, 242
investissement productif, 173
au Royaume-Uni, 17, 239-240
aux Etats-Unis, 21, 22, 23, 243, 246
Investment Management Regulatory Organisation, 162
Investment Tax credit, 75
Iran, 5, 21
Italie, 168

Jaguar, 150, 154, 240
Japon, 7, 13, 16, 21, 22, 23, 158, 171
Jefferson Thomas, 121
Job Opportunities and Basic Skills Training, 216
Job Training Partnership Act, 214

Keynes John Maynard, 38, 45, 50-51, 55, 57, 211, 241

Laffer Arthur, 45, 46, 57, 58
Lamont Norman, 71, 81, 97, 98
Lawson, Nigel, 81, 96, 105, 117, 171-173
Life Assurance and Unit Trust Regulatory Organisation, 162
livre sterling, 16, 19-20, 97, 104, 235, 238
Local Government Act, 67
loi des débouchés, 45, 56
loi *Garn-St Germain*, 101, 133
London International Financial Futures Market, 161
London Traded Options Market, 161
Lucas Robert, 43, 44
lutte antitrust, voir AT&T

Major John, 5, 7, 35, 59, 94, 97, 212, 241
masse monétaire, définitions 89-90 (notes), 106, 112
McFadden Act, 131, 132, 134
mécanisme de change européen (entrée et sortie de la livre du), 97, 105
minimum lending rate, 95
monétarisme, 39-42, 52-56, 94, 96, 100, 101, 102, 103, 108, 109, 114, 115
monopole syndical de l'embauche, 164
Monopolies and Mergers Commission, 156
Motor Carrier Act, 129
Mundell Robert, 45, 57

New Deal, 36, 99
Nixon Richard, 5, 15, 35, 37

Office of Fair Trading, 156, 161
Office of Management of the Budget, 72, 77
Ofgas, 151, 169
Oftel, 151, 169
Ofwat, 151
Omnibus Trade and Competitiveness Act, 216
OPEP, 21
organismes de réglementation,
aux Etats-Unis, 24-25, 122, 125, 126, 128, 129, 136, 137
au Royaume-Uni, 151, 156, 157, 161-162, 169, 175

Personal Equity Plan, 69
pétrole
 aux Etats-Unis, 21, 22, 33, 244-245
 au Royaume-Uni, 16, 19, 71, 148, 237-238
Petroleum Revenue Tax, 71
Phelps Edmund, 211
poids de l'économie américaine sur la scène internationale, 14, 15, 25
poids de l'économie britannique sur la scène internationale, 14, 15, 16
politique commerciale, aux Etats-Unis, 244, 245, 246
politique d'*open market*, 91-92, 101
politique des revenus, 15, 22
politique budgétaire et fiscale, 39, 61, 62, 63-145, 103, 104-105, 244
politique industrielle
 au Royaume-Uni, 241
 aux Etats-Unis, 192, 246
politique monétaire, 39, 61, 89-115
 au Royaume-Uni, 93-98, 104-105, 167, 233, 235
 aux Etats-Unis, 98-103, 113, 114-115, 233
poll tax, 67, 70
population active, 181, 183-189
population d'âge actif, 185
pratiques restrictives, 122, 155, 156, 161
premier ministre, au Royaume-Uni (voir aussi *E. Heath, J. Callaghan, M. Thatcher, J. Major*), 5, 7, 93
Président des Etats-Unis (voir aussi *F.D. Roosevelt, R. Nixon, G. Ford, J. Carter, R. Reagan, G. Bush, B. Clinton*), 72, 99
pression fiscale (voir aussi impôt), 44, 45, 243
prises en pension, 91-92
privatisations, 68, 147-154, 160, 168-169, 170, 217, 235
productivité, 46
 au Royaume-Uni, 17, 18, 19, 209, 234, 235
 aux Etats-Unis, 22, 203, 245
Public Sector Borrowing Requirement, 19, 71, 104, 105, 108
Public Sector Debt Repayment, 71

Railroad Revitalization and Regulatory Reform Act, 128
Rate Act, 67
Reagan Ronald, 5, 11, 12, 35, 36, 37, 45, 47, 52-54, 104, 114, 124, 212, 213, 229, 242, 243
reaganisme, 36
reaganomie, 73
recettes fiscales
 aux Etats-Unis, 73-75, 84-85, 243
 au Royaume-uni, 68-71
réforme fiscale
 aux Etats-Unis, 73-75
 au Royaume-Uni, 68-71, 78
réglementation, aux Etats-Unis, 24-25, 122-123
réglementation Q, 101, 132
Reich Robert, 202, 217
relations économiques bilatérales, 3
relations professionnelles (voir syndicats)
réserves obligatoires, 91, 95, 100, 102, 133
Restart, 220, 228
Restrictive Trade Practices Act, 156
révolution conservatrice, 35
révolution libérale, 9, 233, 241
Roberts Paul Craig, 45, 57

Rolls Royce, 150, 154, 168, 236
Roosevelt F.D., 32, 50
Rover, 150, 154

salaire minimum, 167
salaires minima (au Royaume-Uni), 167
salaires (niveau des), 19, 23, 103, 167, 199, 212, 235
Samuelson Paul A., 31-32, 58
Sargent Thomas, 43, 44
Say Jean-Baptiste, 45, 56, 57
Securities and Investment Board, 162, 163, 175
services, voir emploi dans les services
  au Royaume-Uni, 238, 239
Sherman Act, 122
Staggers Rail Act, 128
Stock Exchange Automated Quotation, 162
stop and go, 19, 41, 98
Stratégie financière à moyen terme, 42, 66, 94-97, 104-105, 108
Suède, 16
suppressions des commissions fixes des agents de change,
  aux Etats-Unis, 160
  au Royaume-Uni, 161-162
syndicats
  américains, 23, 103, 212, 245
  britanniques, 18, 164-166, 176, 177, 234

taux de change flottants, 22, 104, 105, 160
taux de chômage naturel, 211
taux d'escompte, 91, 95, 100, 102
Tax Exempt Savings Account, 69
Tax Reform Act, 74
télécommunications,
  au Royaume-Uni, voir *British Telecom*
  aux Etats-Unis, voir *AT&T*
Thatcher Margaret, 5, 11, 12, 16, 20, 35, 37, 47, 50-52, 68, 69, 71, 89, 94, 97, 105, 108, 147, 148, 158, 164, 195, 212, 218, 233, 241
thatchérisme, 20, 36
The Securities Association (TSA), 162
théorie des marchés contestables, 123-124
Training and Enterprise Councils, 220
traitement social du chômage, 215-216, 228-229
transports
  aériens, aux Etats-Unis, 125-128, 140-142
  routier et ferroviaire, aux Etats-Unis, 128-130, 140

Unlisted Securities Market, 161

Volcker Paul, 41, 100, 114

Weber Max, 2
Welfare state, 36

Youth Opportunity Programme, 220, 228
Youth Training, 220

I.1. Retreat from Siege
(*The Economist*, 20 janvier 1979)
I.2. The Decline of the Industrial Spirit
(Martin Wiener, *English Culture and the Decline of the Industrial Spirit*, 1981)
I.3. B for the Economy
(Paul A. Samuelson, *Newsweek*, 26 février 1979)
I.4. What Carter Should Do
(Milton Friedman, *Newsweek*, 18 juin 1979)

II.1. Keynesian Economics
(J. K. Galbraith, *A History of Economics*)
II.2. What Has Gone Wrong
(Margaret Thatcher, *Speech to the Conservative Political Centre*, 1968)
II.3. Ronald Reagan's Inaugural Address
(20 janvier 1981)
II.4. Monetarism
(David Smith, *The Rise and Fall of Monetarism*)
II.5. A Guide to Understanding the Supply-Siders
(*Business Week*, 22 décembre 1980)

III.1. 1992 UK Budget Forecast of Government Revenue in 1992-93
(Source : *Financial Statement and Budget Report 1992-93*)
III.2. Changing priorities in UK public expenditure
(Christopher Johnson, *The Economy under Mrs Thatcher, 1979-1990*)
III.3. Public Spending, 1992-1993
(*The Economist*, 13 février 1993)
III.4. The UK Public Sector Borrowing Requirement, forecasts and outcomes
(Christopher Johnson, *The Economy under Mrs Thatcher*, 1979-1990)
III.5. Descent from Riches to Rags
(Peter Norman, *Financial Times*, 10 février 1993)
III.6. Federal receipts, outlays, and debt, fiscal years 1981-1993
(*Economic Report of the President*, 1992)
III.7. Don't Worry so Much about the Budget Deficit
(Robert Kuttner, *Business Week*, 6 juillet 1992)

IV.1. The Medium Term Financial Strategy
(David Gowland et Stephen James in: Peter Curwen, *Understanding the British Economy*, 1990)
IV.2. Relationships between monetary aggregates and their components in the UK
(David Gowland et Stephen James in: Peter Curwen, *Understanding the British Economy*, 1990)
IV.3. The results of monetary targetry in the UK
(Christopher Johnson, *The Economy under Mrs Thatcher, 1979-1990*)
IV.4. Banks base in rate in the UK, 1977-1993
(*Financial Times*, 27 janvier 1993)
IV.5. Deregulation and the monetarist experiment
(David Smith, *From Boom to Bust*, 1992)
IV.6. Economic indicators: money and finance in the UK and US
(*Financial Times*, 8 février 1993)
IV.7. Map of the Federal Reserve System
(*Federal Reserve Bulletin*, décembre 1992)
IV.8. Inflation and core inflation in the US, 1972-1991
(*Economic Report of the President*, 1992)
IV.9. Money stock and liquid assets in the US, 1980-1991
(*Statistical Abstract of the United States*, 1992)
IV.10. Federal Reserve Bank of New York, discount rates, 1979-1992
(*Statistical Abstract of the United States*, 1992)
IV.11. Money market interest rates and mortgage rates, 1980-1991
(*Statistical Abstract of the United States*, 1992)

IV.12. The triumphant Fed
(Paul Krugman, *The Age of Diminished Expectations*, 1990)

V.1. Deregulatory initiatives
(OECD, *Economic Survey: United States*, 1989)
V.2. Faring badly
(*The Economist*, 6 juin 1992)
V.3. The bank crisis and the S&L fiasco: two sides of a bad coin
(Alan S. Blinder, *Business Week*, 4 février 1991)
V.4. Was breaking up AT&T a good idea?
(Kenneth Labich, *Fortune*, 2 janvier 1989)

VI.1. The Pendulum Swings: The Privatisation of Strategic UK Industries Whiles May Have its Limits
(Tony Jackson, *Financial Times*, 20 novembre 1992)
VI.2. Time to correct the economic policy failures of the 1980s
(D. Helm, C. Mayer et K. Mayhew, *Financial Times*, 20 novembre 1991)
VI.3. Side-effects of deregulation
(Nigel Lawson, *Financial Times*, 27 janvier 1992)
VI.4. An SEC for London
(*The Economist*, 7 mars 1992)
VI.5. Trade unions: numbers and membership
(*Employment Gazette*, avril 1992)
VI.6. Trade union membership
(*The Economist*, 5 septembre 1992)

VII.1. Job creation in the US, 1979-1989
(*Monthly Labor Review*, septembre 1990)
VII.2. Sex discrimination
(*The Economist*, 20 février 1993)
VII.3. No more jobs for the boys
(Edward Balls, *Financial Times*, 15 mai 1992)
VII.4. Flexibility Trap: the proliferation of marginal jobs
(Virginia L. du Rivage, *The American Prospect*, printemps 1992)
VII.5. Jobs, jobs, jobs
(Aaron Berstein et Paul Magnuson, *Business Week*, 22 février 1993)

VIII.1. UK unemployment
(*The Economist*, 20 février 1993)

VIII.2. UK unemployment rates, by sex and age
(*Social Trends*, 1993)
VIII.3. The unemployed in the UK: by sex and previous occupation group, 1991 and 1992
(*Social Trends*, 1993)
VIII.4. UK unemployment claimants: by duration and sex, 1991
(*Regional Trends*, 1992)
VIII.5. Unemployed workers in the US: summary from 1980 to 1991
(*Statistical Abstract of the United States*, 1992)
VIII.6. US unemployment rates by industry, 1973 to 1991, and by sex, 1980 and 1991
(*Statistical Abstract of the United States*, 1992)
VIII.7. US unemployment and unemployment rates by occupation, 1983 to 1991, and by sex, 1991
(*Statistical Abstract of the United States*, 1992)
VIII.8. US unemployment rates by state
(d'après : *Monthly Labor Review*, novembre 1990 et novembre 1991)
VIII.9. Workfare
(*The Economist*, 6 février 1993)
VIII.10. The long-term unemployed need long-term help
(Gary S. Becker, *Business Week*, 20 mai 1991)

TABLE DES MATIÈRES

AVANT-PROPOS, V

INTRODUCTION, 1

Première partie
La « révolution libérale », réponse à la crise des années 1970

CHAPITRE I. — La situation à la fin des années 1970, 13

1. Le mal britannique, 16
2. Le malaise américain, 20

Documents, 27

CHAPITRE II. — Les options libérales, 35

1. La rupture du consensus keynésien, 36
2. Les thèses monétaristes, 39
3. La théorie des anticipations rationnelles, 42
4. L'économie de l'offre et la thèse du frein fiscal, 45

Documents, 49

Deuxième partie
La politique macro-économique : le budget et la monnaie

CHAPITRE III. — La politique budgétaire et fiscale, 63

1. La politique budgétaire et fiscale : finalités et instruments, 63
2. La politique budgétaire et fiscale au Royaume-Uni, 65
2.1. Le cadre institutionnel, 65
2.2. La politique mise en œuvre depuis 1979, 66
2.2.1 L'évolution des dépenses publiques, 66
2.2.2. La politique fiscale, 68
3. La politique budgétaire et fiscale aux Etats-Unis, 71
3.1. Le cadre institutionnel, 71
3.2. La politique mise en œuvre depuis 1981, 73
3.2.1. La politique 2scale, 73
3.2.2. L'explosion du déficit budgétaire et de la dette publique, 75
Documents, 78

CHAPITRE IV. — La politique monétaire, 89

1. Les instruments de la politique monétaire, 91
2. La politique monétaire au Royaume-Uni, 93
2.1 Le cadre institutionnel : la Banque d'Angleterre et le Trésor, 93
2.2. La politique monétaire mise en œuvre depuis 1979, 94
3. La politique monétaire aux Etats-Unis, 98
3.1. Le cadre institutionnel : le *Federal Reserve System*, 98
3.2. La politique mise en œuvre depuis 1979, 100
Documents, 104

Troisième partie
La politique micro-économique

CHAPITRE V. — L'Etat fédéral et le marché : le remodelage du dispositif réglementaire aux Etats-Unis, 121

1. De la réglementation à la déréglementation de l'économie américaine : bref rappel historique et théorique, 121

2. La déréglementation des transports, 125
2.1. Le transport aérien, 125
2.2. Le transport routier et ferroviaire, 128
3. Le secteur bancaire : une déréglementation inachevée, 131
4. Lutte antitrust et déréglementation : le cas des télécommunications, 135
Documents, 140

CHAPITRE VI. — Privatisations, réforme réglementaire et politique d'encouragement de la concurrence au Royaume-Uni, 147

1. Le programme de privatisations, 147
2. Encouragement de la concurrence et réforme de la réglementation, 155
2.1. L'encouragement de la concurrence par la libération des prix et la lutte contre les pratiques restrictives, 155
2.2. Encouragement de la concurrence et réforme réglementaire : le cas des marchés financiers, 159
2.3. La déréglementation du marché du travail, 164
2.3.1. La réforme des relations professionnelles, 164
2.3.2. L'abaissement des coûts d'embauche et de licenciement, 166
Documents, 168

Quatrième partie
Le marché du travail, reflet des évolutions conjoncturelles et des mutations structurelles des deux économies

CHAPITRE VII. — Le marché du travail et de l'emploi, 183

1. L'évolution de la population active, 183
1.1. Les facteurs démographiques, 183
1.2. L'évolution des comportements d'activité, 186
2. L'évolution de l'emploi, 189
2.1. Les grandes tendances, 189
2.2. Répartition sectorielle, 191
2.3. Typologie de l'emploi, 193
DOCUMENTS, 196

CHAPITRE VIII. — Le chômage et les politiques de lutte contre le chômage, 205

1. Ampleur et diversité du phénomène, 205

1.1. Mesures et définitions, 205

1.2. Evolution d'ensemble, 208

1.3. Les inégalités devant le chômage, 209

2. Les politiques de lutte contre le chômage, 210

2.1. Le traitement du chômage aux Etats-Unis, 212

2.2. Les politiques de lutte contre le chômage au Royaume-Uni, 217

Documents, 222

Conclusion : des déséquilibres persistants, 233

Cinquième partie
Repères

Repères chronologiques, 251

Annexes : cartes, statistiques et graphiques, 271

Quelques sigles, 285

Glossaire, 287

Bibliographie, 307

Index, 317

Liste des documents, 323

Imprimé en France
Imprimerie des Presses Universitaires de France
73, avenue Ronsard, 41100 Vendôme
Janvier 1994 — N° 40 244